国際経営

第5版

吉原英樹 [著]

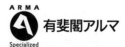

第5版はしがき

　第4版の増刷の連絡があったあとすぐに，この第5版を出すことに決めた。大学の授業はオンラインになっているのに本の教科書が売れていることがわかり，うれしかった。わたくしは，コロナがこわいので，家にひきこもっている。外出は，近くのコープに食品を買いに行くだけである。おかげで，改訂作業は順調に進んだ。この第5版は，コロナとともに（ウィズコロナ）の産物，である。

　コロナのために，この第5版のための改訂作業は家で行なった。インタビューは実施していない。研究者に会って話すこともなかった。Zoomを使うと，ともに可能であるが，わたくしはITが得意でないので，実施していない。大学（神戸大学など）の図書館は利用していない。手持ちの文献，資料，新聞・雑誌などが主な情報源である。新聞と雑誌の自宅への配達，郵便，宅配，電話は，コロナの最中でも通常どおりであり，ありがたい。

　本書の第4版の刊行（2015年12月）のすぐあと，トランプ大統領の誕生とブレグジットの新しい動きが起こった。さらに，2019年には，コロナが発生した。これら3つの新しい動きは，日本企業の国際経営に大きな影響をあたえている。第5版では，3つの新しい動きのなかの日本企業の国際経営の現状および将来の姿をとりあつかっている。

　第12章「分断の国際経営：トランプ，ブレグジット，コロナ」を書きながら，日本企業の国際経営は，あっという間に変わってしまったことを実感した。変化の速さ，変化の大きさ，変化の帰結，変化のおよぼす影響の重大さなど，考えれば考えるほど，容易ならざ

ることが理解できるようになってきた。国際経営を研究する者として，現在は，まさに千載一遇のチャンスである。このようなときに改訂版を執筆できるとは，ほんとうに幸運である。

第4版の第1章は，削除した。第2章から最終章までは，字句などの修正や加筆を行なった。なお，人名，企業名，数値，データの時点などに第4版のままのものがある。ご容赦をお願いしたい。書物の趣旨，目的，性格などは，第4版を踏襲している。

まず，つぎの基本方針にもとづいて執筆した。

1．日本企業の国際経営を対象にする。
2．日本企業の国際経営の細部と全体の両方をみる。
3．できるかぎり具体的に説明する。

また，つぎの3つをおもな内容にしている。

1．日本企業の国際経営の実態を整理し，記述する。
2．日本企業の国際経営の特徴と課題を明らかにする。
3．国際経営の考え方・ものの見方を提示する。

おもな読者としては，大学の学部の学生を考えているが，大学院生とビジネスパーソン，さらに，研究者にも読んでもらえることを願っている。

本書は教科書としては個性的な書物になっているかもしれない。わたくしの個人的な体験や見聞をいくつか記述している。わたくしの意見や考え方なども盛り込んでいる。また，試論的なことも書くようにした。つまり，定説ないし共通理解のないことや研究不十分なことなども，思い切って書いている。

自分ひとりで，静かなところで，じっくりと読む。これが基本であるが，このことに加えて，同級生，同僚，先輩，後輩，知人などと，本書の内容について，議論して考えてほしい。いまはコロナのために，対面での議論はできないかもしれない。メールなどを使っ

て，距離に関係なく，いろいろの人と議論してほしい。第12章の最後のところに記したが，現在は日本企業の国際経営にとって激動のときである。現状の理解すらむずかしい。明日の国際経営の姿を予想することは，いっそう困難である。誰もわからない。国際経営を学ぶ者にとって，めったにないチャンスである。

既存の知識や事実などを勉強して身につけることに加えて，未知の領域に思い切って踏み込み，学習してほしい。この目的を考えて，共通理解の成立していないこと，さまざまな見解，わたくしの意見や考え方なども，本書に盛り込んでいる。

なお，本書の意図と内容は，はしがきにつづく INFORMATION にも記されている。

第12章は，第5版のために新たに書き加えたものである。この章の草稿をつぎの方に読んでコメントしてもらった。記して謝意を表したい（順不同）。須佐淳司（常葉大学経営学部准教授），若園健治（南山大学ビジネススクール卒業生），臼井哲也（日本大学法学部教授），馬場一（関西大学商学部准教授），大石芳裕（明治大学経営学部教授）。また，オンラインなど技術について，竹田陽子（東京都立大学経済経営学部教授）と伊田昌弘（阪南大学経営情報学部教授）のおふたりからアドバイスをいただいた。お礼を申し上げたい。

最後になってしまったが，第4版につづいて，今回も藤田裕子さんにお世話になった。記して，お礼を申し上げたい。

2020年12月17日

吉 原 英 樹

初版はしがき

　本書は，大学の学部の国際経営の教科書として書かれている。したがって，本書が想定する主要な読者は，大学の経営学部，商学部，経済学部など学部の学生である。しかし，本書には日本企業の国際経営の実際の動きや将来の課題など，実務的に有用なことも多く書かれているので，国際経営に関心のある一般のビジネスマンにも読んでもらえる内容の書物になっていると思う。さらに，大学院生にも読んで参考になる内容が多くふくまれているはずである。

　私はこれまでに，本書と似たような性格の書物をすでに2冊書いている。『日本企業のグローバル経営』（東洋経済新報社，1988年）と，『日本企業の国際経営』（同文舘出版，1992年）の2冊である。これら2冊が共著ないし編著の本であるのにたいして，本書は私の単著である点がちがっている。前二著の良いところを引き継いで，それにその後の私の研究の成果を加えて，一冊の書物にまとめたのが本書である。本書は，私の単著の最初の国際経営の教科書である。

　本書は，私のこれまでの国際経営の研究の成果をベースにして書かれている。そのことから本書にはいくつかの特徴がみられる。

　1つの特徴は，一貫性である。私ひとりが最初から終わりまですべてを執筆しているので，私の考えにもとづいて本書が書かれている。論旨が一貫しているという自信はないが，多くの人によって書かれている共著本や編著本に比較して，単著本の本書は，考え方や用語，文章などの点で一貫性が高いはずである。

　つぎに，本書は国際経営の教科書としては個性的な書物になっているのではないだろうか。私は本書を国際経営の教科書として書い

たので，自分の好みや考え方のくせをできるかぎりおさえたつもり
であるが，それでもくせはかなり残っているかもしれない。著者と
しては，本書の個性ないしくせが，読者によって歓迎されることを
祈るのみである。

　第3点として，国際経営の教科書としては，とりあげているテー
マが比較的かぎられており，とりあげていないテーマが多く残って
いることがあろう。この点にかんして自己弁護させてもらうと，比
較的コンパクトな本書で多くのテーマをとりあげると，各テーマの
論述がうすく浅いものになってしまう。本書では，重要な少数の
テーマにしぼって，できるだけくわしく深く論述するようにつとめ
た。著者としては，本書のこの論述のスタイルが読者によって評価
されることを願っている。

　第4点として，本書では国内，海外の研究者の既存の研究の利用
が十分になされていないことを指摘できる。本書は，私のこれまで
の研究をベースにしているために，その反面として，他の研究者の
研究の成果を利用し紹介する点で不十分である。この点はおそらく，
国際経営の教科書としては問題点だと思われる。国際経営について
の理論ならびに事実について幅ひろい知識を得るためには，本書だ
けでは十分でなく，既存の他の書物を参照していただかなければな
らない。

　本書には，国際経営あるいは多国籍企業の理論の解説がほとんど
ない。じつは，当初の執筆計画では，多国籍企業の理論と題する1
章が設けられていた。しかし現在のところ，多国籍企業の標準的な
理論がないこと，そのためにいくつかの理論を紹介しなければなら
ず，そのためには1つの章だけではスペースが不十分である。1つ
の章でさまざまな理論をかんたんに解説したのでは，浅くうすい内
容の論述になってしまう。そのため本書では，理論についての解説

の章はなくしたのである。多国籍企業の理論について関心のある読者は、巻末の主要参考文献など他の文献を参考にしていただきたい。

本書の執筆をある程度まですすめたときに、1つのことに気づいた。それは、日本企業の国際経営の初期から今日にいたるまでの発展の歴史的な過程についての記述が多いことである。その反面、最近の新しい展開についての記述は多くない。このようになってしまったのは、本書を執筆するにあたり、自分のかなり以前の研究までも利用してしまったこと、自分の頭のなかに入っている知識はなかなか捨て去ることがむずかしいこと（アンラーニングはむずかしい）、国際経営の最近の展開はめざましく、私ひとりで手におえるものではないこと、などのためである。「十年一昔」という言い方がある。日本企業の国際経営では、変化のテンポははやく、「三年一昔」が適当な表現かもしれない。国際環境ははげしく変化しており、それに対応するために日本企業の国際経営もスピーディーに変化している。著者としては、日本企業の新しい動きを本書に盛りこむ努力をしたつもりであるが、その努力が十分な成果をあげたというだけの自信はない。今はとりあえずこの内容で本書を出版し、できるだけはやい時期に本書の内容をアップツーデートなものに改訂したいと考えている。そのとき、誤りや不十分な箇所をなおすとともに、新しい動きをできるだけくわしく論述したい。

本書は私の単著本であるから、原稿用紙に字を埋める作業（まだ原稿はパソコンで書いていない）は私ひとりがした。しかし、本書に盛りこまれている情報は私ひとりのものではない。内外の先輩・友人の研究者の研究成果や企業の実務家の方々の情報などが多くふくまれている。本書は小さい書物であるが、多くの人たちの協力と支援があってはじめてできあがっている。心からお礼を表したい。

最後になってしまったが、本書の出版でお世話になった伊東晋氏

と秋山講二郎氏の両氏に感謝の意を表したい。

1996年12月19日

吉 原 英 樹

INFORMATION

●本書の意図

　日本企業の国際経営の実態を明らかにすること，国際経営の課題について考えること，そして国際経営を見る目ないし国際経営を考えるときに役立つ枠組みを提供すること，以上の3点をめざして執筆されています。

●本書の内容

　まず，輸出，海外生産，海外研究開発，輸入，技術導入，外国企業との合弁など，これら多くの国際経営活動の実態を詳細に記述して，そのポイントを明らかにしています。

　国際経営の実態を記述するにあたっては，現在の国際経営に至るまでの歴史的なプロセスも重視しています。そして，国際経営の現在の課題を明らかにし，国際経営の将来についても考察しています。

　さらに，国際経営を見る目を提供するために，国際経営の個別的な事実だけでなく，全体像，達成した成果，残されている課題を明らかにし，国際経営の本質的な特徴がいかなるものであるかを，国内経営と比較しながら提示しています。

　なお，製造企業の国際経営を中心的にとりあげていますが，非製造企業についても，サービス企業についての章を設け，可能なかぎり検討しています。

　第12章「分断の国際経営：トランプ，ブレグジット，コロナ」において，国際経営の最新の動向を提示しています。

　　＊　本書では，人名はすべて敬称略としています。

目　　次

第 1 章　国際経営とは　　1

第 2 章　国際経営戦略　　23

1 多国籍企業の経営

さまざまな国際経営活動

国境をこえて行なわれる経営が，国際経営である。その国際経営の活動にはさまざまなものがあるが，日本から海外に出ていく活動と，外国から日本に入れるものに大別して考えることができる。

製造企業の場合，前者のおもなものに輸出，海外生産，海外研究開発がある。

輸出とは，国内で製品を生産し，その製品を海外市場に販売することである。日本企業（製造企業）の国際経営は，この輸出からスタートするのがふつうである。

つづいて，海外に工場をつくって製品を生産する企業がでてくる。これを海外生産あるいは現地生産という。海外生産は，加工あるいは組立だけを行なうもの，主要な部品や材料から一貫生産を行なう

もの，小規模な生産と大規模な生産などいくつかの種類がある。

　最近では海外で研究開発を行なう企業がふえている。海外子会社のなかで現地市場の顧客のニーズに合うように製品改良を行なうものが多いが，海外市場に適したデザインを開発するデザインセンター，基礎研究のための研究所など，海外研究開発も多様である。

　後者の海外から日本に入れる国際経営活動のおもなものに，輸入，技術導入，外国企業との合弁がある。

　輸入には，製品の輸入と原料・部品・材料の輸入がある。製品輸入には，自社の海外子会社の製品を日本に持ち帰る，外国企業に生産委託してその製品を日本にもってくる，外国企業の製品の輸入などがある。原料・部品・材料の輸入は一般に国際調達という。

　技術導入は，外国企業の技術を購入することである。技術の購入は，技術の使用権を買うことである。

　日本企業が外国企業と組んで日本に合弁企業をつくるのも，国際経営のひとつである。この合弁企業は外資系企業といわれる。

　以上が，国際経営活動の主要なものであるが，これら以外にもさまざまなものがある。鉄鋼企業，非鉄金属企業は海外で鉄鉱石その他の鉱山の開発を行なっている。食品企業のなかに海外に農場や牧場を経営し，食品原料を開発調達するところがある。海外で資金調達を行なう企業はめずらしくない。最近では経理や人事などの事務業務，またコールセンター業務などを海外で行なうところがでている。

　以上でみたような国際経営活動を行なう代表的企業は多国籍企業といわれる企業である[1]。そのため，本書では，多国籍企業をおもな対象にしてその国際経営をみていくことにしたい。

　多国籍企業は，親会社と海外子会社から構成される。多くの海外子会社をもつ企業（製造企業）に，パナソニックがある。同社は，

2

海外46カ国・地域に214の海外子会社をもつ（2008年1月現在，松下電器産業社史，現在はこれよりも減っている）。親会社と海外子会社は，法律的にはそれぞれを別個の企業として考えることは可能であるが，経営の単位としてはひとつのものであり，その意味でひとつの企業といってよい。なお，パナソニックは国内にも多くの子会社，関係会社をもつ。

　ここで，多国籍企業という用語についてのべたい。multinational enterprise あるいは multinational corporation という英語に対応する日本語が「多国籍企業」である[2]。うえで多国籍企業の例としてパナソニックをあげたが，同社は日本企業である。したがって，日本国籍の企業，つまり一国籍の企業であるということもできる。しかし，同社の国際経営をとりあげ，それについて議論するときは，日本親会社であるパナソニックだけを対象にしているわけではない。同社の海外子会社をも対象にふくめている。パナソニックは，親会社の国籍の日本と，海外子会社の多くの国籍をもつ企業である。同社は文字通り多くの国籍をもつ企業，つまり多国籍企業である。

　以上の説明にもとづいて多国籍企業を図で表現すると，図1-1のようになろう。この図では，海外子会社はAからEまで5カ国にある。

　さて，多国籍企業では，親会社は多くの海外子会社をひとつの共通の経営戦略のもとで統括している。海外子会社は通常の独立の企業ではない。親会社の子会社である。海外子会社は親会社の経営戦略によって統括されているのである。海外子会社は親会社の経営戦略の枠組みを受け入れて，その枠組みのなかで経営しなければならない。ブランドを例にとると，日本親会社が自社ブランドの製品を全世界の市場で販売する企業の場合，海外子会社はそのブランドを採用しなければならない。海外子会社が勝手にブランドをつけるこ

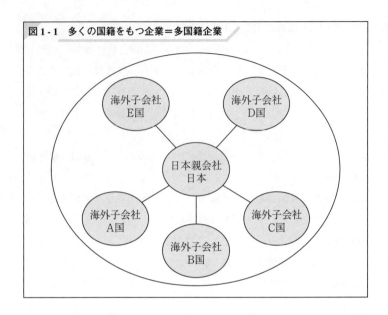

図1-1 多くの国籍をもつ企業＝多国籍企業

海外子会社
E国

海外子会社
D国

日本親会社
日本

海外子会社
A国

海外子会社
B国

海外子会社
C国

とはできない。なお，共通の経営戦略による統括の具体的な内容や方法などは，企業によって異なるだろうし，同じ企業でも状況や時期によって変わってくるかもしれない。

つぎに，親会社と海外子会社はヒト，モノ，カネ，情報（技術，ノウハウ，ブランドなど）の経営資源を共同利用している。

親会社は社員を海外子会社に派遣している。かれらが海外子会社の経営幹部や技術者として現地人といっしょに経営にあたる。海外子会社で生産される製品は親会社で開発されるのがふつうである。生産設備のいくつかも親会社から提供される。海外子会社は資本や資金を親会社から出資・提供してもらう。

トヨタ自動車が日本の工場で開発し発展させた生産管理技術（トヨタ生産方式）は世界的に有名であるが，その生産管理技術は同社の米国，カナダ，フランス，ブラジル，タイ，中国など多くの海外

工場に移転され実施されている。

国際経営と経済・政
治・文化

　さて，多国籍企業は親会社と海外子会社か
ら成るが，このことから，多国籍企業はひ
とつの経営単位のなかに多くの国籍の企業
をかかえている企業であるといえる。そして，このことから，多国
籍企業は内部に多くの経済・政治・文化をかかえることになる。

　まず，経済として，賃金を考えてみよう。

　日本国内だと，東京と地方の差はせいぜい2倍程度ではないだろ
うか。ところが，日本と外国の賃金の差ははるかに大きい。中国で
日本企業が多く進出した広東省の珠江デルタ地区では，工場の作業
者の賃金は月額約1万円，残業代をふくめても約1万5000円といわ
れていた。日本の20分の1から10分の1程度の低い水準である。中
国経済の高度成長がつづき，内陸部の農村地帯の若い女性が減少す
るにつれて，賃金は上昇し，10年ほど前では2万円をこえる水準に
達している。ちなみに，インド187ドル（約1万6830円），スリラン
カ104ドル（約9360円），バングラデシュ57ドル（約5130円）である
（『日本経済新聞』2009年9月14日[3]）。

　通貨も国際経営では重要である。ドル（米国の通貨）だけでなく，
ユーロ（EUの通貨），ポンド（英国），元（中国），バーツ（タイ），ル
ピア（インドネシア），ペソ（フィリピン）など多くの通貨のうごきに
注意しなければならない。通貨のうごきに合わせて，工場によって
増産するところ，現状維持のところ，減産するところと，国際的に
生産を調節することが必要になるだろう。また，部品や材料の調達
も，通貨のうごきによって影響をうける。あるいは，競争力も通貨
のうごきから影響をうける。たとえば，韓国の通貨のウォンが安く
なると，韓国のエレクトロニクス企業や自動車企業の輸出競争力が
強まり，日本企業は国際市場で競争力を弱めてシェアを落とすこと

になるかもしれない。

　経済の変数としては，さらに，技術水準，関連産業の発達の程度，道路・港湾・空港・電力・上下水道・通信などのインフラストラクチャー（以下ではインフラ）などをあげることができる。

　第2番目の政治とは，各国の法律，政策，制度などである。日本企業が海外に進出するにあたっては，各国の労働法，税制，外資政策，金融の法律や制度，環境保護の法律などを遵守しなければならない。また，海外子会社は現地の法律，政策，制度などの枠組みのなかで経営しなければならない。

　親会社の海外子会社への出資比率は，親会社が自由に決められるとはかぎらない。新興国では，現地の企業との合弁が条件になることが多い。

　日本企業が進出したいと思っても，進出を制限される業種（通信，小売，金融など）がある場合，その業種には進出できない。

　海外子会社で使う部材について，一定比率以上の現地調達を要請されることがある。ローカルコンテンツ政策といわれるものである。

　海外子会社が製品の輸出義務を課せられて，現地の国内市場で販売できない，あるいは販売を制限されることがある。

　国際経営における政治の重要なテーマに，税金がある。海外子会社は，現地の税法・税制にしたがって納税しなければならない。このことにかんして，法律と運用に差があることはめずらしくない。そのことで，海外子会社は苦労する。税制の突然の変更も，海外子会社に難題をもたらす。海外子会社のある現地国と日本の二重課税も，ときどき生じている。振替価格や技術移転をめぐって税金問題が発生している。

　国際経営ではひとが国境をこえて移動する。このことにかんして，ビザ（滞在許可証）をみよう。国内だと，東京や大阪の本社から地

方の工場や営業所あるいは子会社に，本人が承諾すれば，管理者や技術者を自由に派遣あるいは出向させることができる。ところが，海外子会社に日本人の管理者や技術者を派遣するためには，各国の政府からビザを取得しなければならない。国によっては，また時期によっては，ビザの取得が容易でないことがある。

第3番目の文化としては，言語，宗教，ライフスタイル，対日感情などをあげることができる。

国内だと日本語だけでことが足りるが，海外で経営するときには，各国の言語と国際経営の共通言語である英語が必要である（言語についてはのちほどとりあげる，123ページ）。

イスラム教徒の従業員の多い国（たとえば，マレーシア，インドネシアなど）にある海外子会社では，礼拝のための施設（モスク）を事務所や工場のなかに設置しなければならないことがある。従業員は，そこで礼拝する。

宗教によっては，食べてはいけない食べ物がある。イスラム教徒は豚肉を食べない。インド人（正確にはヒンドゥー教徒のインド人）は，牛肉を食べない。豚あるいは牛の肉だけでなく，それらを成分にふくむスープ，調味料，食品添加物なども食べてはいけないものとされる。

日本の親会社で海外子会社の管理者の研修を行なうとき，研修センターの食堂のメニューは，各国の宗教に対応したものでなければならない。

各国の対日感情も，海外子会社の経営に影響をおよぼす。

企業と国家の緊張関係　日本企業が海外進出する理由を考えてみよう。海外で生産する理由のひとつに，現地の安価で良質な労働力の利用がある。企業としては，低い賃金のメリットを最大限に活かすために，労働集約的な生産工程を海外にも

っていきたい。また，高度な最新技術を具現化した新製品の生産は
むずかしいので，それは国内で生産し，海外では量産品や成熟技術
の製品を生産する。海外生産の製品を，経済成長とともに大きくな
っている現地市場に販売したい。

　他方，外国企業の投資を受け入れる現地政府としては，作業者の
雇用増大は歓迎するが，そのことに加えて管理者，技術者，専門家
など高いレベルの人材の育成も期待している。単純な加工や組立だ
けでなく，重要な部品も現地で生産してほしい。高度な技術をもっ
てきてほしい。また，製品を外国市場に輸出して外貨を獲得してほ
しい。さらに，開発のおくれている地方に工場をつくってほしい。
要するに，現地政府としては，工業化，雇用増大，人材育成，技術
発展，外貨獲得，関連産業の育成，地方の経済開発など，自国の経
済や産業の育成と成長のために外国企業を利用するのである。

　企業と国家は一種のバーゲニング（取引）をしているとみること
ができる。

　雇用増大，高い技術，外貨獲得など，受入国にとって魅力的なも
のを提供できる企業は強いバーゲニング力をもつ。他方，企業にと
って魅力的なものを提供できる国は強いバーゲニング力をもつ。具
体的にいうと，安価良質の労働力，大きい市場，低い税率の国は，
外国企業の誘致のうえで有利な立場に立つことができる。

　企業と受入国政府の利害が全面的に調和的であることは多くない。
他方，両者の利害が完全に対立することも，あまりない。部分的に
調和的であると同時に部分的に対立的であるのがふつうである。あ
るいは，ある時点では調和的な関係であったが，時間の経過ととも
に対立的な関係が表面化し強まることもある。企業と政府の関係は，
このような調和と対立の両方の関係をふくんだ関係である。それは，
コンフリクト（葛藤）の関係であるが，本書では緊張関係というこ

とにしたい。

　ここで，企業と受入国のあいだの関係について，いくつかを追加してのべることにしたい。

　歴史をふりかえると，受入国は外国企業の進出に批判的ないし警戒的な態度を示すことが多かったが，しだいに歓迎的な態度をとるように変化してきた。多国籍企業は受入国を経済的に搾取するものとみなす帝国主義的な論調が多かった。また，受入国は外国企業に依存するという論が主張された時期もある。最近では，これらの批判的な論調は弱まり，外国企業の進出は自国の経済発展に貢献するものであるとの意見や考え方が強まってきている。このような変化は，外国企業の進出を禁止ないしきびしく制限している国にくらべて外国企業が進出している国のほうが，雇用がふえ，技術力が向上し，産業が育ち，工業化が進展し，国民が経済的にゆたかになることがわかってきたからだと思われる。

　このような歴史的な変化に対応して，受入国は年を経るにつれて，出資比率，業種，ローカルコンテンツ（現地調達の部材），国内販売，ビザなどについて制限をゆるめて自由化をすすめている。

　外国企業の進出が投資受入国の経済の発展に全体としてはプラスに貢献するとしても，外国企業の進出で損害などマイナスの影響をうける産業，企業，個人などがいるのがふつうである。外国企業の進出で犠牲になる利害関係者は，外国企業の進出に反対を表明し，政治家とむすびつき，政治的な行動をとることがある。

　外国企業の進出が経済的にはメリットがあるとしても，心理的にはデメリットがあることがある。文化的に外国に支配され，外国に侵略されるというような批判がでることはめずらしくない。ナショナリズムないし愛国的な国民感情の強まりである。

　さきにのべたように，各国政府は自国の経済や産業の育成と発展

のために外国企業の投資を利用する。では、自国の都合や利益を強くうちだして、進出する外国企業をそれにしたがわせることができるだろうか。たとえば、外国企業の出資比率は50％未満、最新の高技術の製品と設備、部材の多くを現地調達、ひとの現地化、輸出義務などの条件である。このような条件をうちだすと、その国に進出する外国企業はなくなるかもしれない。企業にとって受け入れやすい条件の国をさがして、その国に進出するだろう。国家は自分の都合や利益を主張するうえで制約をうけるのである。外国企業の誘致について、国家は他の国家と競争しているからである。企業は、多くの国家のなかで魅力的な国家を選択して優先的に投資する。

企業と国家の利害対立の関係は、企業と投資母国（日本企業の場合は日本）のあいだでも生じることがある。企業の海外生産と国内空洞化の関係が、その例である。

企業としては、国際競争力を強化し成長をつづけるために海外生産をふやしたい。ところが、企業による海外生産の増大のために国内工場の縮小や閉鎖が生じると、雇用問題、下請け関連企業の不振や倒産、商店街の不振、税収の落ち込みなど、地域経済や国家財政に深刻な影響をおよぼす可能性がある。企業の利害と国家（中央・地方）の利害の衝突の可能性である。

企業（多国籍企業）の成長発展は投資母国の成長発展とイコールとはかぎらない。企業の海外生産が増大するのにたいして、国内生産は縮小するとき、企業は成長するが、投資母国はマイナス成長になるかもしれないからである。

企業と個人のあいだでも似たような問題が発生するかもしれない。企業（多国籍企業）の成長発展は、日本人従業員がゆたかになることとイコールとはかぎらない。海外生産の増大によって企業は成長するが、国内生産が縮小するために日本人従業員は減少するためで

ある。賃金の低い外国人の雇用をふやすと，日本人の雇用と賃金の両方にマイナスの影響が生じるおそれがある。日本人の雇用が減り，賃金が下がる方向に影響がでることが考えられる。

ボーダーレス化

ボーダーレスは，最近のひとつのキーワードになっている。世界は一体化し，国境をこえてヒト，モノ，カネ，情報などがうごく。あたかも，国境がない世界になったようである。

わたくしはあるとき，ボーダーレスを実感したことがある。1991年にベルギーのブリュッセルからフランスのパリに列車で移動した。わたくしは途中で窓の外をみて，「ここはまだベルギーですか，もうフランスですか」と，隣の外国人にたずねた。そのひとは，外の景色をしばらくみてから「フランスにはいっています」と答えた。列車には，調査旅行でいっしょの日本人をはじめ多くのひとが乗っていたが，ベルギーからフランスにはいったことに気づいたひとは誰もなかった。誰も，国境をこえることに関心がないようだった。わたくしは，神戸に住んでいて，10年ほど前まで毎週1回，名古屋の南山大学に通っていたが，新幹線に乗っているひとで，兵庫県，大阪府，京都府，滋賀県，岐阜県，愛知県にはいったことに気づく乗客は誰もいない。それと同じ感じだった。なお，江戸時代には，藩と藩の境界には関所があり，自由に往来できなかった。無断で他の藩にはいると，重罪になるおそれがあった。

しかし，ボーダーレスを強調しすぎることは，現実を見誤るおそれがある。国境は厳然として存在しており，国境を無視して経営することは不可能である。

多国籍企業の経営者は，できることならば国境を無視して，世界を自分の庭のようにして自由に経営したい。世界で最適な国から原材料や部品を仕入れ，最適な国で生産し，世界のマーケットに販売

したい。多国籍企業のこのボーダーレス経営の願望は，現実には，各国の国家主権によって制約される。

　各国の政府は，自国の経済や産業を発展させるために，また，国民の福祉を増大させ，安全な生活を確保するために，さまざまな法律をつくり政策を実行している。材料や部品の一定割合を自国から仕入れなければならないようにする。輸出増進に力をいれ，他方，国内販売を制限する。外国企業の出資比率を制限する。経営者，管理者，技術者に自国の人間を多く登用するように要求する。

　2001年 9 月11日に米国で起こった同時多発テロのあと，米国政府は外国人の入国を従来と比較してきびしく制限している。日本企業をはじめ外国企業は技術者や管理者を米国に派遣するうえで，従来にくらべて不自由になっている。これは，ボーダーレス化とは逆の反ボーダーレス化のうごきの一例といえよう。

　このような国家の主権によって企業の国際経営の自由が制限される面に注目するとき，反ボーダーレス化のうごきもあることを忘れることはできない。こんにちの世界は，ボーダーレス化とその逆の 2 つのうごきがあるが，この 2 つのうごきは，同列のものではなく，ボーダーレス化が主流であり，その逆の反ボーダーレス化は支流であると考えることができる。

　うえの文章で，ボーダーレス，ボーダーレス化，反ボーダーレス化の 3 つの用語を使った。国境のないことを表現する用語がボーダーレス，国境の壁が低くなることを表現する用語がボーダーレス化，そして，国境の壁が高くなるのが反ボーダーレス化，である。最終章でみるが，この数年の間にボーダーレス化から反ボーダーレス化に急変している。

2 経営資源の国際移転

海外投資は，大きく海外間接投資と海外直接投資にわけることができる。

海外間接投資と海外直接投資

海外間接投資は，海外証券投資である。利子，配当や値上がり益（キャピタルゲイン）をえる目的で，外国企業の株式や社債，あるいは外国政府の国債などを購入するのが，海外間接投資である。

この海外間接投資は，日本の生命保険，銀行，証券会社などを中心に行なわれている。これらの企業の場合，保有する資金の運用先として，外国の証券を購入し保有する。最近では，外国企業の株式や社債，また，外国政府の国債などを利殖の目的で購入する個人もふえている。これは，個人による海外間接投資である。企業の投資でも，個人の投資でも，えられる投資の利益（あるいは損失）には，配当，利子，値上がり益（値下がり損），それに為替利益（あるいは損失）などがある。為替利益あるいは損失とは，通貨の為替レートの変化から生まれる利益あるいは損失である。

もうひとつの海外直接投資の場合，日本企業が新たにつくる海外子会社の株式，あるいは既存の外国企業の株式を取得する。その目的は利殖ではない。投資対象の企業を経営することが目的である。海外直接投資の場合，投資を行なう企業は，カネだけでなくヒト，技術，ノウハウなどさまざまな経営資源をワンセットでだして，海外に企業をつくり，経営する。あるいは，既存の外国企業の株式を購入し，その企業にさまざまな経営資源を投入して，経営する。海外直接投資は，経営資源の一括的な国際移転として理解することが

できる。

　海外直接投資では，投資対象の企業を経営するために経営資源を海外に移転する。経営するとは，まず，経営方針あるいは経営戦略にもとづいて，それら経営資源を使うことを意味する。つぎに，利益など経営成果の処分（配当，内部留保，再投資など）にあたって，自分の利害を優先して行なう。これらのこと，すなわち，経営資源を特定の経営方針や経営戦略にもとづいて使用し，生まれる経営成果を自分の利害を優先して処分できるためには，支配が必要になる。そのために，親会社の出資比率が重要になる。利殖が目的の海外間接投資では投資対象企業の支配はほとんど問題にならないのにたいして，海外直接投資では支配は重要であり不可欠である。

国内経営の重要性　海外直接投資において，親会社が海外子会社に移転する経営資源は，親会社が国内で生み出し発展させた技術，ノウハウ，ブランドなどである。海外子会社は，親会社から提供してもらうこれら経営資源をもとに現地で経営する。海外子会社が強い競争力を発揮して成長できるか否かは，基本的に，親会社が投入する経営資源がいかなるものであるかにかかっている。世界的なレベルの製品や生産技術を親会社から提供してもらう海外子会社は，強い競争力があり，順調に成長できるだろう。反対に，レベルの低い技術やありふれた製品を移転された海外子会社は，競争で苦しい戦いを余儀なくされよう。

　一般に，海外子会社は現地の企業にくらべて，ハンディキャップ（以下，ハンデ）がある。親会社から派遣されてくる経営者，管理者あるいは技術者には現地の言葉ができない者が多い。労働事情，マーケット，流通機構や取引慣行，関連産業，インフラなど現地事情についての知識や情報は，現地の企業に比較すると不十分である。海外子会社は日本親会社と緊密にコミュニケーションをとりながら

経営しなければならないが，距離があるために，コミュニケーションにいろいろ問題が生じる。海外子会社はこのようなハンデを克服する必要がある。何で克服するか。親会社から提供してもらう技術，ノウハウ，ブランド，あるいは資金力など経営資源でハンデを補うのである。その経営資源は日本国内で生まれ発展するものである。その日本生まれの経営資源によって海外子会社の経営が基本的に左右される。その意味では，国内経営が海外経営の成功のキーファクターであるといえる。

国内経営が海外子会社の成功のキーファクターであることは，もうひとつの点からもいえる。海外子会社は，誕生後すぐに順調に育つとはかぎらない。経営基盤がある程度できるまでのあいだに，さまざまな予想外のことが起きる。1997年からはじまったアジア通貨危機はその一例である。東南アジアにある海外子会社のほとんどは，深刻な影響をうけた。経済の急激な悪化のなかで，製品の売上は急減し，価格は大きく下がった。売れないから，生産量を大幅に減らさなければならない。生産量を減らしても，即座には従業員を解雇できない。仕事のない従業員は，設備の保守，工場の内外の掃除などをした。また，自宅待機の従業員もすくなくなかった。このような緊急的な対策をとるとともに，欧米，日本，中東などへの輸出をふやすなどの対策も実行した。じっさい，アジアに所在の海外子会社の多くはやがて経営危機をのりこえた。

危機に耐えることが，海外子会社の成功には必要である。そのためには，日本の親会社の経営が安定し，少々の負担には耐えられるようでなければならない。アジア通貨危機のときに，アジアに進出していた日本企業は困難な状況に遭遇したが，製造企業の多くは耐えた。建設，小売，金融など非製造企業には耐えることができない企業が多かった。その差は何か。非製造企業の場合には，バブル崩

壊後の不況のなかで親会社が自分の生き残りに全力をあげて取り組まなければならない状況だった。海外子会社の面倒をみるだけの余裕がなかった。

輸出の重要性

いま，製造企業と非製造企業を比較した。関連して，輸出の重要性を指摘しなければならない。

　製造企業の場合，海外生産をする以前に輸出をしていた。輸出のときに，外国市場で外国企業との国際競争を経験していた。国際競争に負けないために，日本国内で生産コストの引き下げ，品質の向上，各国の顧客のニーズに合う製品の開発，技術力の強化などに努力する。その努力の結果として，世界的なレベルの技術など経営資源を生み出し，発展させてきた。ところが，非製造企業の場合，商社や海運企業などをのぞいて輸出あるいはそれに相当する経営活動がない。そのため，海外の市場で外国企業と国際競争をする経験もない。じつは，国内市場においても，本格的な競争はあまりなかった。非製造業の多くは規制産業だった。レギュレーション（規制）は，護送船団方式などといわれるように，競争力の弱い企業を保護する性格のものだった。強い企業は能力を高め，競争力を強めることがむずかしかった。したがって，日本国内で世界に通用する技術，ノウハウ，ブランドなどを生み出し発展させる企業は多くはなかった。

　輸出は，つぎの意味でも，国際経営にとって重要だった。輸出をのばすために，英語など外国語のできる社員を採用し，また育成した。海外の市場を調査した。外国の企業と交渉した。あるいは，外国企業と組んでビジネスをした。このようなことを通じて，国際経営に必要な能力やノウハウをもつ人材を育成し強化していった。輸出をしない非製造企業には，国際経営に必要な能力やノウハウをも

つ社員があまり育たなかった。

外国の経営資源の獲得　さて，自社が保有する経営資源を海外に移転するのが，企業の海外進出の通常のケースである。ところが，外国の経営資源を獲得するために海外に進出する場合がある。

ホンダ（正式社名は本田技研工業）は，2001年，中国の二輪車企業の海南新大洲摩托車と合弁会社をつくった。合弁相手のこの中国企業は，コピーメーカーとして知られており，ホンダが中国でのシェアを失っていた競争相手だった。そのライバルのコピーメーカーと組んで合弁会社をつくったのである。ホンダのねらいは，安価なオートバイを可能にする購買・生産・販売の技術やノウハウを獲得することだった（この事例はあとでもとりあげる。214ページ）。

野村ホールディングスは，2008年9月，経営破綻した米国の証券会社リーマン・ブラザーズのアジア・太平洋部門，欧州・中東部門，そしてインドIT（情報技術）拠点を買収した。野村がこの買収でリーマン・ブラザーズから獲得する人材は，アジア・太平洋部門約3000人，欧州・中東部門約2500人，インドのバックオフィス（管理事務系部門）とIT部門約2000人，合計約8000人に達する。買収前の野村ホールディングスの従業員は約1万8000人である。

この買収にたずさわった当時のグループ最高執行責任者（COO）の柴田拓美はいう。「手に入れたものはIT（情報技術）のプラットフォーム，そして人です」（『日経ヴェリタス』2008年10月5日号，15ページ）。なお，この買収のコストであるが，アジア・太平洋部門が2億2500万ドル（当時のレートで約240億円，以下同じ），欧州・中東部門はわずか2ドルだったという。インドのIT拠点は数千億円であるという（『日本経済新聞』2008年10月3日）。なお，野村のこの事例はあとでもとりあげる（269ページ）。

3 経営者の国際化の夢

　ソニーとホンダの両社が多国籍企業になるうえで，創業者の国際化への夢が大きな役割を演じた。

　ソニーは，戦後間もない1946年に，井深大と盛田昭夫のふたりによって設立された。同社はトランジスタ・ラジオによって成長をとげたが，そのトランジスタの技術は米国のウエスタン・エレクトリック社から導入された。

　1953年，盛田は技術導入をすませて，ヨーロッパにわたり，フィリップス社を訪ねた。盛田はいう。「フィリップス博士に思いを馳せながら町をぶらついたあと，その工場を訪れたとき，農業国のこんな辺ぴな町に生まれた人間が，このような高度技術をもつ世界的な大企業を設立したことに改めて感銘を覚えた。それと同時に，小国日本のわれわれにも，あるいは同じようなことができるかもしれない，そう私は考えはじめた。もちろんかなわぬ夢とは思ったが，オランダから出した井深氏への手紙に『フィリップスにできたことなら，われわれにもできるかもしれない』と書いたのを覚えている」（盛田ほか，1987，78ページ）。

　以後，盛田は，ソニーを将来フィリップスのような会社にしたいという夢をもち，経営の国際化を推進していく。

　ホンダは，本田宗一郎が藤沢武夫と創業した企業である。町工場から近代的な企業に脱皮せんとしていた1954年，本田は入社式で「わが社存立の目的と運営の基本方針」を明らかにしている。「わが社は今や業界注目の的となっており，おそらく数年を出でずして名実共に世界第一のオートバイメーカーとなると思う」。1956年に制

定された社是の冒頭に「わが社は，世界的視野に立ち，顧客の要請に応えて，性能の優れた廉価な製品を生産する」と記されている。

　ホンダがまだ中小企業，せいぜい中堅企業でしかなかったときに，本田宗一郎は世界的視野に立って経営し，世界一のオートバイメーカーになることを決意していたのである。

　英語を社内公用語にすると公表して注目されている楽天とファーストリテイリング（ユニクロのブランドで知られている）は，世界企業になることをめざしているようである。三木谷浩史会長・社長と柳井正会長・社長の国際化の夢が駆動力になって，両社の今後のグローバル展開はすすんでいくことになるだろう。

　特定個人の国際化の夢ではないが，企業として国際化の夢を創業からずっと追いつづけている企業もある。

　味の素は，食品企業のなかでは代表的な多国籍企業といえる。同社の創業者の鈴木三郎助（二代目）は，創業間もない1914年，長男の三郎に台湾，中国，朝鮮（当時）に出張を命じ，それから3年後には米国市場の開拓をさせている。そして，同年にニューヨークに事務所をつくっている。米国で調味料を現地生産する計画があったが，戦争のために実現しなかった。同社は，戦後になって輸出，そして海外生産を積極的に展開する。池田安彦（専務取締役，海外担当，1985年当時）によると「当社はつねに海外志向だった」（吉原，1998）。

　リーマン・ブラザーズ社のアジア・太平洋部門，欧州・中東部門，そしてインドIT拠点を買収した野村ホールディングスは，国際経営の戦略とマネジメントの両方で日本企業としては異例といえる革新を試みており，注目をあつめている。同社の渡部賢一社長（当時）によると，「当社にはDNAとしてグローバル化がある」という。野村證券の創業は1925年，翌年の1926年にはニューヨークに事務所をつくっている（筆者のインタビュー調査，2009年12月8日）。グ

ローバルな金融企業になるという同社の国際化の夢は，バブル崩壊によって挫折を余儀なくされたが，世界同時不況のなかで夢の実現にむけて再度挑戦を開始したとみることができる。

中堅企業にも多国籍企業はある。それらの企業でも，創業者など経営者の国際化の夢が大きな役割を演じている。海外に雄飛したい。米国で自分のブランドの製品を販売したい。欧米先進国に工場をつくりたい。欧米の先進企業と技術で勝負したい。アジアとくに中国で事業を展開したい。

では，なぜ，経営者の国際化の夢が企業の国際化をすすめるうえで大きな役割を演じるのだろうか。

国際化の夢をもつ経営者は，日頃から海外のことに注意をむける。外国企業の新製品，技術革新，新しい経営戦略やビジネスシステムなどに注意を怠らない。こういうことについての情報をつねに収集する。機会をつかんで，国際的な見本市に行き，海外視察団に参加する。経営者が国際化の夢をもつ企業では，社内の雰囲気が国際化する。若手の社員のなかに，海外の技術の発展，外国の競争企業のうごき，海外の市場の動向，原料・材料の国際市況などに目をむける者がふえてくる。また，外国の新聞や雑誌に目を通し，英語の習得に努力する。

なお，ソニーの盛田は，1962年から63年にかけて1年半，ニューヨークに家族ぐるみで暮らした。当時，盛田は販売の責任者で副社長だった。副社長の盛田が1年半も日本を離れて米国のニューヨークに住む。盛田のこういう異例ともいえる行動が，ソニーの国際化を大きくすすめた。こんにちの国際企業ないし多国籍企業ソニーを生むのに大きな力になっていると考えることができる。

経営は経営者が夢を追求し，実現するものであるともいえる。経営者はその国際化の夢の実現をめざして努力し，その夢を何とか実

現しようとする。その意味で，経営者の国際化の夢は，企業の国際化をすすめるうえで重要である。

▰ 注 ▰▰▰▰▰▰▰▰▰▰▰▰▰▰▰▰▰▰▰▰▰▰▰▰▰▰▰▰▰▰▰▰▰▰▰▰▰▰▰

1) 多国籍企業のほかに，国際企業，世界企業，グローバル企業，超国籍企業，トランスナショナル企業など多くの用語がある。それぞれの用語は特定の目的や意図のために造語されたと考えることができる。本書では，国際経営の基本的なことをとりあつかうので，とくにことわらないかぎり，多国籍企業という用語を用いることにする。

2) multinational enterprise あるいは multinational corporation の multinational という英語は，multi と national の 2 つの単語にわけて考えることができる。multi は，辞書によると，「多い，多数の」とある。national は，「国家の，国民の」とある（『ジーニアス英和辞典（第 4 版）』）。したがって，multinational enterprise，multinational corporation は，辞書にもとづくと「多くの国家の企業」ということになる。この英語の日本語訳として多国籍企業は適訳といえよう。

3) 現在では，賃金はここに記した金額より上昇している。

第2章 | 国際経営戦略

1 国際経営戦略とは

　国際経営戦略を説明するためには，経営戦略がどういうものであるかを明らかにしなければならない。その経営戦略の定義は多い。本書では，経営戦略を「企業の経営活動の基本方針を環境とのかかわりにおいて明らかにしたものである」という定義を採用することにしたい。[1] ところで，経営戦略は経営目標と一対の概念であり，片方だけよりも両者をみるほうが理解しやすい。

　経営目標もさまざまに定義されている。本書では，経営目標を「企業が将来（6カ月後，1年後，3年後，5年後など）に達成したいと考える業績（売上，利益など）の目標である」と定義することにする。業績としては，利益率など収益性と，売上高などの成長性のふたつが代表的である。高い売上成長を達成したい企業もあろうし，利益率の向上に力点をおく企業もあるだろう。経営目標の具体的な

中身としては，いまのべた収益性と成長性のほかに，財務構造の改善（有利子負債の削減，自己資本比率の向上など），市場シェアの向上，資産回転率の改善など多くある。経営目標はひとつにかぎるわけではない。複数の経営目標を設定し，たとえば，収益性の向上を重点目標とし，有利子負債の削減と資産回転率の向上の２つをサブの目標にする企業もあるだろう。経営目標の具体的な内容は，企業によって異なるし，同じ企業でも時期や状況によって異なる。

この経営目標を達成するためにどのような経営活動を行なうかを明らかにしなければならない。既存事業が成熟しているので，新しい成長産業に進出する。不採算事業から撤退し，得意事業に集中する。着実に新製品を生み出すために，研究開発を強化する。完成品より部品のほうに事業の重点をシフトする。製品で利益をあげるやり方を，消耗品で利益をあげる方向に変える。製品（ハード）だけから，製品とその製品で使うソフトの両方をあつかうように変える。これらは，経営戦略の例である。経営目標を実現するための経営活動についての基本方針が経営戦略であるから，経営目標と経営戦略は目的と手段の関係にある。

以上の説明にあきらかなように，経営目標を決めることと，経営戦略を決めることを区別することが重要である。

経営戦略のさきほどの定義には，「環境とのかかわり」の文言がふくまれている。いかなる経営活動を行なうかを，環境とのかかわりにおいて示した基本方針が経営戦略である。ここでいう環境は，企業にとっての外部環境を意味する。具体的には，顧客，競争企業，技術革新，急激な円高のような国際環境の変化，有力な外国企業の参入など競争状況の変化，高齢化や少子化，金利の上昇などである。企業は，変化する環境のなかで，経営戦略によって対応し，経営目標の実現をめざすのである。

ところで，本書でとりあげる多国籍企業の多くは，じつは多角化企業である。ひとつの事業分野だけで経営活動をしているのが，専業企業であり，複数の事業分野で経営活動をしているのが多角化企業である。

　多角化している多国籍企業の場合，経営戦略は大きく３つにわけることができる。企業戦略，事業戦略，国際経営戦略の３つである。[2]

　第１の企業戦略は，企業全体の経営戦略である。家電，パソコン，携帯電話，電子部品，半導体のような複数の事業で経営活動しているエレクトロニクス企業の場合，ヒト，モノ，カネ，情報などの経営資源をこれらの事業分野にどのように配分するかを決める必要がある。たとえば，家電から非家電に重点をシフトする。非家電としては，液晶パネルと半導体を重視する。また，新しい成長分野に進出することが必要であるならばどの事業分野を選ぶか。EV（電気自動車）用電池に進出するか，それとも医療用機器を選ぶか。このように，企業の事業構造のあるべき姿を考え，決めるのが企業戦略である。企業戦略は，企業の事業構造の戦略といえる。

　第２は事業戦略である。これは個別事業の経営戦略である。家電の経営戦略，半導体の経営戦略，電子部品の経営戦略など事業ごとに経営戦略が必要であり，それぞれが事業戦略である。たとえば，家電には洗濯機，掃除機，冷蔵庫などの白物家電とテレビ，DVD，パソコンなどの情報家電（無線家電といわれたこともある）がある。これらの製品から成り立つ家電事業の全体，あるいは白物家電と情報家電の２つ，場合によってはテレビ，パソコンなど主要な製品のひとつずつに，戦略が必要とされる。これらが，事業戦略である。この事業戦略は競争戦略ということもある。

　それからもう１つ，国際経営戦略がある。これは，企業戦略と事業戦略の両方にかかわるものであり，企業戦略と事業戦略の国際的

な側面についての戦略である。

　つづいて，節をあらためて，国際経営戦略の具体的なことを日本企業の国際経営の歴史をたどりながらみていくことにしたい。

2 国際経営戦略の歴史的展開

輸出・海外生産・海外研究開発

　日本企業（製造企業）の国際経営戦略は，時代を追ってつぎのように展開されてきた。

まず，輸出が国際経営戦略で主役を演じていた。国際経営イコール輸出という時代は，明治時代から1985年頃まで約100年間つづいた。この期間には，国際経営戦略は実質的には輸出戦略を意味していた。

　では，輸出戦略とは具体的にはどういう戦略か。

　ひとつは，輸出市場の地理的戦略である。これは，輸出市場の地理的ポートフォリオ（組み合わせ）を内容とする。東南アジアや中国などアジア市場に重点をおく。逆に，欧米先進国の市場を中心にする。あるいは，全世界の市場を対象にする。この輸出市場の地理的戦略は，時間的な順序として，まずアジアなど発展途上国からはじめ，やがて欧米先進国の市場に進出するやり方と，反対に，先進国からはじめて，あとで発展途上国に行くやり方もある。最近では，新興国戦略が重要な戦略として脚光を浴びている。欧米先進国の市場が成熟するのとは対照的に，中国，インド，ブラジル，ロシアなどの新興国の市場は離陸期から成長期にはいり，今後の成長が期待されている（新興国については第9章でとりあげる）。

　つぎに，各国・各地域の市場セグメンテーション（細分化）がある。欧米先進国の場合，所得水準の点では日本市場に似ている。他

方，重要性をましている新興国は，日本にくらべると所得水準はかなり低い。日本市場との差が小さい富裕層をターゲットにする，経済成長とともに増大している中間層（ボリュームゾーン）をねらう，人口がいちばん多い底辺市場を開拓する，などのセグメンテーションが重要である。

輸出チャネルも，輸出戦略のひとつのテーマである。輸出チャネルとしては，自社の輸出部門と外部の商社の2つが代表的である。日本企業は1960年代までは商社を通じて輸出するのがふつうだった。自社の輸出部門によって輸出するところは，少数だった。現在では逆に，自動車，自動車部品，電機，電子部品，機械，精密機器，医薬品，ファインケミカルなどの製品を輸出する企業の多くは，自社の輸出部門によって輸出している。近年では，輸出チャネルに関連して，国際的なサプライチェーン・マネジメントをとりあげる必要がある。このテーマはのちほどとりあげる（第3章，52ページ）。

ブランドも，輸出戦略の重要なテーマである。

このブランドにかんしては，基本的に，外国の市場に自社ブランドで輸出するやり方と，他社ブランドで輸出する方法の2つがある。後者はOEM輸出ということがある。OEMについてはのちほど説明する（30ページ）。

さて，1960年代になると，海外生産をはじめる企業がでてくる。この海外生産ないし現地生産の戦略としては，つぎのようなことをあげることができる。

ひとつは，海外生産の対象市場である。大きくわけて，現地市場むけの生産，輸出用の生産，日本市場むけの生産，の3つがある。

現地市場むけの生産とは，海外製造子会社のある国の市場（現地市場という）で販売する目的で生産することである。市場内生産ということもある。たとえば，マレーシアにあるエアコンの製造子会

社が，マレーシア市場で販売する目的でエアコンを生産するとき，これを現地市場むけの生産という。このマレーシアの子会社が，アジア，中近東，北米，欧州などの市場で販売するためにエアコンを生産するとき，これを輸出用の生産という。日本市場むけの生産が，海外生産のもうひとつの戦略である。海外製造子会社で生産する製品を日本に輸入（逆輸入ということがある）するのである。

　つぎに，全生産のうち海外生産の比率（海外生産比率）をいくらにするかは，海外生産の戦略のひとつの重要なテーマである。国内生産を中心にして，海外生産を重視しない企業の場合は，海外生産比率は低く設定される。反対に，海外生産を急速に拡大する戦略もある。日本企業の場合，長期的な円高傾向のもとで海外生産比率は着実に増大してきたが，最近の円安によって海外生産比率が減少に転じるかもしれない。この点については，のちほど（243ページ）とりあげたい。

　生産の国際分業も，海外生産の戦略のテーマとして重要である。海外では成熟技術の製品や量産品の生産を中心にし，新製品や先端技術の製品は国内で生産するという戦略（国内ハイテク・海外ローテクといえる）がある。他方，新製品の世界同時生産の戦略もある。このときは，国内ハイテク，海外もハイテク，になる。多くの企業は，海外生産の初期には国内ハイテク・海外ローテクだったが，最近になるほど国内ハイテク・海外ハイテクに変化している。

　1980年代から海外で研究開発をする企業がふえている。研究開発をすべて日本で行なう国内一極集中の研究開発から，グローバル分散の研究開発への変化がはじまっている。海外研究開発の場所は，従来は欧米先進国が中心だったが，最近では中国での生産の急増に対応して中国での研究開発がふえている。研究開発の対象は製品（ハード）が中心であるが，最近ではソフトウェアの開発を海外で

行なう企業がふえている。しかし，海外での研究開発は，まだ規模は大きくないし，重要性もそれほど高くない。研究開発の大部分は日本で行なわれている。海外研究開発のくわしいことは，のちほどみることにしたい（第5章）。

さて，多国籍企業の国際経営戦略のうち，日本から海外にでていく経営活動については，つぎの順序で発展してきたといえる。

▶販売の国際化（輸出）

▶生産の国際化（海外生産ないし現地生産）

▶研究開発の国際化（海外研究開発）

この3つの国際経営戦略の展開は，順序的かつ累積的である。

順序的とは，輸出，海外生産（現地生産），海外研究開発と時間的に順々に展開されてきたことを意味する。まず，輸出を行なう。ある時期から海外生産をはじめる。そして，いちばん新しい国際経営活動として海外研究開発を行なう。

累積的とは，新しい国際経営戦略が登場しても，それまでの戦略がなくなるわけではないことを意味している。のちにくわしくみるが，1985年までは，輸出が国際経営戦略で中心の位置を占めていた。1985年以後，海外生産がしだいに輸出にかわって国際経営戦略の主役を演じるようになっていく。しかし，輸出がなくなるわけではない。輸出は重要でありつづける。ただ，輸出は国際経営戦略の主役から脇役に徐々に変わっていく。輸出から海外生産へと，国際経営戦略の重点がシフトするのである。国際経営戦略のいちばん新しいものは，海外研究開発である。こんにちでは，海外製造子会社のうちのおそらく半数をこえるところは，なんらかの研究開発を行なっていると思われる。この海外研究開発は，それまでの輸出と海外生産の2つに上乗せして行なわれる性格のものである。つまり，輸出はつづいているし，海外生産も行なわれている。そのうえに，海外

で研究開発も行なわれるようになっているのである。

現在では，多国籍企業の多くは輸出，海外生産，海外研究開発の３つの国際経営戦略を同時に展開しているのである。

輸入・国際調達

これまでみてきた国際経営戦略は，日本から海外にでていく経営活動を対象にしている。他方，海外から日本に入れる経営活動があり，そのひとつは輸入である。この輸入は大きく製品の輸入と原材料・部品（部材という）の輸入にわけることができる。

製造企業の製品輸入は，自社の海外子会社からの輸入と，外国企業からの輸入の２種類がある。後者の輸入の場合，外国企業に生産を委託し，その製品を輸入し，その製品に自社のブランドをつけて販売する。外国企業の立場からは，これは相手先ブランド生産（他社ブランド生産）ということになる。日本企業のOEM輸入，外国企業のOEM生産，ということもある。

ここで，OEMという用語について説明しよう。この用語は，Original Equipment Manufacturing（Manufacturerということもある）という英語の頭文字である。Original Equipmentとは，たとえば，テレビのことである。このテレビをある企業が，他社から生産委託をうけてその企業のために生産（Manufacturing）する。そのテレビは，生産委託する企業が自社のブランドをつけて販売される。

輸入戦略の第２番目は，部材の輸入である。

以前から製品の原料や材料には多くの輸入品が使われていた。加工貿易といわれるのは，海外から原料・材料を輸入し，それを加工して製品にし，その製品を輸出することである。最近になってふえている部材の輸入は，つぎの点で，これまでの輸入とちがう。

第１に，従来は原油，鉄鉱石，石炭，チップ（紙パルプの原料）など原料の輸入が多かったが，最近では材料や部品（石油化学製品，プ

ラスチック，鋼材，機械部品，半導体，電子部品ほか）などの工業製品の輸入がふえている。

第2に，製造企業がみずから輸入することも最近のうごきである。以前は，総合商社などが輸入した原材料を購入するのがふつうだった。その場合，製造企業からいうと，国内で調達するのと変わらなかった。最近では，シンガポールなどに調達センターをおいて，国際調達をすすめる企業がふえている。

外国企業の技術を入れる技術導入も，国際経営戦略のひとつである。

戦後しばらくは，戦争で技術が立ち遅れていた日本企業は競うように外国企業の技術を導入した。有名な例に，東レ（当時，東洋レーヨン）によるデュポン社のナイロン技術の導入がある。特許使用料の前払いが300万ドル（当時の10億8000万円），生産開始後に支払うロイヤルティーは売上高の3％だった。東レの当時の資本金は7億5000万円だったから，特許使用料の前払いだけでそれをうわまわる（『生産性新聞』2005年4月25日）。

日本企業の研究開発がおくれていたときには，外国企業からの技術導入のほうが日本企業の技術輸出より多かったが，現在では逆に技術輸出のほうが多い。ただし，技術輸出には，外国企業への技術輸出だけでなく，日本企業の海外子会社への技術輸出もふくまれている。

日本企業が外国企業から技術を導入したいと考えても，相手の外国企業が技術を供与したくないときがある。この場合に，日本企業と外国企業が組んで日本に企業をつくって，その技術をベースにして日本でビジネスをすることがある。このようにして生まれた外資系企業は少なくない。富士ゼロックスは，その一例である。同社は，富士写真フイルム（現，富士フイルム）と英国のランク・ゼロックス

社の折半出資の合弁会社として生まれた。富士ゼロックスは，米国のハロイド社が開発したゼログラフィー技術をベースにして，普通紙複写機を日本で販売するビジネスを展開した[3]（吉原，1992a）。

グリーンフィールド投資・M&A・戦略的提携

日本企業が海外進出するとき，その方法は大きく2つにわけることができる。海外に企業を新設する方法と，既存の外国企業を買収する方法の2つである。前者はグリーンフィールド投資，後者はM&A（Merger and Acquisition）投資ということが多い。

日本企業は2つの方法のうち，海外に企業を新設する方法（グリーンフィールド投資）をとることが多かった。その理由としては，つぎの2つをあげることができる。

ひとつは，日本企業が多く進出したアジアなど発展途上国には買収対象の既存企業はすくなかったことである。もうひとつ，日本企業は国内において企業買収の経験がほとんどないために，海外進出のときにも企業買収の方法をとらなかったと考えることができる。

年月が経つにつれて，日本企業が外国企業を買収する事例がふえていった。海外に企業を新設する方法（グリーンフィールド投資）が多い理由としてあげた上記の2つの理由があてはまらないようになってきたからである。まず，日本企業が欧米先進国に多く進出するようになっていく。欧米には，多くの企業があり，そのなかには買収の対象も多いと考えることができる。つぎに，日本企業は日本国内で企業買収を，多いわけではないが，すこしずつ経験し，ノウハウを取得していった。

日本企業による欧米企業の買収（一部の事業だけの買収をふくむ）の事例としては，つぎのようなものをあげることができる（順不同）。

▶ブリヂストンのファイアストン（米国）

▶日本板硝子のピルキントン（英国）（266ページ）

▶ソニーの CBS レコード，およびコロンビア・ピクチャーズ・
エンタテイメント（米国の映画会社）

▶JT（日本たばこ産業）の RJRI（RJ・レイノルズ・インターナショ
ナル）（吉原，2011，263ページ）

▶野村ホールディングスのリーマン・ブラザーズ（米国）（17,
269ページ）

▶武田薬品工業のシャイアー（アイルランド，医薬品）

▶東京海上ホールディングスのデルファイ・ファイナンシャル
（米国，保険）

外国企業の買収はふえているが，そのすべてが所期の結果をだし
たかというと，そうではない。企業買収による海外進出は，かなら
ずしも成功率は高くないし，買収から経営を軌道にのせるまでにか
なりの年月を要する例が多い。

さて，国際的な戦略的提携がふえている。戦略的提携とは，パー
トナーが経営資源などを共有し継続的な協調関係に入ることである。
国際的な戦略的提携の場合には，日本企業が外国企業と関係をむす
ぶ。

経営資源として中心となるのは，技術である。この技術には，製
品技術や生産技術だけでなく管理技術もある。

つぎに，戦略的提携には，資本関係のある場合と資本関係のない
場合の両方がある。資本関係のある場合というのは，戦略的提携を
むすぶ2社あるいは3社が合弁会社をつくる場合である。

3つ目のポイントは，特定の製品，事業，技術，地域などで協調
するが，それ以外では競争するということである。

戦略的提携の例として，トヨタとゼネラルモーターズ（GM）の
合弁会社の NUMMI（New United Motor Manufacturing, Inc.）をとり

あげたい（板垣，2003）。

　トヨタの開発した小型乗用車を，元 GM の工場でトヨタ側の主導で生産し，販売は GM のディーラーを通じて行なう。このような考えから1984年に生まれたのが，この NUMMI である。

　当時，トヨタはアメリカの環境のなかで経営する方法を学びたかった。ストライキの多発する荒れた労使関係に GM が手を焼き，ついに閉鎖にいたった工場（カリフォルニア州のフリモント工場）を多くの従業員とともに引き継いで，トヨタが生産をはじめた。トヨタは，いちばん困難な状況のなかでアメリカ現地生産をはじめたといってよいだろう。歴史的な実験といわれた。そして，トヨタはこの NUMMI の生産を成功させた。ビジネスジャーナリズムでは NUMMI の奇跡として評判になった。この NUMMI の成功のあと，トヨタは米国，カナダでの現地生産を本格的に推進していく。

　GM は別の狙いをもっていた。それは，トヨタ生産方式を学ぶことである。GM は，この NUMMI で学んだトヨタ生産方式を，米国内の工場に導入した。また，海外の工場にも移転した。

　ところで，トヨタと GM は米国をふくめ世界中で競争している。両社は，ライバルの関係にある。そのトヨタと GM が，NUMMI では協力の関係をむすんだ。両社は，テーブルの上では握手をする。ところが，テーブルの下ではお互いに足で蹴り合う。このような表現を使うことができるかもしれない。さきに，特定の製品や技術などでは協調するけれども，他のところでは競争するといったが，いまみた NUMMI にこの性格がよく出ている。なお，NUMMI は，25年をこえる歴史をもち，そして業績は比較的よかったが，GM の経営破綻をきっかけにしてその歴史を閉じることになった。2010年4月1日をもって生産を終了した。

　戦略的提携の事例は，古くからあるものとしては日立と GE の戦

略的提携がある。これは原子力発電を対象にするものである。ソニーとエリクソン（スウェーデンの企業）は携帯電話について戦略的提携をむすんでいる。キヤノンとヒューレット・パッカード（米国企業）の戦略的提携は，コンピュータのプリンターを対象にしている。それから東芝，ソニー，IBM（米国企業）が，半導体などの開発で提携関係にある。

アジア企業との戦略的提携は，多くない。三洋電機と中国の家電企業のハイアールが家電の分野で戦略的提携をむすんでいる。ソニーと韓国のサムスン電子が液晶パネルで戦略的提携をむすんでいる。また，ダイキン工業（以下，ダイキン）が中国の珠海格力電器（格力）とエアコンで戦略的提携をむすんでいる[4]。

国際経営戦略の新しい動きについては，第11章でとりあげることにしたい。

3 国際経営戦略の政治的性格

国際経営の特徴として，第1章でみたように，企業と国家の関係が重要であり，日常の経営において国家との関係につねに注意しなければならないことを指摘できる。この特徴は，国際経営戦略についてもいえる。国際経営戦略はすぐれて政治的な性格をもつのである。

第二次世界大戦後，政治的な独立をとげた発展途上国の多くは経済を発展させるという課題に取り組んだ。この課題の実現のために実行された政策のひとつは，輸入代替工業化政策である（村上，1971）。先進国から輸入していた工業製品を自国で生産するように変えること，つまり，輸入を現地生産に代替すること，によって工

業を興そうとする政策である。輸入していたナイロン，テトロンなどの合成繊維の織物を自国で生産するように変えることによって，自国に合成繊維産業を育成する。あるいは，ラジオ，洗濯機，冷蔵庫など家電製品の輸入を自国での生産に変えることによって，自国に家電産業を興そうとする。

輸入代替工業化政策をすすめる各国政府は，輸入品に高率の関税をかけ，あるいは数量制限をするなど輸入規制を行なった。逆に，自国に工場をつくって生産する企業には，工場用地の整備，税制上の恩典など優遇措置を提供した。

製品を輸出していた企業は，この輸入代替工業化政策のために実質的に輸出できなくなるので，現地生産に乗り出していった。このような輸出から現地生産への国際経営戦略の転換は，企業が輸出より現地生産のほうが生産コストが安いなど経済的に有利であるとの判断で行なったものではなかった。企業としては，輸出をつづけたい。ところが，現地政府の政策のために，現地生産に切りかえなければならない。「仕方なしの海外生産」である。

欧米先進国についても，輸出から現地生産への国際経営戦略の転換が行なわれたが，やはり「仕方なしの海外生産」だった。欧米の場合は，輸入代替工業化政策のためではなく，輸入規制ないし保護主義のためだった。

仕方なしの海外生産とは，経済的には合理性を欠くが，政治的な理由でやむを得ず行なわれるものである。当時の海外生産が経済的な合理性を欠くというのは，生産コスト，品質，納期などの点では，国内で生産して輸出するほうが海外生産よりすぐれていたためである（この点は第4章でみる）。

国際経営戦略の政治的性格は，マーケティング戦略や調達戦略などにもみることができる。

海外子会社は製品の販売先の市場を自分で自由に決められないことがある。海外子会社が製品を国内市場（現地市場）に販売したいと思っても，現地政府が許可しない。国内市場は自国企業にまかせ，外国企業の進出をゆるさない。海外子会社に輸出義務を課すこともある。輸出用の生産拠点の性格をもつ海外子会社の場合，製品の全量あるいは一定以上を輸出しなければならない。

　部品や材料の調達も，現地政府の政策から影響をうけることがある。日本から海外子会社に部材を供給したいと思っても，現地政府のローカルコンテンツ政策（部材の現地調達を推進する政策）のためにできないことがある。現地政府は，ローカルコンテンツ政策によって，自国の部品企業，材料企業を育成したいのである。

　海外進出する企業としては，成長し利益をのばすという観点から進出する国や地域をえらぶ。他方，投資をうけいれる国，とくに新興国の政府は，自国の経済発展や工業化の進展，技術の高度化，人材の育成などを重視し，これらの政策目標に合う外国投資を選別してうけいれようとする。このような企業と国家の交渉ないし駆け引きのなかで，企業の海外進出は行なわれる。そのために，企業の国際経営戦略は政治的性格をもつことになる。

4　多角化・集中化と国際化

　さきにのべたが，多国籍企業のほとんどは，同時に多角化企業でもある。

　企業の全社的な経営戦略としては，多角化と国際化の2つが基本的に重要といえる。日本経済のバブルが崩壊した1990年代初頭までは，多角化戦略をとる企業が多かった。1990年代後半以後は，多角

化とは反対の経営戦略である選択と集中の戦略がふえている。

多角化戦略が一般的だった時代には，まず国内で多角化をすすめ，すこしタイムラグをおいて国際化をすすめるという企業が多かった。その例として，味の素をみることにしたい。

味の素は，かつては調味料「味の素」の単品企業だった。ところが，同社は多角化戦略によって，総合食品化学企業に変身をとげている。味の素はもうひとつ，多国籍企業としての顔をもっている。同社は多くの国に海外子会社をもって，世界的に経営活動を展開している。

調味料「味の素」の日本での販売が開始されたのは1909年である。戦後すぐに，同社は調味料の輸出を再開している。そして，1961年のタイでの調味料の現地生産の開始をかわきりに，62年フィリピン，65年マレーシア，69年ペルー，72年インドネシア，77年ブラジルで調味料の現地生産をはじめている。つづいて，1970年代に入ると医薬用アミノ酸と飼料用リジンの現地生産をはじめる。1976年フランス，82年米国，86年米国とタイ，89年ベルギーにそれぞれ海外製造子会社をつくっている。味の素は1987年に，米国の大手食品会社のCPC インターナショナル社のアジアの6カ国の海外子会社にそれぞれ50％ずつ出資した。そして香港，フィリピン，タイ，マレーシア，台湾，シンガポールで加工食品のビジネスをはじめた。[5]

味の素はこのように，まず国内で新しい事業分野に多角化し，そのあとで海外でもその事業を展開するという戦略をとってきた（吉原，2001，53ページ）。

さて，1990年代初頭にバブルが崩壊してからは，事業の選択と集中を行なう企業がふえている。そして，その選択と集中の対象になった事業を国際化していく。典型例として，武田薬品工業（以下，武田薬品）をあげることができる（吉原，2003）。

武田國男（元社長，元会長）が社長に就任した1993年当時の武田薬品は，医薬品を中心とする総合化学企業だった。全売上に占める医薬品の比率は59％であり，食品・ビタミン18％，化学品14％，農薬・動物薬８％，その他１％だった。選択と集中の経営戦略は，同社の場合，事業を医薬品に集中するという戦略として推進された。2002年度の事業別の売上比率は，医薬品が84％と大きくのびた。他方，食品・ビタミン７％，化学品５％，農薬・動物薬０％，その他４％と，医薬品以外は全体の16％を占めるにすぎない。

　1993年当時でも，武田薬品は多国籍企業だった。しかし，経営活動の内容をみると，国内経営が中心の企業だった。医薬品の研究開発と製造のほとんどは国内で行なわれていた。米国と欧州には，販売子会社をもっていただけで，研究開発と製造の拠点がなかった。

　2003年までに，研究開発の拠点を米国と欧州につくった。アイルランドに医薬品の工場（製剤）を設立した。同国には，本格的なバルク（医薬品の原末，原液であり，これを製剤・包装などして最終製品の医薬品をつくる）工場を建設することも決定した。米国と欧州の販売網も強化した。このようにして，日本中心の国内的な製薬企業から米国と欧州にも拠点をもつ世界的製薬企業に発展をとげつつある。

　いまみた武田薬品と同様に，事業分野を少数の分野にしぼりこみ，その選択された少数の事業をグローバルに展開するという戦略を推進する企業がふえている。この戦略がふえているのは，つぎのような理由のためである。

　まず，高度成長の時期に，多角化戦略によって多くの事業に進出した。新規事業のなかには，期待した成果をださない事業がふくまれていたが，雇用維持などを理由に，撤退せずにつづけているものが多い。バブル崩壊後，多くの事業を強い事業と弱い事業，あるいは得意の事業と不得意の事業などにわけて，強い事業あるいは得意

の事業に経営努力を集中することによって，経営基盤を強化し，成長性と利益率を高めるうごきをはじめている。

つぎに，世界の市場で外国企業との競争に勝つためには，グローバルに通用する技術，ノウハウ，ブランドなど経営資源をもつ必要があり，この点からも事業の選択と集中が要請される。

さらに，多くの事業をグローバルに展開するとき，その事業の管理は困難である。大規模な多角化・多国籍企業のための国際経営組織，人事管理の仕組み，マネジメント・コントロールのシステム，情報システムなどマネジメントの仕組みの構築と運用は，むずかしい。比較的すくない事業をグローバルに行なう企業のほうが，この管理の負荷は軽い。これも，事業の選択と集中をすすめる理由である。

■ 注

1) 経営戦略のこの定義は，伊丹（1980，22ページ）の定義を参考にしている。

2) 経営戦略には，この3つのほかに職能別戦略（機能別戦略ということも多い）がある。生産戦略，販売（マーケティング）戦略，調達戦略，研究開発戦略，人事戦略，財務戦略などである。

3) 富士ゼロックスは，2019年に富士フイルムホールディングスの完全子会社になる。

4) これらの例には，現在では戦略的提携を解消したものをふくんでいる。

5) 味の素のその後の新しい動きについては，吉原ほか編（2013，序章）を参照。

第3章　国際マーケティング

_1_　輸出マーケティングの発展

商社経由の間接輸出　　第二次世界大戦以前（以下，戦前）の製造企業で自社の輸出部門によって輸出をしたところは，味の素，松下電器産業（現，パナソニック），旭硝子（現，AGC），片倉工業などひとにぎりの企業だった。大部分の企業は商社を通じて輸出していた。製造企業が自社の輸出部門によって輸出することは，メーカーの直接輸出という。他方，商社を通じて輸出することは，商社経由の間接輸出，略して，間接輸出という[1]。

　戦後になっても多くの製造企業は商社，とくに総合商社を通じて輸出した。間接輸出が中心だったのは，つぎのような理由のためである。

　製品を外国市場にむけて販売するためには，顧客のニーズ，流通の機構や慣行，競争の状態など市場についての知識や経験が必要で

ある。また，その国の言語で営業活動を行なわなければならない。当然だが，外国では日本語は通用しない。英語や各国の現地語のできる人材，また，各国の市場に精通した人材を育てることが必要である。このような輸出マーケティングのための人材育成には，時間と資金が必要である。戦後初期には，製造企業の多くは生産や技術，また国内販売のための投資に全力を出しており，輸出マーケティングのために投資できる余裕はなかった。商社を通じて輸出する場合，これらの輸出マーケティング投資をせずにすむ。

　輸出商品の点からも，商社を通じて輸出する方法が適していた。1955年の輸出商品でいちばん多かったのは繊維で，全体の37.2％と，3分の1をこえている。2番目は鉄鋼の12.9％だった。食品6.3％，化学5.1％，船舶3.9％がつづく（三橋ほか，2003，428ページ）。これら当時の主要な輸出品は，非ブランド品と中低位技術で特徴づけることができる。非ブランド品の場合，広告宣伝や各種の販売促進活動は重要でない。また，技術的に高度でない製品では，製造企業の技術者などが輸出に関与しなければならない必要性は強くない。商社によって輸出しても問題が起きることは多くない。

製造企業の直接輸出と海外販売子会社　二度の石油危機のあと日本経済は高度成長から安定成長へと成長率を減じるが，1980年では，輸出商品のなかに占める繊維の比率は4.8％に減ってしまった。鉄鋼も11.9％しかない。他方，機械（広義）が62.8％であり，全輸出のほぼ3分の2に達している。機械には，狭義の機械である一般機械のほかに，自動車および部品，電気機器，電子部品，半導体，コンピュータ，精密機器，事務機などがある。これらは，ブランド品であり，またハイテク製品である。

　輸出商品がこのように変化するのと歩調を合わせて，商社経由の間接輸出から製造企業の直接輸出へと変わっていく。なぜ，商社に

よる間接輸出から製造企業の直接輸出へ変わったのだろうか。

　2つの理由をあげることができる。ひとつは，製造企業の経営体力の増強であり，もうひとつは，間接輸出の問題の表面化である。

　第1の製造企業の経営体力の増強であるが，製造企業の規模が大きくなり，資本蓄積が進むにつれて，輸出マーケティング投資を行なうことができるようになる。第2の理由は，間接輸出の問題の表面化である。商社を通じて輸出するときには，顧客ニーズの把握が困難，市場変動の把握のむずかしさ，自社独自の販売促進の実施が困難，アフターサービスのむずかしさなどの問題点がある。

　さて，製造企業の直接輸出のつぎの発展段階は，海外販売子会社をつくることである。

　製造企業は海外販売子会社をおもに欧米先進国に設置した。海外販売子会社はアジアなど発展途上国にはあまりなかった。発展途上国では，自国の零細な流通業者を保護し，雇用をまもるために，流通の分野に外国企業が進出することを禁止あるいは制限することが多いからである。

　海外販売子会社をつくった企業の中心は，ハイテク製品，あるいはブランド製品を輸出する製造企業である。他方，繊維，鉄鋼，汎用化学品，造船などの企業は，商社経由の間接輸出をその後もつづけており，これらの企業の海外販売子会社はすくない。

総合商社

戦前から戦後1960年代までは，製造企業の製品の輸出マーケティングで中心的な役割を演じたのは，総合商社だった。

　総合商社は，戦前には3社あった。日本で最初に生まれた総合商社は，三井物産である。そのつぎが三菱商事，もうひとつ鈴木商店があった。この鈴木商店は倒産した。戦後になると，総合商社10社時代がかなり続いた。三井物産，三菱商事，住友商事の3社は旧財

閥系の総合商社といわれた。この3社のほかに，伊藤忠商事，丸紅，日商岩井，ニチメン，トーメン，兼松，安宅産業の7社があった。安宅産業は倒産した。現在は，三菱商事，三井物産，伊藤忠商事，丸紅，住友商事の5社を総合商社ということが多い。これに，双日（ニチメンと日商岩井が母体）を加えることもある。

では，総合商社はどういう企業であり，どういう特徴をもつか。

総合商社の特徴として4つをあげることができる。取引商品の総合性，取引地域の総合性，機能の総合性，大企業，の4つである。

取引商品の総合性とは，多くの種類の商品を扱うことを意味している。ある時期「ミサイルからラーメンまで」という表現をよく耳にし，また読んだことがある。これは，総合商社がありとあらゆる商品を扱うことを表現しようとしたものである。

ある総合商社の組織は，エネルギー，金属，機械，化学品，生活産業および新産業金融の5つの事業グループで構成されている。エネルギー事業グループは，天然ガス，石油，石炭，LPG（液化石油ガス）などをあつかう。金属グループには，鉄鋼製品，鉄鋼原料，非鉄金属などがふくまれる。機械グループがあつかう商品は重電機，インフラ，船舶・宇宙航空機，自動車などである。化学品グループには，汎用化学品，機能化学品，石油化学製品などがある。そして，生活産業グループは農水産品，繊維，各種資材（パルプ，建材，セメント，タイヤなど）をあつかう。

つぎは，取引地域の総合性である。総合商社はほぼ世界中の国・地域をカバーしている。総合商社9社体制の2000年頃，海外店（現地法人と海外支店）をいちばん多くもっていたのは，三井物産で，海外店は181にのぼる（1999年）。総合商社9社は合計1248の海外店をもっていた。1社平均では139である。100をこえる海外店をもって，ほぼ全世界の国・地域を取引対象地域としてカバーしていたわけで

ある。多くの海外店をもって，世界を相手にビジネスをするという特徴は，いまでも変わらない[2]。

第3の特徴は機能の総合性である。総合商社は基本的には卸売商業の企業である。その卸売商業も，国内取引，輸出・輸入，第三国間取引など多様である。総合商社は卸売商業にかぎらず，鉄鉱石など鉱物資源，原油，石炭，食料品などさまざまな資源の開発にも従事している。また，自社の製造子会社をもって，あるいは製造企業と合弁会社をつくるなどして，製造業にも従事している。さらに金融，サービスなど広い事業分野に従事している。

4番目の特徴は大企業であることである。総合商社は売上高や従業員数などからみて大企業である。最大の総合商社である三菱商事の売上高は約7兆6700億円であり，従業員は約7万2000人（2015年3月期，連結ベース）である。世界でこれだけの規模の貿易商社，あるいは卸売商業の会社はない。

うえであげた4つの特徴をすべて兼ね備えた企業が総合商社である。4つの特徴のうちのひとつないし2つをもつ企業は，外国にもある。しかし日本の総合商社と同じ企業は，外国にはないといってよい。総合商社は日本だけにしかないユニークな企業である。

ところで，さきにみたように（42ページ），こんにちでは日本の代表的な輸出商品の多くは製造企業によって輸出されている。総合商社の役割は限定的である。輸出マーケティングの主役が，総合商社から製造企業に大きく変わったのである。製造企業の製品を輸出するマーケティングにかんしては，総合商社は歴史的使命を基本的に終えたといえる。

総合商社は，このように製造企業の製品の輸出では重要性を減じているが，投資事業など他の分野のビジネスをのばすことによって，企業の成長をめざしている。とくに，鉄鉱石，石炭，液化天然ガス，

原油など海外の原料の開発事業に参加し，それら原料を日本その他に販売することによって，大きな利益をあげるようになっている。

2 国際調達

海外から原料を輸入し，それを製品に加工し，その製品を輸出するというのが，日本の基本的な貿易パターンだった。加工貿易立国である。このときは，輸入の中心は，鉄鉱石ほか各種の原料，原油をはじめとする燃料，小麦など食糧だった。ところが，いまや日本の輸入の中心は製品（消費財と生産財）にシフトしている。

カジュアル衣料の多くは中国からの輸入品である。音響機器製品，携帯音楽プレーヤー，電子レンジ，デジタルカメラなどにも，輸入品がふえている。製品は一見したところは，日本企業の製品であり，ブランドもソニー，パナソニック，東芝，キヤノンなど日本製にみえる。ところが，製品の裏側や底部をみると，made in China, made in Thailand, made in Malaysia などと記されている。これらの製品は海外で生産され，日本に輸入されたものである。

さて，製品輸入は，製造企業によるものと，スーパーや専門量販店など流通企業によるものにわけることができる。まず，製造企業の場合であるが，海外子会社で生産する製品を日本に輸入することがふえている。これは，逆輸入ということがある。家電製品，デジタルカメラ，パソコン，乗用車，オートバイ，アパレルなどに，逆輸入の製品が多い。価格が比較的低いものが中心である。

もうひとつ，外国企業に生産委託した製品を輸入して日本で自社の製品（ブランドも自社のものをつける）として販売することがある。

家電製品などに多くみられる。ファーストリテイリングは流通企業であるが，同社の製品（ユニクロのブランドで知られている）のほとんどは，中国企業で縫製されている（杉田，2003，117ページ）。

つぎに，流通企業の製品輸入も多い。スーパー，量販店，ホームセンター，専門店には肉，野菜，果物など食品に輸入品が多くみられる。衣料品ではカジュアルなものを中心に，日本製のものより輸入品のほうが多い。さらにバッグ，スポーツシューズ，ゴミ箱，ポリバケツ，カーペット，植木鉢など各種雑貨に輸入品がふえている。

家具大手のニトリは，外国製の家具を輸入して日本で販売する戦略で急成長をとげている。なお，スウェーデンのイケアが，スウェーデンほかの外国製家具（おもに中国，ポーランドなど中・東欧で生産）を日本で販売して成長している（ユングブルート，2007）。

さて，製品の輸入がふえる理由には，つぎのようなものがある。

第1の理由は，日本の高い生産コストである。バブル後のいわゆるデフレによって，土地などの不動産の価格は大幅に下がり，また賃金も低下した。さらに，全社員に占める正規社員の比率が低くなり，賃金の低い非正規社員が増加した。これらによって，生産コストは低くなった。しかし，外国には新興国をはじめ日本より生産コストの低い国は多い。

1978年から，中国が改革開放の経済政策によって資本主義経済に組み込まれるようになった。また，1989年にベルリンの壁が崩壊したあと，中・東欧と旧ソ連がやはり資本主義経済の仲間入りをするようになった。これらのグローバルな変化によって，低い賃金の労働者が多く資本主義経済の生産にたずさわるようになり，工業製品の価格は大幅に低くなった。

日本は，その高い生産コストからいって，特色のある製品を特色のある方法で生産しなければ競争できない国になっている。日本企

業に適した製品は，技術的に最先端の製品，市場との濃密なコミュニケーションが必要な製品，独自の生産技術で生産する製品，世界的なブランドが競争の武器になる製品などである。これらをのぞくと，日本で生産するより外国から輸入するほうが有利な製品が多くなってきている。

　海外子会社のレベルアップも，輸入増加の重要な理由である。東南アジアや中国に立地する海外子会社のなかには，日本国内の工場と差のない高いレベルの生産設備を備えたものがある。さらに，設備投資を国内より海外を優先して行なうために，国内工場より新しい生産設備を備えた海外工場も生まれている。また，海外子会社の作業者，管理者，技術者が経験を積み，能力を高めている。日本では工場ではたらきたい人がすくない。とくに若いひとは工場をさける傾向にある。日本では優秀な人材の採用で苦労するが，海外では中国をはじめとして優秀な作業者を確保しやすい。「日本の工場では，老眼鏡をかけた中高年の女性が仕事をしている。ここでは，手先が器用で，目のよい若い女性が熱心に仕事をしている。日本は勝てるはずがありません」。これは，いまから25年以上まえに筆者がマレーシア工場でインタビューした日本人管理者の発言である。この発言には，誇張と単純化がふくまれているが，基本的には真実である。現時点では，このマレーシアをふくめて中国，ベトナム，インドなどの新興国において，人材の質の点でも，日本工場より海外工場のほうが上をいくようになってきている。

　市場の世界標準化の進展も，輸入増加のひとつの理由である。世界の多くのひとが同じテレビ番組をたのしみ，サッカーのワールドカップやオリンピックで世界中のひとびとが興奮している。海外旅行をするひとがふえている。テレビ，デジタルカメラ，携帯電話，DVDプレーヤー，パソコンなどの製品では，世界標準モデルがふ

えている。さらにカジュアル衣料やファッション製品，バッグ，スポーツシューズなどでも，流行製品はあっという間に世界的にひろがる。日本，米国，フランス，シンガポール，中国で，同じような製品がよく売れるのである。日本市場のために特別の設計や機能，デザインをする必要性は強くない。

最後に，日本市場の魅力をあげることができる。

日本市場の魅力としては，まず，市場規模の大きさをあげることができる。日本市場は米国市場につぐ世界第2番目の規模であった。2010年に中国に追い抜かれたが，それでも世界で3番目の規模である。EUをひとつの市場とみると，日本は世界で第3番目か4番目に大きい市場である。

つぎは，市場の高級性である。日本の所得水準は世界でいちばん高いわけではないが，世界的にみて最高レベルの国のひとつである。しかも，人口は1億2600万人に近い（2020年で1億2593万人）。日本市場は，おそらく世界でいちばん重要性の高い高級市場と思われる。

日本市場のもうひとつの魅力は，外国の製品に門戸が開かれつつあることである。日本市場の開放がすすんでいる。工業製品の輸入関税率は低く，関税の点では日本の市場はかなり早い時期から開放されていた。ところが，さまざまな非関税障壁があり，そのために外国製品の輸入は抑制されていた。その非関税障壁が，規制緩和の進展とともに，すこしずつ低くなり，すくなくなってきている。

部材の輸入

製品の生産に使う部品や材料（部材）の調達戦略は，大きく内部調達と外部調達（アウトソーシング）にわけることができる（小田部・ヘルセン，2010，343ページ）。前者の内部調達は，自社の内部から調達する戦略である。自社の内部といっても，多国籍企業であるから親会社および国内の子会社・関係会社だけでなく，海外子会社もふくめて考える必要が

ある。すなわち，内部調達には，部材を親会社で生産する，国内の子会社・関係会社で生産する部材を調達する，海外子会社で生産したものを調達する，の3つの方法があることになる。もうひとつの外部調達は，国内の部材企業から購入する，海外の部材企業から購入する，の2つに大別できる。後者が，海外アウトソーシング，あるいはグローバル・アウトソーシングといわれるものである。

　さて，日本企業において，製品の生産に使う部材の輸入がふえている。うえの定義の外部調達のうちの海外調達にあたるもので，部材の海外調達あるいは国際調達といわれることが多い。

　自動車に使う鋼板は，従来はすべて日本国内で日本の鉄鋼企業から購入されていた。最近では，一部を外国の鉄鋼企業から輸入している。エレクトロニクス企業では，半導体，液晶パネルなど部材の国際調達がふえている。

　海外から部材を調達する目的のひとつは，部材コストの引き下げである。このコスト低減は，直接的なものと間接的なものの両方がある。

　海外の安い部材を調達することは，もちろんコスト引き下げになる。これが，直接的なコスト引き下げである。

　間接的なコスト低減とは，安い価格の外国製の部材を調達することによって，日本のサプライヤー企業に価格引き下げの圧力をかけ，そのことによって部材のコストを引き下げることである。外国製の部材の使用はふえているが，日本製の部材がまだ中心的である。近い将来も，日本製の部材が多く使われるだろう。そのため，部材のコストダウンには，日本製の部材のコストダウンが重要である。これを，安い外国製の部材の調達を交渉の武器にして実現するのである。

　外国製の部材の使用をふやすためのポイントは，じつは製品開発

ないし製品設計にある。外国製の部材を使うことを前提にして製品を開発するのである。従来は，日本製の部材を使うことを前提にして製品が開発されていた。その日本製の部材と同じ性能や品質の部材を外国企業から調達しようとしても，なかなか実現しない。外国企業からの部材の調達をふやそうと思えば，はじめから外国製の部材を使うように製品を開発するのがよい。

　部材の輸入に関連するものに，海外子会社における部材の国際調達がある。

　海外生産がはじまった当初は，海外子会社は親会社の部材を使用することが多かった。他の日本企業（部材企業）から調達（海外子会社からいうと日本からの輸入になる）することもあった。日本製の部材は，品質にすぐれており，また品質が安定している。ただ，コストが高いという難点がある。

　海外子会社が生産コストの低減に取り組むようになると，日本製の部材がひとつの問題として浮かび上がってくる。シンガポール，マレーシア，タイなどアジアの工場では，「部材の日本離れ」のキャンペーンが行なわれている。コストダウンの方法には，生産性をあげる，工程不良を減らす，生産ラインの中断を減らすなどいろいろのやり方がある。部材のコストの引き下げも，コストダウンの方法として重要である。部材の日本離れ，すなわち，価格の高い日本製の部材を安い外国製のものに切りかえることは，コストダウンのひとつの方法である。

　さきに，親会社における部材の国際調達のところでのべたが，海外子会社における部材の日本離れのためには，製品開発の日本離れ，すなわち，海外子会社における製品開発がポイントになる。なお，海外研究開発はのちほどとりあげる（第5章）。

　海外子会社の部材の現地調達をふやすために，日本企業が現地の

部材メーカーに技術指導することがある。現地のサプライヤーの製品の品質が悪いとき，あるいは，品質の安定性に問題があるときなど，海外子会社は日本人を現地の企業に派遣し，品質管理などを指導する。

　最近になって注目されているのは，タイ，中国，インドなど新興国に立地する海外子会社の現地部材企業からの部材の調達である。低価格は魅力的であるが，品質に問題があり，調達にふみきれない企業が多かったが，最近になってふえている。部材の品質が向上したこと，新興国市場で要求される低価格を実現するためには現地企業の部材の購入の必要性が強まっていること，現地企業への技術指導や設計の工夫などによって品質問題に対応できる可能性が強まっていること，などの理由による。

3 グローバル・サプライチェーン・マネジメント

　国際マーケティングとして，これまで輸出マーケティングと国際調達（製品輸入と部材の輸入）をみてきた。いまや，輸出マーケティングと国際調達を統合的にみることが必要になってきている。グローバル・サプライチェーン・マネジメントとしての見方である。

　サプライチェーンは，原材料の調達から生産，組立，販売など製品を顧客に販売するまでのモノの流れおよびこれに関連する情報の流れをさす。このサプライチェーンを合理的にマネジメントするために行なわれるものが，サプライチェーン・マネジメントである。そして，サプライチェーン・マネジメントをグローバルな視点と規模で行なうのがグローバル・サプライチェーン・マネジメントである（諸上，2003，39ページ）。

このグローバル・サプライチェーン・マネジメントの具体例として，ファーストリテイリングをみることにしよう。

ユニクロのブランドで知られるファーストリテイリングは，シャツ，ジーンズ，ニット製品などカジュアル衣料品のほとんどを中国で生産している（杉田，2003）。衣料品の縫製は，中国企業で行なわれている。その中国企業は，ファーストリテイリングと資本関係がない。ファーストリテイリングは，独立の多くの中国企業に生産を委託している。中国企業での縫製をマネジメントするために，工場の選別，工場のきびしい査定，工場間の競争，日本人のベテラン技術者からなる「匠チーム」による品質指導などを行なっている。

同社は，素材を世界有数の繊維企業と共同で開発する場合がある。東レその他の繊維企業との共同企画による素材がその例である。あるいは，ジーンズの生地には，カイハラやクラボウの製品を使っている。最近では，中国で調達できる現地素材の使用がふえている。これらの素材を中国の多くの縫製企業に供給するうえで，総合商社の協力をえている。

日本人は製品の品質にきびしいことで有名である。その日本人の消費者の品質意識を満足させる品質の製品を，低価格で実現しているのである。「中国などアジアの工場で生産しても，日本人の好みに合う商品を企画し生産管理を徹底すれば，満足のいく品質のものができると証明してみせた」。このことが，ユニクロ（ファーストリテイリング）の最大の功績であるという（西村，2010）。

つぎに，パソコンの世界的企業である米国のデル社の事例をみることにしよう。

デルの工場の搬入口にはサプライヤーのトラックがずらりとならび，とどこおりなくパーツを納入している。CPU（インテルかAMD）とOS（マイクロソフト）は米国製だろう。そのほか（モニ

ター，マザーボード，ハードディスク，マウス，筐体）はおそらく台湾
ないし中国で組み立てられたものだ。チップには米国か韓国のファ
ブレス企業の製品，メモリには米国か韓国か日本か台湾製の製品が
使われている。生産担当部長ディック・L.ハンターによると，「供
給業者の上位30社との取引額が，コスト全体の約75パーセントを占
めています。その下の20社を加えたら，約95パーセントです。50社
とは毎日やり取りしています。一日に数回以上やり取りをする業者
も少なくありません」。

　デルの米国工場で行なわれる組立の最終工程について，ハンター
はつぎのように説明した。「部品が届くと，それをスクリューやボ
ルトで留めます。最近は，パチンとはめるだけですむことが多くな
っています。そして，顧客が選んだソフトをインストールします。
これらの作業にはそれほど手間はかかりません。手順が確立されて
いて，四分半で終えられます」（バーガーほか，2006，187‐188ページ，
筆者注，字句を一部変えている）。

　小田部とヘルセンは，米国企業を例にとって，つぎのように解説
している。

　「最終製品をヨーロッパと日本に輸出している，あるアメリカ企
業について考えてみよう。伝統的にこのような輸出は，アメリカ企
業とその海外の顧客との間で行われる交換——2者関係のビジネス
——と見なされてきた。しかし，このアメリカ企業の経営陣にとっ
ては，この輸出取引は，彼らがマネジメントしている企業活動の最
終局面にすぎないのではないだろうか。実際のビジネスの広がりを
考えてみて欲しい。この企業は，ある部品は，日本とメキシコの供
給企業から長期契約で調達しており，他の部品については，イン
ターネット上のビジネス・トゥ・ビジネス（B2B）の取引で，韓国
の供給企業から調達したり，国内のアメリカの供給先から調達した

りしている。そして，この企業は，最終製品をシンガポールで組み立て，アメリカへ再輸出するとともに，ヨーロッパと日本へ輸出している。重要部品を供給する日本企業は，合弁事業であり，持ち分の過半をこのアメリカ企業が所有している。一方，メキシコの供給企業とは，ライセンス契約を結び，このアメリカ企業が技術上のノウハウの多くを提供している。また，アメリカの国内供給企業は，事実上ドイツ企業の子会社である。つまり，このアメリカ企業による貿易取引には，合弁事業，ライセンシング契約，B2B取引，子会社業務，現地組み立て，そしてR&Dが関わっており，そのすべてを直接あるいは間接的にこのアメリカ企業がマネジメントしている」（小田部・ヘルセン，2010，序文，ⅴ－ⅵページ）。

うえの3つの事例および解説を検討すると，グローバル・サプライチェーン・マネジメントの特徴としてつぎのようなことをあげることができる。

まず，国内販売，輸出，輸入（国際調達），現地販売，国内生産，現地生産，国内開発，現地開発など多様な業務が関連して行なわれている。

つぎに，最終製品，半製品，部材のやりとりが行なわれている。

また，自社，海外子会社，海外合弁会社，他社（日本企業，外国企業）などさまざまな企業ないし組織が参画している。それら多くの企業ないし組織は出資，提携，技術ライセンシング，長期契約など多様な方法で関係をむすんでいる。

企業ないし組織の立地をみると，自国，先進国，新興国にまたがっている。まさに，グローバルである。

多くの企業ないし組織は，モノ（最終製品，半製品，部材など）だけでなく，ヒト，カネ，情報（技術，ノウハウ，ブランドなど）もやりとりしている。

ヒト・モノ・カネ・情報のやりとりにおいて，IT（情報技術）が重要な役割をはたしている。同時に，国際的な空運・海運・陸運企業をベースにする国際物流システム，製造請負企業，モジュール化がグローバル・サプライチェーン・マネジメントを支えている。国境をまたいでのヒト・モノ・カネ・情報の行き来を可能にしているボーダーレス化が基本条件になっている。

グローバル・サプライチェーン・マネジメントのこのような特徴をみると，関与する企業ないし組織の多さ，企業をむすびつけている関係の多様性，現象の大きさ・多様性・複雑性，地理的なひろがり（グローバル性）におどろく。グローバル・サプライチェーン・マネジメントというが，はたしてマネジメントできるのだろうか，と思いたくなる。

さて，本章を終わるにあたり，国際マーケティングの発展についてのべたい。国際マーケティングの発展段階についてはいろいろの考え方があるが，本書では，日本企業の実態にそくして，輸出マーケティング，国際マーケティング，グローバル・マーケティングの3つの発展段階としてみていくことにしたい。

輸出マーケティングは，製造企業がその製品を輸出するためのマーケティングである。日本企業の場合，この輸出マーケティングは，商社経由の間接輸出，製造企業の直接輸出，海外販売子会社の設立という3つの段階をたどって発展することが多い。とくに，ブランド製品や高技術製品を輸出する企業（家電，自動車，電子部品，ファインケミカルなど）には，この3つの発展段階をみることができる。他方，ブランドがない，あるいはブランドが重要でない製品，また，技術的に高度でない製品を輸出する企業（鉄鋼，繊維，汎用化学品など）では，商社経由の間接輸出をつづけることが多い。

輸出マーケティングのつぎに，国際マーケティングがある。これ

には，海外子会社からの輸出，海外子会社から日本への輸出（日本への逆輸入），海外子会社からの調達，海外子会社の相互間の輸出・輸入などをふくめて考えるときの概念である。また，外国から調達（購入）するものは，大きく製品と部品・材料（部材）にわけることができる。本書では，製品の海外調達および部材の海外調達も国際マーケティングとしてとりあつかう。

そして，いちばん新しいのが，グローバル・マーケティングである。これは，国際マーケティングとグローバル・サプライチェーン・マネジメントを統合的に行なうものである。

注

1) 間接輸出の用語は，つぎの意味で使われることがある。たとえば，電子部品の企業が製品（電子部品）をデジタルカメラの企業に販売する。カメラ企業がデジタルカメラを輸出する。このとき，電子部品企業の製品（電子部品）はデジタルカメラ企業の製品（デジタルカメラ）のなかに組み込まれて輸出される。このとき，電子部品企業の製品（電子部品）は間接的に輸出される。これを間接輸出ということもある。

2) 有価証券報告書総覧の記載データが2000年3月期から簡略化されたため，その後のデータはない。

第4章　海外生産

1 海外生産の発展

「仕方なしの海外生産」　1960年代から70年代の海外生産で特徴的なことは，海外生産の動機ないし理由である。企業としては，輸出を継続し，のばしたかった。ところが，現地政府の輸入代替工業化政策，あるいは保護主義や輸入規制のために，輸出が実質的にできなくなった。企業としては，輸出で開拓した市場を失いたくないので，次善の策として，輸出を現地生産に切りかえていったのである。「仕方なしの海外生産」である。

　仕方なしの海外生産とは，すでにのべたように（36ページ），経済的には合理性を欠くが，政治的な理由でやむを得ず行なわれるものである。海外生産が経済的な合理性を欠くというのは，生産コスト，品質，納期などの点では，国内で生産して輸出するほうが海外生産

よりすぐれているためである。

海外で生産する理由として，海外，とくにアジアの国の安い労働力の利用があげられる。このことにかんしては，生産コストに占める作業者の人件費の比率は，じつは小さいことを指摘したい。作業者の人件費は全生産コストの数パーセント，多くて1割から2割程度である。国内の工場で大量生産するほうが小規模の海外工場（当時の海外工場は小規模なものがほとんどだった）で生産するよりも生産コストが低い。

また，国内工場であれば，生産の途中でラインが止まることはすくない。ところが，海外工場だと，当時は作業に慣れていない作業者が多く，ラインストップが国内工場よりひんぱんに起こる。

工程の途中での不良品も，生産コストの上昇要因である。途中まで加工あるいは組み立てたところで不良であることが判明すると，その不良品は手直しが必要になる。手直しには余分の作業と時間が要るから，生産コストが余分にかかる。あるいは，不良品を廃棄することもある。その不良品には，部材のコスト，作業者の賃金，電気代，設備のコストなどがふくまれている。それらのコストがすべてムダになってしまう。廃棄の不良品のコストは良品に負担させるから，生産コストは高くなってしまう。

国内の工場で日本人作業者が日本的生産の方法で生産するほうが，製品の品質がよく，また安定している。納期の点でも，信頼できる。

さて，1970年代当時の海外生産には，つぎのような特徴があった。

第1の特徴は，アジアなど発展途上国に集中していたことである。いいかえると，欧米先進国での現地生産はあまりなかった。当時は，海外製造子会社はアジアなど発展途上国に集中する。他方，欧米先進国には海外販売子会社が集中する。このような地理的二分法のパターンがかなり顕著にみられた。

第2の特徴は，小規模な工場である。当時のアジアなど発展途上国にあった海外工場は，小規模な工場がほとんどだった。

　第3に，海外工場では，労働集約的な最終生産工程，つまり最終の加工ないし組立を行なうものであった。

　第4の特徴は，成熟技術ないし標準化技術である。当時，海外工場で生産される製品は，技術的には成熟したものだった。また，生産設備は，日本で使い慣らしたもの，そういう意味で成熟したものである。他方，国内の工場では，新製品や先端技術の製品を生産する。生産設備も最新のものである。当時は，国内ハイテク・海外ローテクという一種の技術の国際分業がかなりはっきりとみられた。

　第5の特徴は，現地市場むけの生産である。現地市場むけの生産とは，海外子会社が立地する当該の国の市場で販売するために生産することである。

　第6の特徴は，当時の海外製造子会社には合弁企業が多かった。日本企業と現地の企業が組んで合弁会社をつくる。合弁のパートナーに日本の総合商社が入る合弁会社もかなりみられた。このタイプの合弁企業は，商社参加型合弁，あるいは三人四脚型合弁などといわれた。

　最後に，海外製造子会社の多くは新設企業だった。現地の既存企業を買収する方法は，アジアでは買収対象になる現地企業はほとんどなかったから，実行したくても，じっさいには実行は不可能だった。

　うえでみたような特徴のために，日本企業の海外生産は国際化の日本的パターンとして注目された。先進技術をベースにして，現地企業の買収も多く行ない，完全所有子会社が多く，欧州の先進国を中心に進出した米国の多国籍企業とは明らかにちがう国際化のパターンだった。

1985年9月，ニューヨークのプラザホテルで開かれた日本，米国，英国，フランス，そして当時の西ドイツの5カ国の蔵相・中央銀行総裁会議で，ドル高是正の国際協調が合意された。このプラザ合意のあと，急激な円高がはじまった。1ドル240円程度であったのが，急激に円高になり，1ドル120円ぐらいまで上がる。さらに円高がつづいて1ドル100円をこえる（図4-1）。この急激な円高とともに，海外製造業投資が本格化する。

1985年は，輸出比率がピークをつけた年であり，その意味で重要である。それと同様に，海外製造業投資が本格化をはじめる年として，重要である。1985年は，日本企業の国際経営の画期の年であり，グローバル経営元年といえるかもしれない。

急激な円高とその円高の定着という国際経営環境の大きな変化に直面して，企業の多くは，輸出中心の国際経営戦略に限界がきたと判断し，海外生産に重点をおかなくてはならないと考えるようになる。

この国際経営戦略の転換にともない，それまでの仕方なしの海外生産から適地生産としての海外生産へと，海外生産の性格が大きく変わる。適地生産としての海外生産は，経済的合理性をもつ。日本で生産して輸出するよりも，海外で生産して海外市場で販売するほうが経済的に合理的なのである。

適地生産としての海外生産では，たとえば工場を新しくつくる場合，日本に工場をつくるか，米国につくるか，あるいは欧州，あるいは東南アジア，それとも中国かと，世界地図のうえで工場の立地を考える。そして，賃金，物流コスト，市場への距離，技術レベル，人材の量と質，関連産業の発達の程度，部品や材料の調達，通貨の動向，現地政府の政策などを比較検討して，いちばん適した国や地

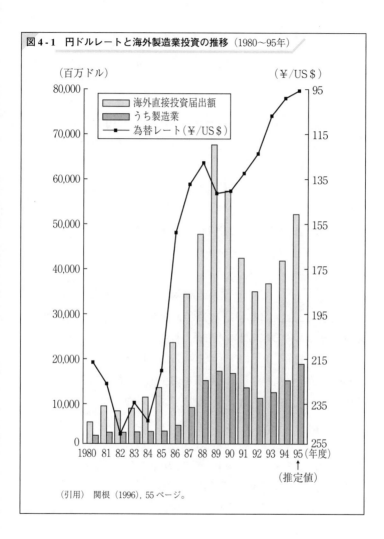

図4-1　円ドルレートと海外製造業投資の推移（1980～95年）

（百万ドル）　　　　　　　　　　　　　　　　　　　　　　（¥/US＄）

凡例:
- 海外直接投資届出額
- うち製造業
- 為替レート（¥/US＄）

1980 81 82 83 84 85 86 87 88 89 90 91 92 93 94 95（年度）

（推定値）

（引用）　関根（1996），55ページ。

域に生産の場所を決める。これが，グローバル適地生産である。

　海外生産の性格の変化に応じて，それまでの国内ハイテク・海外ローテクという技術の国際分業にも変化が生じる。海外工場も国内工場と並ぶようなものになり，国内ハイテク・海外ハイテクに変化する。また，海外工場の生産パフォーマンス，つまり，生産コスト，品質，納期などが国内工場と同等になってくる。さらに，国内での工場新設がすくなく，新しい工場は海外でつくるために，生産パフォーマンスの点で国内工場の上をいく海外工場が生まれる。

2 日本的生産のグローバル展開

　　　　　　　　　　　　　　　　　日本企業が海外で生産するとき，進出先の
日本的生産の特徴　　　国の生産方式を採用することはほぼ皆無である。海外工場では，日本的生産が行なわれる。現地の状況に合わせて日本的生産を部分的に手直しすることはあるが，基本的には，日本的生産が行なわれる。その日本的生産の特徴を明らかにするためには，まず，生産システムについて説明しなければならない。

　生産システムとは，工場のなかの生産のための仕組みであり，生産設備，生産管理，工場の組織風土の３つにわけて考えることができる。なお，生産システムに，工場の外部である部材のサプライヤーとの関係や販売店との関係をふくめて考えることもできるが，ここでは工場の内部にかぎることにする。

　第１の生産設備は機械，ロボット，ベルトコンベアなどである。この生産設備の特徴のひとつは，自社開発・自社製作のものがかなり多いことである。パナソニック，ソニー，シャープなどは基本的にはアッセンブルメーカー（組立企業）である。ところが，テレビ，

携帯電話，洗濯機，冷蔵庫，エアコンなどの製品をアッセンブルするための設備のうち重要なものは，自分たちで開発し，そして製作している。その理由は，各社の独自の生産技術や生産ノウハウを具現化した生産設備が，競争力の重要な源泉，つまり，競争の武器になるためである。

新製品はだれでも，すなわち競争企業でも，市場で買うことができる。買ってきて分解すれば，中身をみることができる。そして，えられた情報や知識を似たような製品の開発に利用できる。この方法は，既存製品の分解による新製品開発であり，リバース・エンジニアリングという（くわしくは後述，92ページ）。ところが自社開発・自社製作の設備は，市場で販売しないから，他社は購入できない。また，競争企業のひと，とくに技術者は競争企業の工場のなかをみることができない。そのために，自社開発・自社製作の生産設備は見えざる競争の武器になるのである。

生産システムの第2番目の要素は生産管理である。これには狭義の生産管理のほかに品質管理，在庫管理，情報共有などがふくまれる。

日本企業の生産管理の特徴のひとつに，小さな改善の積み重ねがある。作業者，管理者，工場の技術者は持ち場の仕事について考え，問題点をみつけ，改善案を提案し実行していく。このための仕組みとして，QCサークル活動，提案制度，各種の勉強会や研究会などがある。これらの仕組みを使って，作業の方法，作業を行なう順番，作業指示書の内容や書き方，あるいは機械の調整の方法などについて，改善策を考え出す。また，組立に使う工具や治具，設備，製品の形状，使われている部品・材料などを対象に問題点をみつけ改善策を提案する。

情報共有も，日本的な生産管理の特徴である。

工場のなかの作業の進行状況のデータ，たとえば，生産台数が計画の台数を上回っているか，不良品がでているかのデータが，工場の天井やラインの前方にあるデータ板に，リアルタイムで表示される。また，生産ラインのどこかで不具合や故障が発生してラインがストップすると，その故障の重大性の程度に応じて赤色（重大な故障）あるいは黄色（軽度の故障）の表示ランプ（パトカーの屋根の信号灯みたいなもの）がつく。工場の管理者と作業者は，このようなデータやシグナルをみて，作業に気をつけたり，作業のスピードアップに努力する。

　データないし情報の共有は，集会でも行なわれる。毎月の全員集会で，工場での生産にテーマを限定せずに，ひろく景気のこと，為替のうごき，技術変化，競争のこと，競争企業の新製品などが，工場長から説明される。毎週の集会や毎朝の集会において，工場のキャンペーン，生産実績，生産の問題点などが報告され説明される。

　作業者は，あらためていうまでもないが，手足だけの存在ではない。考える頭をもち，また，感情の持ち主でもある。情報やデータを共有することによって，作業者は自分で生産のこと，経営のことを考える。また，疎外感が弱まり，やる気がでてくる。データ共有，情報共有は，知的満足ならびに動機づけの両面から好ましい効果をもたらす。

　生産システムの第3番目の要素は，工場の組織風土である。

　まず，5S運動をとりあげたい。日本企業の工場（国内工場，海外工場とも）はよく整理整頓されており，クリーンである。これは国際的な評価になっている。工場のなかの床にごみは落ちていない。工場の建物の外にもごみは落ちていない。工場のなかに製品あるいは材料をおく場合，目の高さ以上にはおかない。なぜかというと，工場に立ったら端まで見渡せるようにするためである。掲示板は平

行・直角につるす。

では、なぜ日本企業の工場は、整理整頓され、クリーンなのか。

日本人はきれい好きな国民であるからと、説明するひとがいる。一種の文化説である。わたくしは米国企業の工場をみたことがある。日本企業の工場と比べると、整理整頓は不十分であり、あまりクリーンではなかった。では、米国人はきれい好きでないか。

米国人は自宅にひとを招いたとき、家のなかを見せてくれる。わたくしの個人的な経験にもとづくと、日本の家のなかよりも米国の家のなかのほうがよく整理整頓されている。大学の研究室も、日本より米国のほうがよく整理整頓され、クリーンである。日本はどうも工場だけが例外的に整理整頓され、クリーンである。これは、なぜか。わたくしのみるところ、これは5S運動のためである。

整理、整頓、清掃、清潔、躾の5つは、ローマ字で表現すると、すべてSで始まる。この5つのことに努力する運動を5S運動という。この5S運動の基礎にある考え方は単純である。乱雑で汚い工場でよい製品がつくれるわけがない。工場をきれいにすると頭のなかもクリーンになる。これが、5S運動の基本思想である。

なお、この5S運動は、今や国際的に普及しはじめており、外国人にも信奉者がふえている。中国の家電企業のハイアールでは、6S運動が行なわれている。6番目に「安全」(Safety) をくわえている。なお、この中国企業では、「躾」が「素養」になっている。その理由は、「躾」は日本だけで使われている漢字であり、中国にはないためであるという。

工場の組織風土として、つぎに平等主義をとりあげたい。

トヨタと米国のGMの合弁会社、NUMMIの状況を英国の雑誌、*The Economist* の記者が、GM時代の階層性は姿を消してしまったとして、つぎのように書いている。「同社社長であり、トヨタ創始

者の子息に当たる豊田達郎氏が工場の大食堂でチーズバーガーを買うために，行列に並んでいたのである」（『エコノミスト』1985年12月16日号，56ページ[1]）。なお，NUMMI は，さきにのべたが，GM が経営破綻したためにパートナーであることをやめ，2010年で生産を終了している（34ページ）。

国内の工場でも海外の工場でも，上は工場長から下は作業者まで，食事の場所とメニュー，ロッカー，トイレ，駐車場，通用門，服装などで，その差をできるだけ小さくするような努力が行なわれている。

工場の組織風土として第3番目に現場主義を説明したい。

工場長，また，工場の管理者は，工場の作業現場に姿をだし，作業現場を歩きながら管理をする。これを英語で表現すると，Management by Walking Around になる。略すると MWA である。MBA をもじった用語である。MBA は，Master of Business Administration の略語で，ビジネススクールの卒業生にあたえられる経営学修士の学位である。わたくしはこの MWA という用語を，MBA に対抗する，あるいは MBA を批判する，そのような意味合いを込めた用語として使っている。

現場主義を実行している工場長や管理者はどんなことをするか。ある工場長はいう。毎朝工程をまわり，ひとの顔をみて，声をかける。床に部品が落ちていないかみる。ラインに何が流れているかみる。この3つのことをしているという。

現場主義は工場のレイアウトにも現れる。国内工場，海外工場に共通しているが，工場のなかのフロアーに工場長，管理者，技術者，専門家が仕事をする部屋がある。その部屋は，腰の辺りから上はガラス張りである。そのため，その部屋のなかで仕事をしているひとは作業の現場をいつでもみることができる。他方，作業者も工場長

をはじめその部屋で仕事をしているひとをみることができる。

　わたくしが見学した工作機械メーカーの英国子会社の工場では，管理者や専門家が工場のフロアーにおかれた机とイスで仕事をしていた。仕切り（パーティション）はなかった。

　管理者，専門家や技術者はこういうところで仕事をしているから，作業現場で何か問題や異常が起き，ラインの信号灯に赤がつくと，すぐに現場に行くことができる。

　現場主義のベースにあるのは，現場のことは現場でないとわからないという考え方である。つぎに，現場主義では，作業者と管理者，専門家，技術者が近いところで仕事をする。そのことから一体感が醸成される。モチベーションの効果もある。さらに，作業現場で何か問題が起こったとき，管理者，技術者，専門家が問題を解決する。作業者はその問題解決行動をみている。そして，作業者は，上のひとの専門能力を実感できる。そのために，作業者は上司や専門家の命令や指示を自然に受け入れることができるようになる。

　なお，日本的生産にはうえでみたような特徴のほかに，インテグラル（擦り合わせ），垂直統合，経営資源内部蓄積・活用，企業特殊的ノウハウなどの特徴がある。これらの特徴については，モジュール生産をとりあげるところで，みることにしたい（次節）。

世界にひろまる日本的生産

　日本的生産でいちばんよく知られているのはトヨタ生産方式だろう。トヨタ生産方式は，世界中の企業に，さらに病院など企業以外の組織にまでひろく普及している。

　わたくしは，トヨタ生産方式を導入している工場をいくつか見学し，また，トヨタ生産方式を導入している企業のひとから説明をうけたことがある。A社のエアコンの組立工場，B社の耕耘機の組立工場，C社のメガネフレームの工場，D社の紳士服の縫製工場など

である。企業以外の組織にも普及しはじめている。病院がその例である。

トヨタ生産方式は，外国でもひろく普及している。

『トヨタシステム』の著者の門田安弘は，米国でトヨタ生産方式について英文で論文を発表すると，電話と講演依頼が殺到したとのべている（門田，1985，1-2ページ）。米国には，トヨタ生産方式を専門にするコンサルタントが多くおり，自動車企業にかぎらず多くの企業でトヨタ生産方式の導入につとめている。トヨタ生産方式は，国際的にみて，生産のベストプラクティスのひとつになっているのである。トヨタ生産方式を導入してよい成果をあげている病院の例もある（川上，2010，69-96ページ）。

日本的生産はトヨタ生産方式にかぎるわけではない。トヨタ生産方式ほど有名ではないが，キヤノン，パナソニック，コマツ，ダイキンなど多くの日本の製造企業はそれぞれ独自の生産方式を生み出し，発展させている。そして，その生産方式を海外工場に導入している。日本企業の海外工場は，日本的生産でよいパフォーマンスをあげ，現地企業あるいは他の国から進出した企業の工場にくらべて競争で優位に立っているところが多い。

3 モジュール生産の台頭

モジュール生産　北米の液晶テレビ市場で2007年第2四半期にトップシェアを占めたのは，ビジオ（VIZIO）社である。同社は，このときはまだ創業から2年の新興企業であり，社員は85名にすぎない。その小さな新興企業が，韓国のサムスン電子，日本のソニーとシャープを北米市場で追い越した

のである。

　ビジオの創業者は中国系米国人のウィリアム・ワンで，同社は液晶テレビの企画と設計を行ない，液晶パネルをはじめすべての部品をLGフィリップス，サムスン電子や台湾企業などから調達している。組立は台湾企業のアムトラン・テクノロジーに委託している。その台湾企業は，じっさいの組立を中国で行なっている。ビジオは，販売チャネルをシアーズ，ウォルマート，サーキット・シティなど6社に集約し，販売経費を節約している。ビジオの42インチのフルハイビジョン液晶テレビの店頭価格はこの当時で1199ドル（約14万円）という安さである（泉谷，2007，32ページ）。

　ビジオは，その後も成長をつづけており，2009年度では20億ドルの売上をあげ，営業利益率は4％である。ソニーをはじめ日本企業の多くは液晶テレビで利益をだすことに苦労している（*Bloomberg Businessweek*, April 26-May 2, 2010, pp. 51-52）。

　2015年現在，北米でのテレビの人気ブランドは3つであり，画質のソニー，価格のビジオ，総合力のサムスンだという。4Kテレビの70型の超大型は，ソニーの約4000ドルにたいしてビジオは約2300ドルである（『日経ビジネス』2015年3月23日号，1784号，22ページ）。

　米国とカナダからなる北米市場は，液晶テレビの市場としては，中国，EUとならんで世界で最大規模の市場である。創業後2年，従業員わずか85名の企業であるビジオが，一時的にしろ，その北米市場で，サムスン，ソニー，シャープなどに打ち勝ってトップシェアを占めたのである。

　なぜ，このようなことが起こるのか。

　液晶テレビの主要部品は，信号受信部，映像信号処理部，映像表示部，の3つにわけることができる。信号受信部は，放送局の電波などを受信するもので，一般にチューナーといわれる。つぎの映像

信号処理部は画像処理回路（LSI）である。従来は複数のチップでできていたが，いまではワンチップ化がすすんでいる。映像表示部はドライバ，バックライト，液晶パネルでできており，液晶パネルモジュールといわれる。これら3つの部品で，電波を受信し，処理し，画面に映像を映し出すというテレビの基本機能をはたすことができる（新宅・天野編，2009，89ページ）。

テレビのメーカーは，これらの部品を外部の企業から購入し，これを自分たちがデザインしたキャビネットに入れると，完成品のテレビができあがる。いまや，だれでも液晶テレビをつくることができるのである。

アップル社のiPodは，コンセプトから市場出荷まで1年とかからなかった。iPodの重要部品はすべて他社のものである。アップル社は，部品の開発，製造および製品の組立をすべて他社に委託しているのである（バーガーほか，2006，100ページ）。

パソコンのデル社も部品をすべて外部の部品企業から購入している（第3章，53ページ）。デルはそれら購入部品を組み合わせて製品にしている。部品企業が研究開発費を投入して部品を開発しており，デルはその部品企業の研究開発の成果である部品を購入しているのである。デルは部品企業の技術を購入しているともいえる。デルの研究開発費は対売上高比率で1％に満たない（バーガーほか，2006，189ページ）。

自社で部品，材料，システムなどを開発しないで他社の部品，材料，システムなどを購入して，製品にする方法は，寄せ集め開発ということができよう。この研究開発は，中国企業に多くみられる。一例をあげると，家電最大手のハイアールのテレビがそうである（吉原・欧陽，2006）。

これまでにみたモジュール生産はエレクトロニクス産業ではじま

り，普及しているが，他の産業でもみられるようになってきている。

　そのモジュール生産とはどのような生産か。この問いに答えるためには，アーキテクチャの概念を説明する必要がある。

　製品アーキテクチャとは，多くの部品などからできているシステムとしての製品をどのようにサブシステムに分解して，いかにそれらのサブシステム間の関係（インターフェイスという）を定義づけるかについての設計思想である（藤本ほか編，2001）。

　製品アーキテクチャは，インテグラル型とモジュール型の2つにわけることができる。日本語の表現では，インテグラル型は擦り合わせ型あるいは統合型，モジュール型は組み合わせ型あるいは寄せ集め型，という。

　歴史的には，ほとんどの製品はインテグラル型であった。インテグラル型では，部品の組み合わせ方のルールは事前には決められておらず，部品の組み合わせを調整して製品に仕上げる。多くの部品の外形（たて，よこ，高さ，厚み，凹凸など）や性能ないし機能などを相互に調整して，製品にする。

　モジュール型では，事前に部品の組み合わせ方のルールが決められており，部品を組み合わせることによって製品にする。幼児のときに積み木やレゴを使って家，自動車，動物などをつくって遊んだことのある人がいると思うが，モジュール型のアーキテクチャでは部品は積み木やレゴにあたり，部品を組み合わせて製品をつくるのである。

　モジュールの場合の部品間の関係は，図4−2の左のように表現できる（延岡，2006，74ページ）。部品Aと部品Bは，凹凸の形態は事前に決まっている。部品が複数の企業によって生産されていても，部品間の凹凸の形態（インターフェイス）がルールにしたがっていれば，どの企業の部品でも使うことができる。

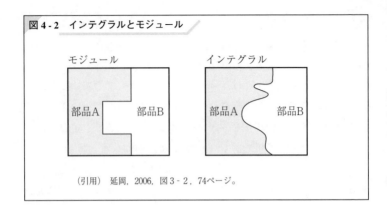

図4-2 インテグラルとモジュール

モジュール

部品A　部品B

インテグラル

部品A　部品B

(引用) 延岡, 2006, 図3-2, 74ページ。

　他方, 図4-2の右に示されているインテグラル型の部品間の関
係の形態 (インターフェイス) は, 複雑であり, 事前に決められてい
ない。複数の部品企業があるとき, 企業によって部品ごとに形態が
ちがうために, 組み合わせて製品に仕上げるときに, 調整をする必
要がある。擦り合わせである。

　モジュール生産がふえているということは, 製品アーキテクチャ
としてモジュール型がふえていることを意味する。部品企業は積み
木やレゴのような部品を開発し生産する。アッセンブル企業は, そ
れらの部品を外部の部品企業から購入し, 組み合わせて, あるいは
寄せ集めて製品にする。このようなモジュール型生産がふえている
のである。

EMS とファンドリー

テレビ, パソコン, 携帯電話など情報家電
製品の組立を受注する企業を EMS という。
EMS は, Electronics Manufacturing Service の略語である。発注
するのは, アップル, デル, ノキア, ソニーなどほとんどが世界的
なエレクトロニクス企業であり, 受注する EMS は昔風にいうと,
下請け企業である。エレクトロニクス企業の発注は, 外注である。

最近ではアウトソーシングという言い方が一般化している。

　下請け企業，あるいは外注をうける企業であることから，EMS
は小規模企業であると考えやすいが，事実はちがう。世界最大の
EMSである台湾のホンハイ（鴻海精密工業）は，2007年12月期の売
上高が1.7兆台湾ドル（約6兆円弱）である（宮崎，2008，93ページ）。
ちなみに，パナソニック9.1兆円，ソニー8.3兆円，シャープ3.1兆
円，富士通5.1兆円，NEC4.7兆円，日立製作所10.2兆円，東芝7.1
兆円，三菱電機3.9兆円である（2007年3月期）。これら日本の大手
エレクトロニクス企業と肩を並べる規模の大企業なのである。なお，
ホンハイについては，新興国企業としてのちほどとりあげる（第9
章，200ページ）。

　なお，台湾のEMSにはホンハイのほかにも多数あるが，それら
のEMSの役割ないし性格が変化してきている。もともとは，製造
だけを請け負っていたが，最近では開発も請け負うようになってい
る。すなわち，従来は発注する企業のために製品の製造ないし組立
だけをしていたのが，製品開発から請け負うようになっている。低
価格の量産品を中心に，製品を企業（従来の発注企業）に持ち込み，
提案し，購入してもらうのである。購入する企業は，製品の製造を
しないだけでなく製品の開発もしない。EMSから購入する製品に
自社のブランドをつけて，自社の製品として販売する。

　製造ないし組立だけを行なうEMSはOEM（Original Equipment
Manufacturer）といわれるのにたいして，開発も行なうEMSは
ODM（Original Design Manufacturer）といわれる。

　さて，半導体産業にも，製造請負の専門企業がある。ファンド
リーという。半導体受託生産会社ということもある。代表格は
TSMC（Taiwan Semiconductor Manufacturing Company，台湾積体電路
製造）である。同社は，半導体の製造のなかの前工程といわれるシ

リコンウエハーに微細化された回路を形成する工程を専門に行なう。同社は，2007年度の売上が1兆円をこえ，売上成長率は10年間平均で22％，最近5年間で15％である。営業利益率が30〜40％と高い高収益企業である（宮崎，2008，100‐109ページ）。

　最近，エレクトロニクス企業が製造をEMSに委託するうごきが目立っている。ひんぱんに新聞（『日本経済新聞』）の記事にでている。「東芝，最先端LSIの生産を海外委託」（2009年9月7日）。「電機大手，格安品を拡大，ソニーなど台湾勢に生産委託」（2009年9月27日）。「ソニー，メキシコTV工場売却，米国向け，すべて外部生産」（2009年9月1日）。

　なぜ，エレクトロニクス企業は製造を自社で行なわないで，EMSやファンドリーに委託するのだろうか。エレクトロニクス企業の製造部門にくらべて，EMSやファンドリーの優位性はどこにあるのだろうか。

　EMSの競争力の源泉としては，つぎのような点をあげることができる（稲垣，2001，80‐102ページ）。

- ►企業家精神に満ちた経営者
- ►速い意思決定
- ►フラットな管理階層
- ►すくない間接費用
- ►成果主義の報酬
- ►製造のベストプラクティス
- ►標準化の徹底
- ►情報システムの活用
- ►規模の経済
- ►中国での生産

上記の理由のうち前半の5つの理由，すなわち，企業家精神に満

ちた経営者，速い意思決定，フラットな管理階層，すくない間接費用，成果主義の報酬などは，新興国のリーダー企業に共通してみられる特徴である。それらの特徴は，日本的経営の特徴とは異なっている。対極的といってよいほど相違している。なお，アジアの新興リーダー企業の特徴については，のちほどとりあげる（第9章，209ページ）。

上記の理由のうち後半の5つの理由は，EMS が製造という業務ないし機能で世界中の EMS およびエレクトロニクス企業の工場と競争し，製造のいわばプロとしての能力を磨き上げていることから生まれているものである。エレクトロニクス企業の製造部門は，企業のなかの一部門であり，他社の製造部門や EMS と直接の競争をしているわけではない。きびしい競争の試練のないところでは，世界レベルの製造のコスト競争力，技術力，ノウハウなどが生まれてくることを期待しにくい。

なお，コールセンター業務，清掃・給食・ビルメンテナンス業務，物流業務，情報システム・ソフトウェアの構築，経理・人事事務などバックオフィス業務なども，製造業務と同じように，国内および海外の専門企業（EMS あるいはファンドリーに相当）にアウトソーシングするうごきが増えてきている。これらのいくつかは，ホワイトカラー業務の海外移転として注目されている。

4 日本的生産の試練

トヨタ生産方式に代表される日本的生産は，さきにみたように，生産のベストプラクティスとして内外で高い評価をうけ，多くの企業によって学習され，模倣され，導入されていた。その日本的生産

が，最近になって試練に直面しはじめている。高頻度の新製品投入，部材と製造装置の外部調達，生産のグローバル展開と部材の現地調達，電子化とソフト化などのためである。以下，これらの理由をみることにしよう。

短い製品ライフサイクル

第1番目は，短い製品ライフサイクルである。

パソコンでは新製品がほぼ3カ月ごとに市場にでるといわれる。デジタルカメラでも，同じように高頻度で新製品が市場にでる。

このように製品のライフサイクルが短いと，同じ製品の生産を長くつづけることはない。3カ月ごとに新製品を市場に投入する場合，新製品の生産は，長くて3カ月しかつづかない。そのために，工場で生産にたずさわる作業者や管理者，技術者が創意工夫をして小さな改善を積み重ねることがむずかしい。「品質をつくりこむ」という表現があるが，これは，生産をする過程で製品や製造方法の問題点や弱点をみつけ，それを手直しすることによって製品の品質を向上させ，安定させることを意味するが，これは，同じ製品の生産を長くつづけるときに可能になることである。

高頻度で市場に新製品が投入されるパソコンやデジタルカメラのような製品では，品質は基本的に設計で決まるといえる。形状，色，重量，うすさ，持ちやすさ，使いやすさ，機能や性能，耐久性などは，設計で決まる。工場での生産における生産性や不良品の発生の多少，生産の難易も，設計で決まってくる。ということから，生産の重要性は従来と比較すると軽くなる。

ちなみに，トヨタ生産方式がうまれ，発展したトヨタ自動車の製品である乗用車では，製品のライフサイクルはほぼ4年だった。マイナーチェンジはもうすこし短い間隔で行なわれるが，全面的な新

車という意味の新製品は，ほぼ4年程度の頻度でなされる。同じ製品が4年ほど生産されるから，工場で現場の作業者，管理者，技術者が小さな改善をすることができ，工場で品質をつくりこむことができるのである。

　一般的にいって，自動車の製品ライフサイクルは比較的長いのにくらべて家電製品のライフサイクルは短い。ただ，製品ライフサイクルの短縮化は多くの製品にみられるようになっている。

| 部品・材料と製造装置 |
| の外部調達 |

　第2番目は，部品・材料と製造装置の外部調達である。

　さきに，テレビは基本的に3つの部品から構成されていること，そして，それら3つの部品を市場で購入すると誰でもテレビを生産できることをのべた（71ページ）。デル社のパソコン，アップル社のiPodをみたが，パソコン，携帯電話，DVDレコーダーなど情報家電も，同様にモジュール化がすすみ，市場で購入できる部品を寄せ集めて組み立てることによって製品を生産できるようになっている。

　多くの高度な機能をもたせ，また，企業の独自の性能を発揮する製品を実現するうえでは，部品の開発をふくめて一貫生産するほうがよい。しかし，製品に多くの機能があり微妙な差があっても，その多機能性や微妙な差をわかり，評価してくれる顧客が多くないと，売上増大にむすびつかず，競争力の源泉になりにくい。とくに，価格が高くなると，顧客から見放されることになってしまう。海外とくに新興国の市場で起こっていることは，それである。

　世界の有力な部品企業の部品を購入して使うと，製品の品質に問題が生じない。製品の品質は部品が保証してくれるのである。

　つぎに，生産に使う設備，すなわち，工作機械，部品の実装装置，ロボット，検査装置，工場内の搬送装置なども，専門メーカーが多

くあり，アッセンブル企業はそれらの企業から購入できる。アッセンブル企業は購入した設備の使い方を設備企業から指導してもらえる。アッセンブル企業は，ハードの設備を購入すると，それに付随して設備の使い方というノウハウ（ソフトウェア）も得ることができるのである。

　外部から購入する部品を，これも外部から購入する設備を使って組み立てることによって，製品を生産できるのである。

生産のグローバル展開と部材の現地調達

　第3番目の理由として，生産のグローバル展開と部材の現地調達をあげることにしたい。

　高品質が日本製品の強みであり，日本企業の競争力のひとつの源泉である。いま，日本企業はその高品質をいかにして確保するかで試練に直面している。生産のグローバル化の進展が，試練のひとつの理由である。

　日本企業が，国内で調達する部品・材料を使って，国内の工場で，日本人が生産するのと比較して，海外で部品・材料を調達し，海外の工場で，現地の人が生産することがふえてくる。これが，品質確保をむずかしくする。

　現地調達の部品・材料には，現地に進出している日本企業，あるいは他の国の日本企業の部品・材料がある。これらの部材では，品質問題で悩むことはすくない。ところが，現地の企業や外国企業の部材を使うときには，品質で劣るもの，品質の安定性に不安があるもの，設計がちがうものなどがあり，品質問題の苦労がふえる。市場が拡大している新興国で要求される低価格の量産品では，コストダウンのために，現地製の部材の使用をふやさなければならない。結果，品質問題が多く生じることになりやすい。

　ここで，海外生産，そして部材の現地調達とくに現地製の部材の

使用の2つを考えてみたい。この2つを行なっている企業（日・米・欧・アジア企業）は多いが，それらの企業のなかで品質問題に苦労した経験をもつ企業はかならずしも多いわけではない。また，中国企業，インド企業など新興国の企業も，とくに品質問題に苦労しているようにはみえない。全体としては，海外生産と部材の現地調達は品質問題を生じさせているわけではないことを知る必要がある。多くの企業は，現地の市場で販売し，売上をふやし，利益をあげているのであり，品質問題のために業績不振に陥っているわけではない。要は，海外生産と部材の現地調達をいかに上手に行なうか，マネジメントするか，ということなのである。

　のちほどみるが，トヨタが品質問題で苦労したのは自動車先進国の米国においてだった（153ページ）。そして，品質問題の発端は米国の自動車部品企業から調達した部品の品質だった。新興国での生産ではなかった。また，新興国企業の部材のためではなかった。

　さきに，グローバル・サプライチェーン・マネジメントの例としてファーストリテイリングをみた。同社は，素材のいくつかを中国で調達し，中国の縫製企業に生産を委託し，それでいて日本人消費者のきびしい品質基準を満たす製品を低価格で日本で販売している。参考にできるひとつの事例といえよう。

製品の電子化とソフト化

最後に，製品の電子化とソフト化をあげることができる。

テレビの開発コストに占める電子部品とソフトウェアのコストの比率が大きくふえている。1980年頃では，機械や電気などのアナログ設計が開発コスト全体の90％ほどを占めていた。2005年になると，その比率は10％程度に落ちている。1990年代はLSIを中心とする半導体関係がコストの大半を占めるようになる。2000年以降では，ソフトウェアのコストが過半を占めるよう

になっており，ソフトウェアの比率の上昇はその後もつづいている（延岡，2006，228 - 229ページ）。

　開発工数の点でも，ソフトウェアの開発が製品開発の中心になってきている。小さな携帯電話端末の開発に，ソフトウェアの技術者が1000人以上必要とされることがあるという。

　自動車でも，ソフトウェアの重要性が高まっている。新車の開発に必要とされる組み込みソフトウェアの容量は，1990年代に10倍以上にふえた。現在では，エンジンから駆動系，ステアリング，サスペンション，ブレーキまで，すべて電子的に制御されている。それらを制御するためのコンピュータ（ECU：Electronic Control Unit）の数は，高級車になれば50個をこえる。それらすべてに，組み込みソフトウェアを開発する必要がある。高級車が搭載するコンピュータの処理能力はパソコン4台分，調達コストの約3割を電子部品が占める（『日本経済新聞』2010年2月24日）。

　うえでみたような製品の電子化およびソフトウェアの重要性の増大によって，日本的生産の強みを発揮させることがむずかしくなる。

　ソフトウェアは有形物でない。そのために，多くの作業者や現場の管理者，技術者，専門家が作業工程で品質をつくりこむことができない。

　つぎに，ソフトウェアの場合，少数の優秀なひとのアイデアや構想力などが性能を決める。多数の普通人が努力してもよいソフトウェアはつくれない。

　ソフトウェアは膨大な桁数のプログラムでできている。そのために，ソフトウェアにバグ（プログラムの誤り・欠陥）はつきものとなる。そのバグは，製品が市場にでて，ユーザーが使用してバグがわかってから，修正されることが多い。不良のない製品を開発し生産して，それを顧客にとどけることはむずかしい。

製品の電子化およびソフトウェアの重要性の増大の先端的な一例
として，EV（電気自動車）専業のテスラ・モータースの自動車をあ
げることができる。自動車に搭載のソフトウェアがネット経由で
徐々に更新されていく。ソフトウェアの更新によりハードを変えな
くても自動車は機能の追加，安全性の向上など進化していく。テス
ラは，最初から完成した自動車を顧客にとどけることにこだわらな
い。ソフトウェアの改良や不具合の修正によって，販売後に製品の
完成度を高めていく。パソコン，携帯電話など情報機器業界のやり
方を自動車業界にもちこんでいるのである（『日経ビジネス』2015年
1月5日号，45ページ）。

注

1) この『エコノミスト』は日本の雑誌であり，英国の雑誌である *The Economist* ではない。

第5章 技術移転と海外研究開発

1 技術の国際移転

技術移転の対象　国際移転の対象である技術は，製造企業の場合，製品技術，生産技術，管理技術にわけることができる。[1]

　製品技術は製品として具現化する。そして，設計図などの技術資料として存在する。

　つぎは生産技術である。これは，工作機械，ロボット，検査機器，計測器，ベルトコンベアなど生産設備として具現化する。製法特許とか生産設備の設計図などとして存在する。

　3つ目の技術は管理技術である。これには，生産管理，品質管理，在庫管理，あるいは製品開発システムなどがふくまれる。さらに，市場調査の技術やシステム，あるいは人事管理，原価管理，経営計画システムなども管理技術である。日本企業の管理技術で国際的に

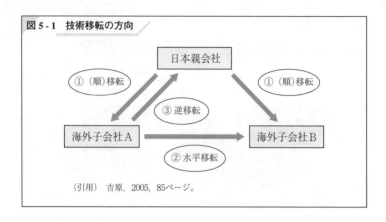

図 5-1　技術移転の方向

日本親会社

① (順) 移転

③ 逆移転

① (順) 移転

海外子会社 A

海外子会社 B

② 水平移転

（引用）　吉原, 2005, 85ページ。

高い評価をうけているのが, 生産管理であり, トヨタ生産方式, ジャスト・イン・タイム, カンバン方式, リーン生産などの名称で知られている。

　非製造企業の場合, 技術という言い方でなくノウハウやシステムなどといわれることが多い。銀行・証券・保険など金融企業の新商品は, 製品技術が具現化したものであり, 業務処理のためのシステムは生産技術に相当すると考えることができよう。コンビニの単品管理のシステム, 宅配便企業の全国的な集配システム, 鉄道企業のチケット・システムなども, 技術・ノウハウ・システムの例である。これら非製造企業が海外進出するときに, このような技術・ノウハウ・システムが競争の武器になり, これらの海外移転が海外進出の成功・失敗に大きな影響をおよぼす。

技術移転の方向　　以上でみた技術が国際移転する。技術移転は, 技術の移転の方向から, つぎの3つにわけることができる（図5-1を参照）。

　第1は, 親会社から海外子会社への技術移転である。国際経営で技術移転というとき, たいていはこのタイプの技術移転を意味する。

そのため，このタイプの技術移転は，たんに技術移転という。ただ，つぎにみる技術の水平移転や技術の逆移転と区別するときには，とくに技術の順移転ということもある。このために，図5-1では，親会社から海外子会社への技術移転は技術の「（順）移転」と表現されている。

　第2の技術移転は，海外子会社から海外子会社への技術移転であり，これは技術の水平移転ということができる。

　中国への企業進出がふえている。中国に工場をつくって生産を開始するにあたり，日本の親会社から技術者や管理者が中国にでかけて行くことに加えて，台湾，シンガポール，マレーシアなどにある海外子会社の中国人（華僑など中国系のひと）の技術者や管理者が中国にでかけて，中国子会社の中国人を指導することがある。このとき，東南アジアにある海外子会社の生産管理技術が中国子会社に移転する。これは，海外子会社から海外子会社への技術の水平移転の例である。

　なぜ，東南アジアの海外子会社の中国人の技術者が中国子会社に技術指導に出かけるかというと，ことばがひとつの理由である。中国人が中国人を指導するから，中国語でコミュニケーションできる。日本人だと，中国語のできる日本人とくに技術者は多くないから，中国人とのコミュニケーションでは通訳の世話にならなければならない。もうひとつは，文化的な親疎である。中国人と日本人では，価値観や慣習，行動様式などが大なり小なり相違するから，技術指導において誤解や軋轢，衝突などが生じるおそれがある。中国人が中国人を指導する場合，異文化コミュニケーションの問題はない。あっても，日本人と中国人のあいだほどには大きな問題ではないだろう。第3番目の理由として，中国工場の生産の状況が日本の親会社の工場よりも，台湾，マレーシア，シンガポールの工場とのあい

だのほうが，共通性が強いことをあげることができる。ただ，最近では，主要な海外子会社の場合，最新の製品を最新の生産設備の工場で生産することがふえているから，日本の工場と海外工場の差は小さくなっており，この第3番目の理由はあてはまらなくなりつつあるといえる。

技術移転の第3番目は，海外子会社から親会社への技術の移転である。これは，親会社から海外子会社への通常の技術移転の逆の技術移転であるから，技術の逆移転という。この技術の逆移転は多くない。つぎのような理由のためである。

基本的には，海外子会社が新しい技術を生み出す能力をもたないからである。海外子会社（海外製造子会社）は基本的には工場である。最近，開発機能を備えた工場がふえているが，開発機能は弱い。親会社に逆移転できるような技術を自分のところで開発できる海外子会社はすくない。

もうひとつ，組織的，心理的な理由がある。日本親会社の日本人の立場からすると，日本親会社に逆移転できるような優れた技術を海外子会社が開発できるとは考えにくい。「そんな技術が海外子会社で開発できるわけがない」。これが，親会社に共通してみられる組織的，心理的な受け止め方である。親会社のプライドといってよい。

技術移転の方法　　技術移転の方法には，技術指導，技術吸収，技術の共同開発の3つの方法がある。

まず，技術指導である。これが，技術移転の通常の方法である。日本親会社の日本人の管理者，技術者，熟練の作業者が，海外子会社の現地人の管理者，技術者，作業者を指導して技術を移転する。技術指導の行なわれる場所は，海外子会社が多い。たとえば，マレーシアのカラーテレビの工場に，日本人の管理者，技術者，ある

いはベテランの作業者が出て行って，マレーシア人を指導する。ところが時には，日本親会社の工場で技術指導が行なわれることがある。日本の自動車メーカーが米国で自動車の組立をはじめるにあたって，米国人の管理者，技術者，さらには作業者を100人単位で日本の工場にきてもらう。そして日本の工場で技術指導を行なう。じっさい，自動車メーカーはこういう技術指導を何回も実施した。

この技術指導による技術移転は，技術移転の通常の方法であるが，じつは問題点ないし弱点がある。それは，海外子会社の側に親会社依存の態度がでることである。親会社が技術を教えてくれるから，海外子会社は受け身になりやすく，積極的で自主的な学習をしなくなりやすい。このような問題点を考えると，第2番目の技術吸収による技術移転が重要になる。

技術指導による技術移転の場合，技術移転において主導権をとるのは親会社のほうである。ところが，この技術吸収による技術移転の場合は，技術移転において主導権をとるのは日本親会社ではなく，海外子会社のほうである。

つぎのような例があった。ある日本の家電企業の台湾子会社の例である。台湾は山岳の多い島であるから，ほとんどの居住地に海からの風が吹く。そのために洗濯機がよく錆びる。台湾マーケットの特徴として，錆びにくく塩害に強い洗濯機が需要される。そこで，台湾子会社は，日本の親会社に錆びない材料（鋼板あるいはプラスチック）および錆に強い塗装をほしいと要求した。ところが親会社は，たくさん開発の課題をもっているから，そういう小さな特殊ニーズには応えられない。日本の親会社にたのんでも問題が解決しないので，台湾子会社の技術者や管理者が日本の親会社に行って，技術者に質問し，どういう材料や塗装方法を研究すればよいか，文献を教えてくれないか，データはどこにあるか，そういうことを聞いて，

そして答えのヒントをえて，台湾に帰って自分たちで塩害に強い洗濯機を開発した。

　この例からも明らかであるが，技術吸収による技術移転のメリットは，技術を移転してもらう側の強い動機付けである。親会社は開発してくれない。親会社にたよれない。自分たちで開発するしかない。必要は発明の母であるというが，強い動機付けは技術移転を効率よく進めるうえで重要なひとつの要素である。

　もうひとつのメリットは，現地適応である。現地のマーケットが要求する技術，あるいは現地の生産現場に向いた技術（適正技術といわれる）を開発するうえで，技術吸収による技術移転はすぐれている。

　ところで，技術吸収による技術移転は，「芸を盗む」ということもできる。日本で将棋，囲碁，あるいは料理などの世界で，技術やノウハウが伝承されていく方法のひとつに，「芸を盗む」というものがある。将来コックになりたい若者がいる。その希望を実現するために，ホテルの料理部門で仕事をする。最初の頃は洗い場ではたらく。食器や鍋，フライパンなどを洗う。フランス料理など西洋料理ではソースが命といわれるほど重要である。そのソースをつくるために，コックはどういう調味料を，どれだけの量，どの順序で入れるかなどを，食器などを洗いながら盗み見する。ベテランのコックは，新米の人間に，ソースはこのようにつくるのだと技術指導をしてくれるわけではない。新米の者は，先輩の料理人の技術やノウハウを，芸を盗む方法によって，つまり，技術吸収によって技術を自分のものにしていく。[2]

　技術吸収による技術移転にかんして，技術流出にふれたい。外国の企業や政府は，日本企業の現地生産において，また，日本企業との合弁や戦略的提携などにおいて，先端技術をもとめることが多い。

日本企業はこの要請にたいして，慎重であり，防衛的である。その理由は，技術流出をおそれるためである。外国企業に「芸を盗まれる」ことを防ぎたいのである。

技術移転の第3番目の方法は，技術の共同開発である。これは親会社と海外子会社，あるいは海外子会社と海外子会社が共同で技術を開発する方法である。

デジタル放送対応型テレビの開発で，つぎのような例があった。日本でもデジタル放送が行なわれているが，日本よりも米国，欧州で先にはじまった。欧米市場で販売するためのデジタル放送対応型のテレビあるいはデジタル放送を受信するための付属品（セット・トップ・ボックス）を開発するときに，日本親会社のテレビ事業部の開発センター，米国と英国の開発組織の3つの研究開発組織が共同した。日本親会社の開発組織と台湾子会社の開発組織が共同で中国語のワープロ・ソフトを開発したという例もある。自動車の開発では，米国むけの新車を日本親会社の開発組織と米国子会社の開発組織が共同で開発する例がふえている。

さて，日本企業の国際的な技術移転について，つぎのような特徴をあげることができる。

ひとつは，ひとを通じての技術移転である。親会社の技術を海外子会社に移転するとき，通常は親会社から多くの技術者，管理者，さらに熟練作業者が海外子会社に出向ないし出張して，現地人の技術者，管理者，作業者を指導して，技術を移転する。海外工場で，新しい製品を生産するときは，海外子会社にいる日本人だけでは足りないため，親会社から数十人，ときには数百人が短期出張で海外子会社にでかける。かれらが，海外子会社の現地人に新しい製品の生産の仕方を教える。

つぎに，オン・ザ・ジョブ・トレーニング（OJT）をあげること

ができる。製品の詳細な設計図はある。設計図は膨大な書類であり，
ときには数万ページに達する。また，生産の方法についても，作業
の手順，検査方法，調整機器の取り扱い方，設備の保守などを詳細
に説明した書類はある。しかし，それらの書類にたよるだけではな
く，じっさいに作業，検査，保守などを体験させながら技術を移転
する。

　第3に，小さな改善の積み重ねを指摘できる。親会社の技術を海
外子会社に移転することは，海外子会社で生産がはじまり，生産が
軌道に乗ると，それで終了するというものではない。技術移転は1
回限りのものではなく，継続的に行なわなければならない。技術移
転は，生産が軌道に乗ってからも継続的に行なわれる。

　親会社における技術は毎日のように変化している。使用する部品
が変わる。材料が変わる。部品や材料の変化に合わせて製品の設計
が変わる。計測器が変わる。調整機器が変わる。工具や治具が変わ
る。作業の方法や手順が変わる。生産する製品の種類が変わる。こ
れらの変化を，できるだけ早く海外子会社に移転しなければならな
い。

リバース・エンジニア
リング

さきに自社開発・自社製作の生産設備をと
りあげたときにふれたが（65ページ），新製
品は市場で購入することができ，そして，
それを分解して内部をみることによって新製品開発に活かすことが
できる。これが，リバース・エンジニアリング（reverse engineer-
ing）である。

　リバース・エンジニアリングは，直訳すると，「逆の設計」とい
うことになろう。通常の製品設計にくらべて，手順ないしプロセス
が逆であることから，逆の設計，すなわちリバース・エンジニアリ
ングといわれるのだろう。

通常の新製品開発は，製品概念づくり・基本設計・詳細設計・組立／テスト・製造，のような順序で行なわれる。これにたいして，リバース・エンジニアリングでは，つぎのような順序ないしプロセスになる。

- ▶スクリーニング（製品群から模倣対象製品を選定）
- ▶製品の分解（内部構造やインターフェースをしらべる）
- ▶部品のリバース・エンジニアリング
- ▶再組立
- ▶製造

リバース・エンジニアリングは，製品からそれらの設計図面などの技術データを復元するプロセスである（葛・藤本，2005，91ページ）。

　リバース・エンジニアリングは，広義には，うえで定義したものに加えて，単なる形状コピーをふくめることがある。形状コピーでは，製品の形状ないし外観，すなわち，製品の寸法，使われている部品，部品の組み合わせ方，計器の種類や取り付け位置，デザインなどをコピーする。この形状コピーの方法では，設計図面などの技術データを復元することがむずかしいので，製品開発力の育成・蓄積につながりにくい。

　リバース・エンジニアリングというと，何かよくないことのように思えるかもしれないが，違法なリバース・エンジニアリングは別にして，これは，国際的な技術の移転・普及の通常の方法であることを指摘したい。産業革命を最初にはじめた英国に新しい技術が生まれる。その技術が，当時の後発国のドイツなど大陸ヨーロッパの国へ移転する。そして米国へ，つづいて日本へ，さらにアジア諸国へと，技術が国際的に移転し普及していく。この国際的な技術の移転の歴史において，リバース・エンジニアリングは大きい役割を演じたのである。後発国の企業は，先発国の技術をリバース・エンジ

ニアリングの方法で学び，吸収し，自社の技術にしていくのである。技術イノベーションには，このような模倣的イノベーションが多い。

　ところで，技術には，目にみえないもの，ブラックボックス技術などといわれるものがある。それらは，リバース・エンジニアリングの方法を単純に適用するだけでは習得がむずかしい。そのため，技術者を引き抜くという方法が使われる。サムスン電子には，ある時期，500人以上の日本人技術者がはたらいていた（『日経ヴェリタス』2010年4月25日号，52ページ）。中国企業にも，多くの日本人技術者（定年退職のベテラン技術者が多い）がはたらいている。中国企業の側からいうと，日本人技術者から技術やノウハウを教えてもらい，自社のものにしている。

　リバース・エンジニアリングに関連して，ベンチマーキングについてふれてみたい。うえでみたリバース・エンジニアリングの場合，模倣ないし学習の対象は製品であり，その製品の技術である。製品や技術だけでなく経営全般を対象にするのが，ベンチマーキングである。開発・生産・販売・調達について，また，人材育成など人事管理，さらに，新興国での経営など経営全般についてしらべて，自社と比較し，経営改善に役立つ情報やアイデアをえるようにしている。ベンチマーキングは，経営のベストプラクティスの調査・学習・吸収といってよい。

2 海外研究開発

海外研究開発の進展　　海外の製造子会社，研究所，デザインセンターなど，海外で研究開発を行なうところ（以下，海外研究開発の拠点）を，時期別，地域別にみると，表5-1

表5-1　海外研究開発拠点（地域別・時期別）

	I 期 (1947〜74年)	II 期 (1975〜85年)	III 期 (1986〜90年)	IV 期 (1991〜2005年)
アジア	30.8%	18.2%	30.6%	54.1%
欧　州	15.4%	22.7%	23.9%	14.4%
北　米	46.2%	43.9%	38.1%	25.9%
中南米	―	4.9%	0.7%	2.7%
総　数	26社	66社	134社	749社

（注）　データの出所:「海外進出企業 CD-ROM 2006」東洋経済新報社より科
　　　学技術政策研究所にて計算。
（引用）　上野ほか，2008，図3-2，11ページ。

のようになる[3]（上野ほか，2008，11ページ）。

　第 I 期には，海外研究開発の拠点は26にすぎない。北米に半数近くある。他方，アジアに3割ほどあることが注目できる。海外製造業投資はプラザ合意の1985年のあと大きくのびるが，海外研究開発が大きく増大するのは1990年以後である。海外製造業投資と海外研究開発投資のあいだには数年のタイムラグがあるようである。

　さて，海外研究開発投資が本格化する第 IV 期（1991〜2005年）に設立されていた海外の研究開発拠点は749ある。その地域別の内訳をみると，アジアが54.1%を占めている。北米25.9%，欧州14.4%を大きくうわまわっている。なお，研究開発拠点には，基礎研究や新製品開発を行なう研究開発拠点だけでなく，技術情報の収集や進出先の市場対応型の応用研究を行なう拠点もふくまれていることに留意する必要がある。

　国別にみると，つぎのようになる。中国28.78%，米国26.99%，英国5.26%，シンガポール3.47%，ドイツ3.14%，フランス3.02%，韓国2.91%，香港（中国）2.91%，オーストラリア2.35%，台湾

2.13％（上野ほか，2008，表3-1，13ページ）。中国がわずかな差であるが，米国をうわまわって1位を占めているのである。

なお，参考までに，海外拠点（販売・製造・研究開発ほか）の多い順に国をあげると，つぎのようになる。中国27.01％，米国13.98％，タイ8.30％，香港（中国）5.16％，シンガポール4.52％，台湾4.16％，マレーシア3.98％，インドネシア3.51％，英国3.29％，韓国3.24％。

うえの2つのデータをくらべると，基本的には，日本企業が多く進出している国には研究開発拠点も多いことがわかる。この全般的なパターンとすこしちがっている国は，タイ，マレーシア，インドネシアであり，これらの国には多くの拠点があるが，研究開発拠点は多くない。

海外研究開発を業種別にみると，電機・電子機器121社，化学・医薬70社（うち51社は医薬），自動車・部品56社，機械・精密機器27社である。

最近のうごきとしては，中国で研究開発を行なううごきが注目される。日本経済新聞社の調査によると，研究開発の拠点の新設・増強・拡充の予定がある59社のうち約5割が日本国内，約4割が中国への立地を計画している（『日本経済新聞』2010年8月2日）。研究開発の海外シフトは明らかであり，海外では中国の重要性がきわだっている。中国は，当初は世界の工場といわれ，つづいて世界の市場になり，さらには，最近では研究開発の拠点としても重要になってきているのである。

なお，同じ調査によると，海外の大学，研究機関などとの連携にも積極的であり，主要246社のほぼ4社に1社が予定している。

日本企業にかぎらず外国企業もふくめて研究開発の海外拠点をみると，UNCTAD（国連貿易開発会議）の2004年調査で，研究開発拠

点の数の順序は，米国（1位），英国（2位），中国・フランス（3位），日本（5位），インド（6位）である。すでにこの時点で，中国とインドが海外研究開発の拠点として重要になっていることがわかる。今後の有望な拠点としては，中国（1位），米国（2位），インド（3位），日本（4位），英国（5位）であり，中国とインドの重要性はいっそう明らかになる（關，2010，3ページ）。

インドで特徴的なことは，コンピュータ・ソフトウェアの開発拠点として重要性が高いことである。この点については，つぎの第3節でとりあげたい。

海外で研究開発を行なう理由をアンケート調査（1998年）でみると，いちばん回答の多かったのは，「現地市場のニーズに迅速に対応するため」だった。回答企業の8割近く（79％）がこれを回答していた。この理由の重要性は，現在でも変わらないと思われる。

海外の市場は日本の市場と同じではない。顧客の好みなども大なり小なりちがう。また，市場は変化する。各国の市場の特徴的なニーズに合う製品を開発し，また，市場の変化にスピーディーに対応するためには，製品開発や製品改良を日本で行なうより，市場のなかで，あるいは市場の近くで行なうほうがよい場合がある。

現地の状況への適応は，製品だけにあてはまるのではなく，生産設備にもいえる。日本の工場に適した生産設備，検査機械，調整機器，工具，物流装置などを，海外工場の現地事情に合うように手直ししなければならない。

生産設備のつぎのような現地適応は，よく行なわれる。ロボットを1台，日本からもってくる。その日本製のロボットをモデルにして，現地の生産状況に合うように手直しする。作業スピードをすこし落とす。対応できる作業の種類を減らす。手作業と組み合わせて使えるようにする。一般的には，このような手直しによって，簡易

タイプのロボットができる。それは，元のロボットにくらべて，小型で軽量であり，操作や調整が容易であり，そして価格が安い。

　海外生産が本格化するにつれて，日本では生産していない製品がふえている。そのような製品の場合，販売と生産は海外，研究開発は日本という分業体制よりも，研究開発とくに製品開発も海外で行ない，開発・生産・販売をすべて海外で行なうほうが合理的である。顧客ニーズの変化や競争企業の出現など市場の変化をすばやく生産や開発の部門に伝えることができる。改良製品の生産を立ち上げるとき，開発部門が生産部門を応援することができる。これらは，地理的近接性の有利性である。日本の開発部門と海外子会社の販売や生産の部門とは，距離がはなれているために，対面コミュニケーションをすることは容易でない。この理由からも，海外で生産する製品の開発を海外で行なうことには，合理的な理由がある。

　さて，海外で研究開発を行なうもうひとつの理由は，海外研究開発の成果を日本にもち帰るためである。

　特定の国や地域があらゆる技術で世界をリードしているわけではない。米国企業が研究開発で世界の最先端をいく分野は多いが，日本や欧州企業におくれをとっている分野がある。たとえば，日本企業が強い分野は自動車，エレクトロニクス，工作機械，ロボット，それに一部の高機能材料などである。原子力，航空機，化学，機械などでは，欧州企業の研究開発力は強い。技術の発展は世界的にみて不均等である。世界を舞台に経営活動を行なう多国籍企業の場合，技術がいちばん進んでおり，ダイナミックに発展をとげている国や地域に研究開発の拠点をつくることによって，その技術の研究開発の最先端グループの仲間に入ることができる。そして，そこでの研究開発の成果を日本の親会社にもち帰り，親会社の技術と組み合わせることができる。あるいは，他の海外子会社に水平移転して，世

界中で活用することも可能である。

　外国の研究開発資源の活用は，日本人の研究者や技術者の過重な仕事を軽減するという現実的な必要性からも行なわれる。パソコン，デジタルカメラ，テレビ，携帯電話，乗用車など，身の回りの製品をみると，新製品がめまぐるしいテンポで市場にでてくる。新製品開発にたずさわる研究者や技術者は，文字通り，寝る間を惜しんで仕事をしている。日本人の研究者や技術者の仕事の負担を減らし，かれら，あるいは彼女たちの能力を有効活用するために，海外の研究者や技術者と研究開発の国際的な分業と共同をすすめるのである。つぎのような研究開発の国際分業がみられる。海外工場で多く生産される製品の改良や現地適応は，海外の研究者や技術者が中心になって行なう。他方，日本人の研究者や技術者は，最先端の要素技術，材料，システムなどの研究開発，また，それらを具体化した先端的な製品や生産設備の開発に従事する。

　海外で研究開発をする理由として，現地の優秀な人材の採用と活性化をあげることができる。

　日本の親会社が開発した製品を現地で生産するだけでは，現地の優秀な技術者の創造性欲求を満足させることができない。研究開発という創造性欲求に応えることのできる挑戦的な仕事をあたえないと，かれら，あるいは彼女たちは企業をやめていく。技術者がやめていくのをみている現地の大学生などは，そういう企業には就職しない。各国の優秀な人材を活用できることは，多国籍企業の本質的な優位性のひとつである。海外研究開発は，この優位性を実現するためのひとつの有力な方法なのである。

　さて，海外でいちばん大規模に研究開発をしているのは，自動車企業である。とくにトヨタとホンダの米国における研究開発の規模は大きい。すでに15年ほどまえの時点で，両社は1000人近い陣容で

研究開発をしている。しかし，米国での研究開発は，研究開発の全体のうちの一部分にすぎない。

　自動車の研究開発は，基礎・部品，システム，車両にわけることができる。基礎・部品は，素材，材料，半導体，電子部品，コンピュータ制御の走行技術などである。つぎに，システムは，車の基本構造であるプラットフォーム，エンジン，トランスミッションなどである。これら基礎・部品とシステムはほぼすべて日本で研究開発されている。米国で行なわれているのは，車両の研究開発だけといってよい。それも，米国で生産されている車種を対象にしたボデー，内装，スタイリング（デザイン）にかぎられる[4]。

　なお，トヨタはタイでIMV（Innovative International Multi-purpose Vehicle，国際戦略車などといわれる）を開発・生産しており，バンコク郊外のテクニカルセンターには，240人（2004年）の技術者がおり（椙山，2009，137ページ），2010年にはその数は1000人ほどに達しているという[5]。

　自動車企業の場合，海外で行なわれる研究開発が研究開発の全体に占めるウエイトを金額と人数でみると，おそらく，20分の1から30分の1程度にすぎないのではないか。エレクトロニクス企業でも，海外のウエイトは同程度であると思われる。

　海外研究開発は，ほとんどの企業の場合，研究開発の全体からいうと氷山の一角のようなものである。海外研究開発は国際化のいちばん新しいうごきであるために，新聞や雑誌で大きくとりあげられるが，研究開発はほとんど日本で行なわれており，海外で行なわれているのは小さな部分にすぎない。海外研究開発の本格的な展開は，これからである。

海外の研究開発には，さまざまな課題や困難な問題がある。おそらくいちばん深刻な問題は，現地の優秀な技術者や研究者にとって，海外子会社をふくめて日本企業の魅力が不足していることである。そのために，かれら，あるいは彼女たちを採用しにくいことである。採用できたとして，現地の技術者や研究者を動機づけ，もてる能力を存分に発揮させることは，むずかしい。

日本的マネジメントの壁

では，なぜ，海外の日本企業は海外の研究者や技術者に魅力がすくないのだろうか。それは，基本的に，日本的経営のためである。

日本の親会社において，そして，ある程度までは海外子会社においても，つぎのような特徴をもつ日本的マネジメントが行なわれている。すなわち，低い初任給，時間をかけた昇給と昇進，ゼネラリスト育成，チームワーク重視，長期雇用などで特徴づけられるマネジメントである。また，日本語も，日本企業の魅力をさげるひとつの要因である。

海外の技術者や研究者，とくに一流の優秀な技術者や研究者は，日本的マネジメントのこのような特徴のために，日本企業をさける傾向にある。

各国の優秀な技術者や研究者を採用するためには，金銭的な報酬を国際レベルに引き上げる必要がある。優秀なひとには，昇給と昇進のペースも速める必要がある。昇給と昇進に長い年数がかかる日本的方式は，現地の技術者や研究者に魅力的でない。中途採用の技術者や研究者が不利にならない人事政策が要求される。

日本語もひとつの問題である。英語は国際経営の共通言語になっているが，英語は国際的な研究開発においても共通言語になっている。ところが，日本企業では，日本語が技術移転や海外の研究開発において重要な言語として使われている。

海外で研究開発の仕事をする外国人は英語で仕事をしている。日本語のできる外国人はすくない。海外の日本企業が研究者や技術者を採用するとき，日本語を条件にすることはない。英語は条件にされる。日本人の技術者や研究者にも，英語のできるひとが多い。海外の研究開発組織では，日本人と現地人は英語で仕事をしている。ところが，日本の親会社とのコミュニケーションでは，日本語がよく使われる。

　日本の親会社から送られてくる設計図は，日本語のものがすくなくない。それら技術の書類は，何百ページ，何千ページ，場合によると何万ページにおよぶ膨大なものもある。それが，日本語で書かれている。海外子会社の技術者には，理解できない。技術資料を理解できないと，仕事ができない。

　日本企業の海外の研究開発拠点の公式な会議でいちばんよく使われる言語は，英語であり，全体の57.1％である。つぎは現地語（英語以外の外国語）であり，21.1％である。日本語はいちばん少なくて，19.9％である。このデータでわかるように，海外研究開発の共通言語が英語のところがいちばん多い。では，日本人は英語ができるだろうか。英語の話せる日本人の研究開発者は約3分の2（65.0％）である。英語のできない日本人は，ことばで苦労していると考えられる。なお，日本語が話せる外国人の研究開発者は13％にすぎない（米山ほか，2013，16 - 17ページ）。

　いま，技術移転や海外研究開発において日本的マネジメントが支障になっていることをみた。それは，一種の日本的経営批判論である。誤解をさけるために追加したい。日本的マネジメントは，海外の工場ではよい結果を生んでいる。工場の作業者，それから管理者や技術者からは肯定的に受けとめられている。そしてかれら，あるいは彼女たちは高いモラールで仕事をし，高い成果をあげている。

日本的マネジメントがうまく機能せず，批判や不満の対象になっているのは，ホワイトカラーの仕事においてである。すなわち，経営者，管理者，それから専門家，技術者，さらにオフィスのワーカーである。こういう人たちには，日本的マネジメントは，さきほどあげたような特徴のためにあまり人気がない。

以上から，海外の日本企業には明暗があることがわかる。工場は明るい。工場は，日本的経営のもとでうまく機能し，高いパフォーマンス（生産コスト，生産性，不良率など）をあげている。しかし，オフィスは暗い。日本的マネジメントがいろいろ問題を生んでいる。ホワイトカラーに注目すると，優秀な人材がすくなく，かれら，あるいは彼女たちは高いモラールで仕事をしている状況ではない。海外の研究開発拠点も，暗いオフィスにふくまれるのである。なお，この海外の日本企業の明暗については，のちほど再度とりあげる予定である（第6章，143ページ）。

3 ソフトウェアの海外開発

コンピュータなしの経営は考えられないほど，コンピュータは開発・生産・販売・調達などの業務活動に，また，人事・経理・企画・法務などスタッフ活動に，ひろく，ふかく浸透している。このことに対応して，研究開発において，製品・設備などハードの開発に加えてソフトウェアの開発の重要性が強まっている。この点は，さきに製品における電子化とソフト化の進展としてみた。ここでは，コンピュータ・ソフトウェアの海外開発，とくにソフトウェアのオフショア・アウトソーシングをみることにしたい。

ソフトウェアのオフショア・アウトソーシングでは，米国企業が

先行している。オフショア（offshore）とは，海外という意味であり，アウトソーシングとはソフトウェアの調達を意味している。米国企業は，従来は米国国内のソフトウェアの企業にソフトウェアの開発を発注し，できたソフトウェアを購入していた。それが，海外とくにインドのソフトウェアの企業に発注・調達するようになってきているのである。

なぜ，インドなど外国のソフトウェア企業にソフトウェアを発注・調達するように変化したかというと，基本的には米国国内のソフトウェア企業から調達するのと比較してコストが低いためである。インドには，ソフトウェアの専門家がおり，かれら，あるいは彼女たちの賃金は米国にくらべて数分の1から3分の1の低さである。また，かれら，あるいは彼女たちは英語で仕事を行なうことができる。

米国企業によるソフトウェアのオフショア・アウトソーシングは，当初はプログラミングやテストなどソフトウェア開発の作業的な部分だけだったが，しだいに，ソフトウェアの基本部分の設計，さらに概念設計にまで及ぶようになってきている。

日本企業によるソフトウェアのオフショア・アウトソーシングは，米国企業にくらべると時期的におそくはじまり，また，規模は小さい。理由としては，日本語の制約，企業独自的ソフトウェア，業務の進め方の特徴などが考えられる。

ソフトウェアそれ自体は，アルファベットと数字・記号でできており，日本語はない。しかし，ソフトウェアの開発には日本語が不可欠である。ソフトウェアの開発の目標や意図，基本的な概念をソフトウェアの開発の技術者に説明するとき，日本語が使われる。また，ソフトウェアの開発のスタートから終了までのプロセスにおける説明，打ち合わせ，相談なども，日本語で行なわれることが多い。

技術者のあいだの定型的なコミュニケーションは，相当程度まで英語で行なわれるとしても，込み入った相談，想定外の事態への対応，設計変更などの非定型的なコミュニケーションでは，日本語が重要な役割をはたす。ソフトウェアのオフショア・アウトソーシングを受注する企業として世界をリードしているインド企業には，英語のできる人材は多くいるが，日本語のできる人材は多くない。

　各社の独自的なソフトウェアが，ソフトウェアのオフショア・アウトソーシングのもうひとつの制約要因である。

　日本企業では，開発，生産，販売などの業務，また，人事，経理などの事務業務は，各社で独自性が強い。いいかえると，標準化がすすんでいない。このことから，ソフトウェアは各社の独自的なソフトウェアになる。標準化されたソフトウェアを使って業務を行なうという考え方は，すくない。じっさい，パッケージソフトであるERP（Enterprise Resources Planning：統合業務パッケージ）の普及は，欧米企業にくらべてすくない。

　また，さきに日本的生産の特徴のひとつとして現場での小さな改善の積み重ねをあげたが，日本企業では生産にかぎらず業務の進め方を学習して絶えず改善すること，そのために小さな改善を積み重ねることが奨励され，実行されている。仕事の進め方がかなりひんぱんに変わる（改善される）ことから，ソフトウェアには設計変更が多くなる。

　業務の概念や仕事の手順などが明確でないことも，支障になる。日本企業のなかでの仕事の進め方は，臨機応変，柔軟，弾力的，チームワークなどで特徴づけられるが，これらの特徴は，不明確，曖昧，インプリシット（非明示的）であるということもできる。日本企業がソフトウェアの開発を外国企業にアウトソーシングするときには，これらの特徴はブレーキ要因になりやすい。外国企業のソ

フトウェア技術者にとって，仕事の進め方がわかりにくく，フラストレーションがたまることになる。ある研究者によると，日本企業の発注の特徴として第1番目にあげられているのは，ソフトウェアの要件定義（仕様）が曖昧であり，さらにそれが確定しない場合がしばしばだという。それは，曖昧な契約，ないしは契約の軽視にむすびつく（徳丸，2010，204ページ）。

　また，日本企業のコミュニケーションには，言語的コミュニケーションの比重が欧米企業にくらべて軽いという特徴がある。他方，以心伝心のコミュニケーションが多くなる。これは，日本企業を顧客にする外国企業には負担になる。

　いまみたような問題や制約要因はあるが，日本企業もソフトウェアのオフショア・アウトソーシングをふやしている。ひとつには，増大するソフトウェア開発の負担に耐えられないためである。人材が足りない。つぎに，オフショア・アウトソーシングのほうがコスト的に有利である。これらの理由は，欧米企業にも同様にみられるものである。日本語など日本企業に特有な制約要因については，受託企業のほうで対応策をすすめるところがあり，また，日本企業の日本人の英語力の向上があり，しだいに解消しつつある。

　欧米企業を顧客にしていたインドのソフトウェア企業が，しだいに日本企業に目をむけはじめている。ひとつのきっかけは，米国で起こった2001年9月11日の同時多発テロである。一時的に不況になり，注文が減った。そのことよりも影響が大きかったのは，インド人のソフトウェア専門家へのビザの発給がきびしくなり，インド人が米国で仕事をすることがむずかしくなった。そこでソフトウェア開発の受託業務の市場として，日本に注目するようになった。日本は，米国につぐ世界第2番目に大きい市場である。たしかに，日本語の壁があるが，言語の壁を乗りこえることによって，有望な市場

を開拓できる。このように考えるインド企業がふえてきた。じっさい、ソフトウェア開発のインド企業の日本進出がふえている。

さきに、中国が、世界の工場、つぎに世界の市場、さらに世界の研究開発拠点として発展してきたことをみた。ここでは、世界の研究開発拠点としての中国を、日本企業のソフトウェアのオフショア・アウトソーシングの観点でみていくことにしたい。

中国の北京の中関村は1999年に中関村科学技術園区となり、北京シリコンバレーと通称されている。その北京に、日本企業のソフトウェアのオフショア・アウトソーシングの受託企業がふえている。

2002年にインドを視察した中国首脳は、インドのソフトウェアの対米アウトソーシング受託業務の隆盛に注目した。このときの見聞からソフトウェア輸出基地というアイデアが生まれ、北京、天津、大連、上海、広州にソフトウェア基地が設置された。

米国むけのソフトウェアのアウトソーシング業務では、インド企業がリードしている。また、アイルランド、パキスタン、ロシアなどとの競争もはげしい。後発の中国企業は、この競争で劣勢に立たされてきた。中国企業は英語の点で弱みがある。中国企業むけの国内業務では、市場規模がまだ小さいことと代金回収がむずかしいという問題がある。こういうときに、日本企業むけのソフトウェア業務がひとつの有望市場ととらえられるようになった。中国企業にとっては、日本語の壁は英語ほどには高くない。

2003年11月、在日6社の共同出資により、北京東聯華興軟件技術が設立された。6社の代表者はいずれも1990年代に日本に留学あるいは派遣された経験がある。この北京東聯華興軟件技術の従業員は約200人、全員、最低でも日本語の仕様書を読めるレベルの日本語能力をもつ。北京の支社に勤める中国人は、日本からのUターン人材が多く、日本文化を理解し、仕事のやり方、品質管理のあり方

などを日本滞在中にしっかりと訓練されている。かれら、あるいは彼女たちが仕事をするので、日本のソフトウェア企業の3分の2のコストで日本と同品質のものが開発できるという。

中国企業のソフトウェア開発は、欧米のソフトウェアの漢字化からはじまり、中国国内むけのパッケージソフトの開発・制作、米国からのアウトソーシング受託、そして、日本への関心、日本での拠点設置、というように展開してきたという（関、2006）。

中国では北京のほかにも日本企業からのソフトウェア開発の受託業務を行なう企業が多い地域、都市がある。そのひとつは、大連である（澤木、2009）。

大連華信計算機技術は、大連ハイテク産業園区にある。1996年に設立された従業員3000人の中国のソフトウェア開発大手であり、2009年の売上8億9000万元（約112億円）の8割は日本から受注したものである。大連ハイテク産業園区のなかに1998年にソフトウェアパークが開かれて、国内外の関連企業900社が進出している（『日本経済新聞』2010年9月6日、夕刊）。

ベトナムも、コンピュータ・ソフトウェアのオフショア・アウトソーシングの受託ビジネスに参入している（税所、2010、33－44ページ）。同国は、1986年からドイモイ政策によって市場経済化・対外開放化をすすめてきたが、その一環としてソフトウェア・ビジネスを中心としたIT産業の育成・強化をはじめている。

同国のIT産業の発展は、ベトナム戦争時の難民が米国のシリコンバレーでIT技術者として技術を習得し、ベトナム本国で起業したことが契機になっている。ベトナムには、約900社のソフトウェア開発企業があり、約4万5000人のエンジニアがいる（2007年末）。エンジニアの多くは英語、日本語ともに不十分な語学能力しかない。なお、漢字圏の中国にたいして独自言語を推し進めてきたベトナム

は，日本語の読解力や会話力で中国人に劣る。

ベトナムは，日本をソフトウェア輸出の最重要国としている。日本企業も，ソフトウェアの開発コストを引き下げるために，中国やインドからベトナムにシフトをはじめている。同国に進出している日本企業に，日立ソフトウェアエンジニアリングやNECソフトがある。

これまでは，インド企業，中国企業などソフトウェア開発の受注企業を中心にみてきたが，開発をアウトソーシングする日本企業のうごきをみると，インド，中国などにソフトウェアの開発拠点を設けるところがふえている。インドでは，バンガロールに集中して進出している。中国では，北京と大連が多い。ソフトウェアの海外開発をすすめる日本企業には，富士通，NEC，東芝，NTTデータ，野村総研などがある。テレビ，携帯電話，デジタルカメラなど情報家電，冷蔵庫，洗濯機，掃除機，炊飯器など白物家電，パソコン，自動車，プリンターなど，多くの製品はコンピュータでコントロールされ動くようになっているが，そのための組み込みソフトを開発する必要がある。開発の業務の量は，膨大であり，エレクトロニクス企業，精密機器企業，自動車企業など多くの企業がソフトウェアのアウトソーシングをふやすことが予想される。それとともに，ソフトウェアの開発を海外で，具体的には，インド，中国，ベトナムなどで行なうために拠点を設けるところがふえると予想できる。

▨注

1) 海外企業進出は経営資源の国際移転であるといったが（13ページ），本章でとりあげる技術の国際移転は，経営資源のうちの技術に焦点をしぼって議論するものである。経営資源には技術のほかにブランド，信用，組織文化，企業内部の情報処理特性などがある。つぎに，最近では技術移転といわずに知識移転あるいはナレッジ移転といわれることがふえているが，本

書では技術移転ということにする。

2) つぎを参考にしている。村上信夫「私の履歴書」『日本経済新聞』2001年8月7日。

3) より最近のデータは，米山ほか（2013）にみることができる。ここで使用しているデータと基本的に似ているので，ここでのデータおよび説明は元のままにしている。

4) トヨタ開発方式の米国開発拠点への移転については，石井真一の書物（石井，2013）でくわしく記述されている。

5) 銭佑錫，国際ビジネス研究学会中部部会での報告資料，2010年9月25日，にもとづく。

第 6 章　国際経営マネジメント

1　国際経営組織

組織構造の発展

　　　多国籍企業は多くの国で販売，生産，研究
　　　開発などの経営活動を行なっている。多国
籍企業は，これらの国際経営活動を管理するためにどのような組織
を生み出し，発展させてきたか。これが，この節でとりあげるテー
マである。

　組織とは，企業のなかの個人や部門の権限，役割，責任，またコ
ミュニケーションの関係などを規定したものである。ここでとりあ
げる国際経営組織は，日本の親会社と海外子会社の役割，権限，責
任またコミュニケーションの関係などを規定したものである。この
意味の組織は組織図ないし職制図で表現される。以下，組織図を使
いながら組織について説明していくことにしたい。

　多国籍企業の多くは，第 2 章の国際経営戦略のところで説明した

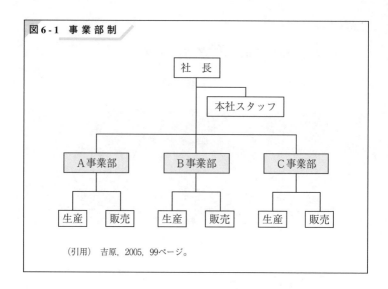

図 6-1 事 業 部 制

```
              社  長
                │
              本社スタッフ
                │
    ┌───────────┼───────────┐
  A事業部      B事業部      C事業部
    │            │            │
 ┌──┴──┐     ┌──┴──┐     ┌──┴──┐
生産  販売   生産  販売   生産  販売
```

（引用）吉原，2005，99ページ。

が（25ページ），多角化企業である。多国籍企業になるまえの多角化
企業の一般的な組織は，事業部制である。まず，事業部制から説明
したい。

　図6-1では，A事業部，B事業部，C事業部の3つの事業部が
示されている。たとえば，コンピュータ，半導体，通信機の3つの
事業部を考えてみよう。それぞれの事業部は生産，販売など企業と
して基本的な機能あるいは職能をもっている。そのため，事業部は
企業のなかの企業ということができる。なお，最近では事業部にか
わってカンパニーといわれることがふえている。

　この企業が輸出をはじめる。その輸出が商社経由の間接輸出であ
る場合，製造企業には特別の組織はおかれない。輸出は商社によっ
て行なわれるからである。製造企業が自分で輸出するときには，自
社のなかに輸出の部門（以下，輸出部という）をおく。主要な輸出市
場に販売子会社をつくることもある。海外販売子会社は，輸出部の

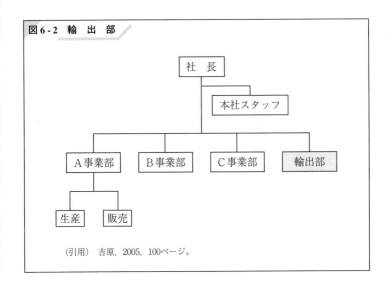

図6-2 輸出部

```
                    社　長
                      |
              ┌───本社スタッフ
              |
    ┌────┬────┼─────┬──────┐
  A事業部  B事業部  C事業部   輸出部
    |
  ┌─┴─┐
 生産  販売
```

（引用）吉原，2005，100ページ。

海外出先組織である。それは，おもに欧米の先進国におかれた。

　図6-2では，A事業部，B事業部，C事業部の3つの事業部にならんで輸出部が示されている。各事業部は，国内生産と国内販売を行なう。輸出は輸出部によって行なわれる。

　やがて，企業のなかに海外生産をはじめるところがでてくる。海外製造子会社を管理するために，輸出部とは別に海外事業部（国際事業部，外国部などということもある）が設けられる（図6-3）。なぜかというと，海外製造子会社の管理には，生産，技術，部材の調達などがふくまれているが，これらは輸出部で行なうことは困難ないし不可能であるためである。この海外事業部が海外生産だけでなく，輸出，さらに技術輸出など国際経営活動のすべてを管理することもある。

　海外事業部の性格として，つぎの3点を指摘できる。

　第1は，海外事業部は事業部の名称をもつが，多くはスタッフ機

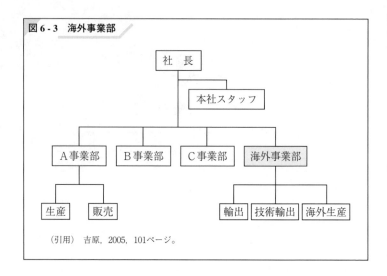

図6-3　海外事業部

```
                    社　長
                      │
                  ┌───本社スタッフ
                  │
    ┌──────┬──────┼──────────┐
  A事業部   B事業部   C事業部    海外事業部
    │                           │
  ┌─┴─┐                   ┌────┼────┐
 生産  販売               輸出 技術輸出 海外生産
```

（引用）吉原，2005，101ページ。

能しかなく，プロフィットセンター（利益責任単位）であるものは
すくない。多くは，海外の事業部ではなく，海外事業の部である。
後者の性格の海外事業部は国内の子会社や関係会社を管理するため
の組織である関係会社管理部に似ている。

　第2は，海外事業部は企業全体からいうと重要度の低い組織部門
である。海外生産のウエイトはまだ軽い。生産の中心は日本国内に
ある。海外製造子会社など海外子会社だけを管理するのが，海外事
業部である。

　第3に，国際経営活動は海外事業部で行ない，国内は事業部で行
なうというように，国内と海外に大きく組織のうえで分業するのが，
この海外事業部型の組織の特徴である。

　海外生産が本格的に推進され，海外生産の重要性が増すにつれて，
国内と海外の一体的な管理を行なう必要性が強まる。この管理課題
に応えるために，海外事業部は発展的に解消ないし縮小されて，グ

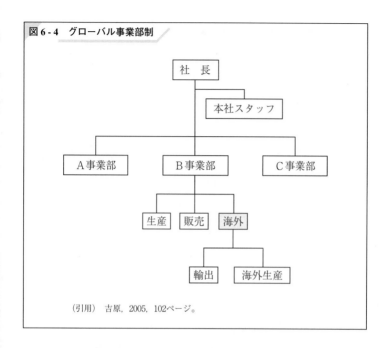

図6-4　グローバル事業部制

```
                        社　長
                          |
                       本社スタッフ
                          |
        ┌─────────────────┼─────────────────┐
     A事業部            B事業部            C事業部
                          |
                ┌─────────┼─────────┐
              生産      販売      海外
                                  |
                          ┌───────┴───────┐
                        輸出           海外生産
```

（引用）吉原，2005，102ページ。

ローバルな事業部制が採用されるようになる。グローバルな事業部制には，地域別事業部制と製品別事業部制の2つのタイプがある。専業企業は地域別事業部制，多角化企業は後者の製品別事業部制を採用するのがふつうである。

　図6-4は，製品別のグローバル事業部制を示している。B事業部は国内生産と国内販売だけでなく，国際経営活動も行なっている。組織図では，輸出と海外生産が示されている。B事業部は国内経営と国際経営の2つを行なう。その意味でB事業部はグローバル事業部である。このことから，この組織はグローバル事業部制という。なお，A事業部もB事業部と同じように国内経営だけでなく海外活動もしている場合がある。C事業部はまだ国内経営だけというこ

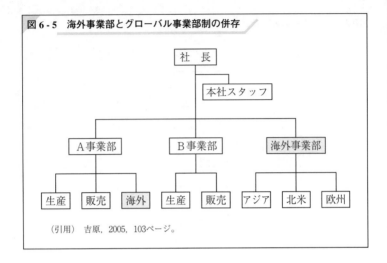

図6-5　海外事業部とグローバル事業部制の併存

```
              社　長
               │
           本社スタッフ
     ┌─────────┼─────────────┐
   A事業部      B事業部       海外事業部
  ┌──┼──┐    ┌──┼──┐    ┌──┼──┐
 生産 販売 海外  生産 販売  アジア 北米 欧州
```

（引用）　吉原, 2005, 103ページ。

ともある。

　これまでみてきた輸出部，海外事業部，グローバル事業部制の3つが，多国籍企業の組織の基本的なタイプである。ところが，日本の多国籍企業の組織を調査すると（2000年頃），海外事業部とグローバル事業部制の両方を併存させた組織がかなりみられた。この組織をつぎに説明したい。

　図6-5では，A事業部，B事業部，海外事業部の3つが示されている。A事業部は国内生産と国内販売だけでなく，輸出や現地生産など国際経営活動も行なっている。B事業部は国内経営だけをしている。一方，海外事業部は，C事業部，D事業部などこの図では示されていない他の事業部の国際経営活動，あるいはA事業部の国際経営活動のうち小さな国などでやっている海外生産などを管理する。また，法務，人事，広報など専門的なスタッフ業務は，海外事業部によって行なわれることが多い。図では，海外事業部は地域別の組織であり，アジア部，北米部，欧州部の組織となっている。

このようなグローバル事業部制と海外事業部の2つを併存させている組織がかなり多くみられた。最近の状況は調査できていないが、おそらくこの並存タイプの組織が多くみられると思われる。

3種類の管理課題

さきにのべたが、多国籍企業のほとんどは同時に多角化企業でもある。多国籍企業は、したがって、複数の事業を多くの国で経営している。このことから、多国籍企業はつぎの2種類の管理課題に直面することになる。ひとつは、各国あるいは各地域への適応であり、もうひとつは、事業の世界的な調整ないし統合である。

第1番目の管理課題である各国あるいは各地域への適応とは、生産、販売、研究開発などの経営活動を各国ないし各地域の状況に合うように適応させることである。各国ないし各地域のそれぞれの市場のニーズに合わせて製品を手直ししたり、販売の方法も変えなければならない。また生産の状況も国や地域でちがうから、それぞれの国や地域に適した生産設備、自動化の程度、作業方法などを決め、実施しなければならない。

この各国ないし各地域の状況への適応を的確に行なうためには、地域別組織が適している。多国籍企業の組織を北米部、欧州部、アジア部、中国部など地域別に部門化して、それぞれの地域を担当する部門が地理的適応を行なうのである。このとき、地域別の部門が複数の製品や事業を管理することになる。たとえば、エレクトロニクス企業であると、北米部、欧州部、アジア部など各地域部門がそれぞれカラーテレビ、DVDレコーダー、パソコン、携帯電話、電子部品、半導体など複数の製品・事業を管理する。

第2番目の事業の世界的な調整ないし統合とは、ひとつの事業について生産、販売、研究開発などの経営活動を世界的に調整ないし統合することをさしている。

エレクトロニクス企業などでは，カラーテレビ，DVD レコーダー，パソコン，携帯電話，電子部品，半導体など製品ないし事業ごとに，世界的に調整・統合しなければならない。たとえば，半導体の価格が北米，欧州，東南アジア，中国で大きく異なる事態はさける必要がある。世界中に工場をもって生産している場合，為替レートや部材の価格の変動に合わせて，どの工場で生産を増やし，どの工場の生産を減らすかなど，生産を事業ごとに世界で調整・統合している。この事業の世界的な調整ないし統合という管理課題を実現するうえでは，地域別組織より事業別の組織，すなわち製品別事業部制のほうが適している。世界的な製品事業部制である。

　うえでみた第1番目の管理課題と第2番目の管理課題は，同時に対応することが困難な性格の課題である。地域別組織と製品別事業部制を同時にもつ組織はマトリックス組織である。このマトリックス組織は，真正面からこの2種類の管理課題を解決しようとする。しかし，マトリックス組織はこの管理課題の解決に成功していない。

　まず，マトリックス組織とはどういうものかを説明したい。

　図6-6では，A，B，Cの3つの製品事業部がある。仮に，B事業部をテレビ事業部としよう。タイの子会社でテレビを生産している。この子会社はタイにあるからアジア部に属している。B製品事業部長がこのタイ子会社の社長に，「タイでのテレビの生産は減らすべし」という決定をして命令したとしよう。他方，アジア部長は「タイでの生産（テレビをふくむ）を増やすべし」という決定をして命令を出したとしよう。正反対の性格の命令を受けたタイ子会社の社長は困る。当然，このタイ子会社の社長はアジア部長と，またB製品事業部長と交渉し，相談する。しかし最終的に，相反する命令が出てきた。どうしたらよいか。組織図の上ではこういう相反する命令が出たときに解決の方法がない。これがマトリックス組織の，

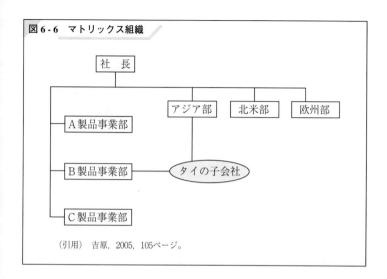

図6-6　マトリックス組織

```
              社　長
    ┌───────────┼──────────┬──────────┐
    │       アジア部    北米部     欧州部
A製品事業部
    │
B製品事業部 ───── タイの子会社
    │
C製品事業部
```

（引用）　吉原，2005，105ページ。

組織として固有の弱点である。組織の特徴からいって命令の一元性の原則を実現できないためである。

　多国籍企業には，じつは，もうひとつの管理課題がある。それは，職能の世界的な調整ないし統合である。特定の生産方式の海外工場への展開，生産技術のレベルアップ，技術移転の推進，現地人の育成と登用，昇給や昇進など人事政策の世界的な調整，知的財産権への取り組み，環境問題への取り組み，賄賂や腐敗への対処など企業倫理の向上（コンプライアンス）などである。これらを，国あるいは地域をこえて，また製品・事業をこえてグローバルに推進しなければならない。さきの地理的適応と事業の調整ないし統合にこれを加えると，多国籍企業は3種類の管理課題に取り組むことを要請されているといえる。

　2次元のマトリックス組織でも，機能させることは容易でない。3次元マトリックスの組織は，複雑すぎて機能しないだろう。では，

3種類の管理課題にいかに対処すべきか。

組織の解剖学・生理
学・心理学

ここで，視野をひろげることが役に立つ。多国籍企業の組織と管理の問題を組織構造の問題として考えることは，視野がせますぎる。他の要素ないし側面にも注意をむけなければならない。

　企業の組織を，生物学あるいは医学の比喩を用いると，つぎの3つの要素ないし側面にわけて考えることができる。組織の解剖学，組織の生理学，組織の心理学，の3つである（バートレット゠ゴシャール，1990，277ページ）。

　第1の組織の解剖学は，企業の組織の骨組み，すなわち組織構造をあつかう。この組織構造を示すのが，組織図あるいは職制図である。これまでみてきた組織は，じつは，この組織構造だったのである。

　ところで，この組織構造には，マクロ構造とミクロ構造がある。前者は，企業全体の組織構造である。企業の組織構造というとき，ふつうはこのマクロ構造をさす。マクロ構造は，企業全体の組織構造であるとともに，もうひとつ，長期間維持される恒久的な性格の組織構造でもある。多国籍企業の場合，海外事業部型組織，グローバル事業部制，両者の併存型の組織などが代表的なマクロ構造である。

　他方，ミクロ構造は，企業全体をカバーする組織ではなく，半導体，中国，生産技術，品質管理など特定のテーマだけをあつかう局部的な組織である。また，長期間つづく恒久的な組織でなく，1カ月，3カ月，半年間など比較的みじかい期間だけ存続する暫定的な組織である。このミクロ構造は，タスクフォース，プロジェクトチーム，ワーキンググループ，委員会などの名称で企業によくみられる。

さきにみた2次元ないし3次元のマトリックスの課題に対処するために，このミクロ構造を活用する。特定のマトリックス的な管理課題を解決するために，その特定のテーマだけをあつかうタスクフォースなどを組織して，対処するのである。中国プロジェクトチーム，半導体タスクフォース，生産技術委員会などである。これらのミクロ構造に，事業部の代表者，国・地域の代表者，さらに場合によっては職能の代表者を集めて，特定のマトリックス的な管理課題への対応策を考えるのである。

　第2番目の組織の生理学は，人間の血液やリンパ液にあたる企業のコミュニケーション・チャネル，報告システム，計画システム，管理会計システム，ひとびとのあいだの情報交換のネットワーク，ミーティングなどを意味している。これは，調整メカニズムということができる。

　最近はメールがコミュニケーションの方法としてよく使われる。メールでコミュニケーションするときに，コミュニケーションの直接の相手にメールを送るだけでなく，メールの中身を知ってもらうほうがよいひとには，CC（カーボンコピー）で送ることも，マトリックスの管理課題の解決に役立つ。

　国際的なミーティングも，利用価値がある。新製品開発，販売計画，部材調達，為替問題，税務などをテーマにして，国際的なミーティングを開く。このミーティングに出席するひとの人選，開催場所の決定，開催の頻度などを工夫することによっても，マトリックスの管理課題に対処できる。

　第3番目の組織の心理学は，企業の組織文化と考えてよい。マトリックスの管理課題は，利害の対立，相互の誤解や不信感，不十分な意思疎通などにもとづいて深刻になり，悪化することが多い。マトリックスの管理課題を解決するためには，企業を構成する主要な

メンバーが共通の組織文化を共有することが役に立つ。ところが，多国籍企業の場合には，共通の組織文化を経営者，管理者，あるいは技術者が共有することは，容易ではない。日本人，米国人，ドイツ人，中国人など多くの国・地域のひとが集まって多国籍企業を構成するわけであるが，それぞれ文化的なバックグラウンドがちがう。放っておくと，こういうひとが組織文化を共有することは，期待しにくい。国際的なミーティングが組織の生理学の点で重要であるとのべたが，国際的なミーティングは組織文化の共有を推進するうえでも重要である。親会社と海外子会社の幹部，また，特定のテーマにたずさわる主要な技術者や専門家などが定期的に集まって重要な問題を議論し，解決策を立案する。組織文化の共有を推進するという点からは，これらのミーティングを合宿形式，すなわち，出席者の全員が同じホテルなどに泊まってすることがのぞましい。

たとえば，国際経営戦略というテーマで，年に２回，日本親会社の幹部と主要な海外子会社の経営幹部が集まって２泊３日あるいは３泊４日で，議論をする。会議は日本と外国を持ち回りでやる。会議で顔を合わせ，議論することによって，互いにメールや電話で話しただけで顔もみなかった人が相互の理解や親近感を深めることができる。合宿では，寝泊りして，いわゆる同じ釜の飯を食うことになる。そういうプロセスを経ることによって，「われわれは同じひとつのチームに属している」という感覚を身につけ，組織文化を共有するようになっていく。

2 国際経営と言語

日本語で経営する日本企業

　国際経営と言語というテーマを考えるための枠組み，つまり概念的なフレームワークを説明したい。日本企業の国際経営では日本語，英語，現地語の３種類の言語が使われる。図6-7に示されている。

　この図では，日本親会社，そして海外子会社としてタイ子会社，ドイツ子会社，米国子会社が例示されている。白地の部分は工場，営業所，オフィスなど現場である。英語が国際経営の事実上の共通言語であるといっても，現場では各国の現地語が使われる。日本の親会社では，日本語が使用され，海外子会社ではそれぞれの国の言語が使われる。

　つぎに，斜線部分は国際部門，およびマネジメントをさしている。日本の親会社の輸出部門，あるいは海外事業部，国際部，それから経営者，管理者などである。この斜線の部分では英語と現地語（日本語）が使われている。これは他の海外子会社でも同じである。

　つづいて，矢印のついた直線は，日本親会社と海外子会社のあいだのコミュニケーション，すなわち国際コミュニケーションをさしている。ここでいう国際コミュニケーションとは，日本人だけのコミュニケーションではなく，外国人が参加するコミュニケーションである。日本親会社と海外子会社のあいだのコミュニケーションのほかに，日本親会社のなかで外国人が加わる会議，海外子会社において日本人と現地人が出席する会議でのコミュニケーションも，国際コミュニケーションである。これら国際コミュニケーションでも，

第6章　国際経営マネジメント　**123**

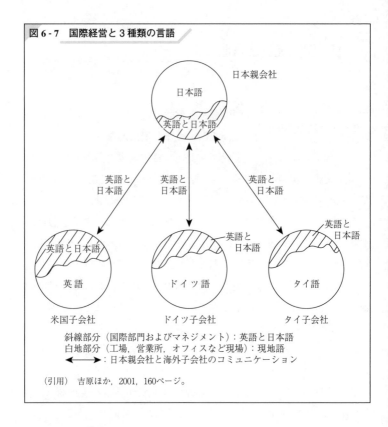

図6-7 国際経営と3種類の言語

日本親会社

日本語

英語と日本語

英語と
日本語

英語と
日本語

英語と
日本語

英語と日本語

英語

英語と
日本語

ドイツ語

英語と
日本語

タイ語

米国子会社　　　　　ドイツ子会社　　　　　タイ子会社

斜線部分（国際部門およびマネジメント）：英語と日本語
白地部分（工場，営業所，オフィスなど現場）：現地語
⟷：日本親会社と海外子会社のコミュニケーション

（引用）吉原ほか，2001，160ページ。

英語と日本語が使われている。

　日本の多国籍企業の場合でも，これら国際コミュニケーションにおいて英語がよく使われる。会議の時間数，発言の量，報告書やレポートの数など，コミュニケーションを量的にみると，おそらく英語が中心的な言語になっていると思われる。ところが，コミュニケーションを質的にみると，状況はちがう。重要な情報のやり取りやコミュニケーションでは日本語が中心的な言語になっている。

　日本語が多く使われる場面として，つぎの3つをあげることがで

きる。第1は，日本親会社から海外子会社に向けて発信される情報である。第2は，日本親会社と海外子会社のあいだのコミュニケーションのうち重要な事柄についてのコミュニケーションや非定型的なコミュニケーションである。そして第3番目は，海外子会社のなかの日本人だけの会議である。

ここでは，第2番目の場面について，すこし説明したい。

売上高，生産量，在庫，従業員数など日常業務についての定例的報告では，英語（日本語と英語の併用をふくむ）が多く使われている。ところが重要な事柄についてのコミュニケーションや非定型的なコミュニケーションでは，英語ではなくて日本語が多く使われる。たとえば，米国で工場を新しくつくるとき，生産品目，生産規模，部材の調達，生産設備，設備投資額，立地，操業開始時期などについて日本親会社と米国子会社のあいだでコミュニケーションが行なわれるが，そのコミュニケーションでは日本語が重要な役割をはたす。また，サブプライムローン問題，そしてリーマン・ショックによって生じた世界同時不況など緊急事態への対応での非定型的なコミュニケーションでも，日本語が多く使われる。込み入ったコミュニケーションを英語で行なうことのできる日本人はすくないためである。

つづいて，日本の多国籍企業では日本語が多く使われるが，その理由をみることにしたい（吉原ほか，2001，183 - 189ページ）。

第1の理由は，親会社の経営資源が日本語で蓄積されることである。製品技術，生産技術，そして管理技術，さらに経営のノウハウなど各種の経営資源は，親会社のなかで蓄積されている。それら親会社で蓄積される経営資源は，日本語で表現されているものが多い。その経営資源が海外子会社に移転されていくのである。

第2の理由に，日本的経営と日本語の親和性をあげることができ

る。日本企業では，終身雇用制あるいは長期雇用のために，従業員は長く同じ会社で仕事をする。また，ほぼ全員が日本人である。そのために，仕事の上での情報のやり取りやコミュニケーションにおいて，細かく理路整然と正確に言語で表現する必要性はあまりない。日本語は，以心伝心的なコミュニケーション，あるいは文脈依存的なコミュニケーションのための言語として発達してきたという面がある。日本語にそういう性格があるから，日本語を使う日本的経営もそういう性格を帯びるようになる。日本的経営と日本語の特徴が相互補強的に作用するのである。

第3の理由は，親会社の非国際性である。

わたくしは，国際経営と言語のテーマで，韓国，香港，台湾，中国，シンガポール，米国，英国などでインタビュー調査をした。海外子会社の日本人に，つぎのような質問をした。「どうしてもっと英語を使わないのですか。なぜ日本語が必要なのですか」。相手の日本人は，つぎのように応答した。「日本親会社が国際化しない限り無理です」「わたくしが英語で日本親会社にレポートを送ったら，『バカ，日本語で送れ』と叱られたことがあります」。海外のある研究所の日本人所長はいう。「米国，英国，ドイツの研究所とは英語でコミュニケーションできます。データのやり取り，研究結果のやり取りも英語でできます。ところが日本の研究所とのコミュニケーションでは日本語が要るのです。日本の研究所からは日本語の研究データや資料が大量に送られてきます」。つぎのように日本親会社の非国際性を痛烈に批判したひとがあった。「諸悪の根源は日本親会社です」。

第4の理由は，取引先や顧客が日本企業あるいは日本人であることである。この理由は製造企業よりもむしろ非製造企業に強く当てはまる。たとえば旅行企業の場合，顧客のほとんどは日本人である。

旅行企業の海外子会社では，日本人の海外旅行者にサービスを提供しなければならない。当然，日本語が使われる。銀行，保険，海運会社，総合商社などでも，顧客や取引先の多くは日本企業である。そのために，日本語が多く使われることになる。

　以上，日本語が多く使われる理由として4つをみた。もうひとつ，第5番目の理由に，日本人が英語を使うことの問題点がある。これは，大きな問題点であるので，項をあらためてとりあげることにしたい。

英語で経営するメリットとデメリット

日本企業が国際経営で英語を共通言語として使用することには，メリットとデメリットの両方がある。

　メリットとしては，優秀な外国人が日本企業のなかで活躍できることをあげることができる。国内企業とくらべたときの多国籍企業の本質的な優位性のひとつは，各国の経営資源を活用できることである。経営資源としていちばん重要なものは人材といってよいだろう。日本語を使うときには，この優位性を実現することがむずかしい。

　日本語のできる外国人は，少数である。他方，英語のできるひとは，非英語圏の国にも多い。オランダ，スウェーデン，ドイツ，フランス，スペインなど欧州では，経営者，管理者，技術者，専門家に英語のできるひとが多い。アジアでも，英語のできるひとが多い。たとえば，中国でも，日本語のできることを条件にすると，人材のプールは小さくなる。

　他方，日本企業で英語を使って仕事をすることには，いろいろデメリットがある。日本人が英語を使うときの問題点は，ストレス，情報量の減少，情報の質の低下，の3つである。

　帰国子女や英語が特別によくできる少数のひとをのぞいて，ほと

んどの日本人にとって英語は不便であり，英語で仕事をすると気疲れがする。ある大手エレクトロニクス企業の米国子会社の社長をしていたひとはいう。米国にいたとき，自宅に帰ってくる。奥さんにいう。「ああ，これでもう英語を使わなくてよい」。こういうのが毎日だったという。「英語を使って仕事をするというのは，ストレスが溜まる一方ですからね」。

第2番目の問題点は，情報量の減少である。日本語の会議だと活発に発言するひとが，英語の会議になるとほとんど発言しないことはめずらしくない。英語の会議では，日本語の会議にくらべて発言が減るのがふつうである。

情報量の減少は，親会社から海外子会社に発信される情報にもみられる。メールやFAXの場合，同じ書類を国内の事業所と海外子会社に，ボタンあるいはキーを押すだけで送ることができる。じっさい，海外子会社に日本語だけの書類がよく送られている。海外子会社に送る書類は英語のものでないとダメということになると，発信される情報は大きく減少するだろう。必要不可欠のものだけを発信する，結論など要点だけを発信する，ということになる。

以上は発信情報の減少であるが，受信情報も減る。書類を読むとき，日本語の書類だと斜め読みができる。ざーっとみながら，ポイントだけをしっかり読む。こういう方法で理解できる。そのために，かなり大部の資料や報告書なども短時間に読むことができる。会議でも，重要でない議論，直接の関係のない部分の説明などは聞き流し，ポイントだけに注意を集中する。こういう方法をとることができる。英語では，そういうことはできない。

日本人が英語を使うことのいちばん深刻な問題点は，情報の質の低下である。

英語の達人といわれるような英語が特別にできるひとをのぞくと，

英語で議論し，意思決定すると，英語のレベルに合わせて議論や決定のレベルも落ちてしまうようである。

国際経営と言語のテーマで研究をすすめるうちに，「英語を使うと知的レベルが落ちる」がキーワードのひとつになった。これは，あるビジネスマンのことばである。わたくしはこの発言に出会ったとき，そのビジネスマンに即座に「全面的に納得できます」といった。

わたくしが国際的なセミナーや海外の学会で英語で研究報告するとき，プレゼンテーションは，準備に時間をかけることができ，また，ペーパーをみながら，あるいはパワーポイントの助けを借りてすすめることができる。ところが質疑応答になると，とたんに，英語力の限界に直面させられる。幼稚な応答しかできない。英語力の低いレベルに，応答のレベルが落ちてしまう。まさに，英語を使うと知的レベルが落ちるのである。何回くやしい思いをしたことか。こういうわたくしの経験を日本のビジネスマンに話すと，かれらは同意してつぎのようにいう。「同じですよ。英語で仕事をしますと，何回も悔しい思いをします。言いたいことを十分にいえません」。

日本人が英語を使うことには，いまみたようなデメリットがあるならば，日本の多国籍企業は日本語を使って経営してもよいのではないか。しかし，日本語を使って経営することには問題点ないしコストがある。コストには，翻訳や通訳のコストがある。しかし，翻訳や通訳のコストはそれほど重大なコストではない。ほかにもっと重大なコストがある。

日本語で経営することのおそらく最大のコストは，多国籍企業の優位性を発揮できないことである。日本語で経営すると，各国の優秀な人材を活用できない。補足説明したい。

米国，欧州，アジアなど日本企業が進出している国の優秀な人材を採用する。そして，かれら，あるいは彼女たちに活躍してもらう。

これは，国内企業と比較したときの多国籍企業の固有の優位性である。ところが，日本語で経営する場合，日本語のできる外国人，具体的には，日本語のできる米国人，日本語のできるドイツ人，日本語のできる中国人などを採用する必要がある。こういうひとは多くない。他方，英語のできるひとは世界中に多い。日本語の小さな世界，英語の大きな世界，このように対比することができる。これは，世界の人材の供給源にもあてはまる。日本語の世界は小さいために，優秀なひとを採用しにくい。

日本語で経営することのコストは，多国籍企業の優位性を発揮できないという問題点であり，深刻に考える必要がある。

じつは，英語の必要性を強めているファクターないしトレンドがもうひとつある。コンピュータリゼーションの進行，とくにインターネットの普及である。

コンピュータやインターネットでは，基本的に英語を使う。メールの場合，日本語でメールを海外に送るとき，相手のひとが日本語を受けることができるソフトを備えているときに限られる。英語を使うと，ほとんど全世界のひととコミュニケーションできる。ホームページも，日本をのぞくと英語のホームページがほとんどである。

このように，国際経営とコンピュータリゼーションないしインターネットの普及という2つの大きなトレンドが英語の必要性を強めている。では，日本企業，日本人は英語で経営できるか。わたくしは，短期的には可能性はそれほど高くないと考えている。

さきに，日本企業において日本語が多く使われる理由をみた（125ページ）。英語を基本共通言語にして経営するためには，これら5つの理由（英語を使ううえでの障害）を解決していかなくてはならない。これは，並大抵のことでできるものではない。

このように，日本企業において，英語の必要性は明らかである。

英語の必要性は強くなっていく。ところが，英語を使って経営できるかという可能性に目を転じると，答えは否定的にならざるをえない。これは，深刻なジレンマである。日本の多国籍企業の多くは，この必要性と可能性のギャップのまえで立ちすくんでいる。

　じつは，企業だけではなくて，日本の政府，あるいは大学，日本人，日本の社会が同じ問題に直面している。その意味で，英語というのは重いテーマであり，深刻なテーマである。

英語力を高める方法

　日本企業は，戦後の初期の頃は，輸出のための人材として，英語など外国語のできる外国語大学の卒業生を採用していた。しかし，その後，外国語大学の卒業生は，英語以外の外国語，すなわちスペイン語，ロシア語，中国語などのできる人材として採用されたが，英語については，一般大学の卒業生が中心になり，外国語大学の卒業生は重視されなくなった（吉原，1992b）。最近になって英語の重要性が再認識されるようになるとともに，採用にさいしても英語力が重要視されるようになっている。

　ここで，日本人ビジネスマンの英語力を高めるうえで海外勤務が重要であることをのべたい。

　海外勤務の本来の目的は，あらためていうまでもなく，海外子会社で仕事をし，海外子会社の業績をあげることである。英語力の向上は，いわばその副産物といえる。しかし，実際のビジネスを英語で行なわなければならないし，若手社員であっても海外の大きなプロジェクトをまかされることが多いため，英語の修得に必死になる。その結果，国際ビジネスで要求されるレベルの英語力を身につけることができる。わたくしは，語学研修や海外留学・海外研修よりも海外勤務のほうが，社員の英語力を向上させるためのすぐれた方法であると考えている。海外勤務は言語投資の性格をもっているので

ある。

　海外勤務を言語投資と考えるのは，つぎのような経営資源観にもとづいている。技術，ノウハウ，知識などの経営資源を蓄積する方法には，日常業務を通じて副次的に蓄積する方法と，蓄積自体を目的にする活動によって蓄積する方法の2つがある。マーケティングに強い人材を育てる方法として，日常の営業活動のなかで，オン・ザ・ジョブ・トレーニングを通じて行なう方法と，セールスの研修がある。あるいは，製造技術を蓄積し開発する方法にも，日常の製造のなかであらわれる問題点に取り組むなかで行なう方法と，研究所で新しい生産設備を開発する方法もある。経営資源を蓄積する方法としては，前者の間接的方法が後者の直接的方法に劣らず重要である。それどころか，しばしば前者の間接的方法のほうが重要である（伊丹，1980，118ページ）。

　この考え方をとるときには，海外勤務は，海外子会社で業務を的確に行なうという直接的な目的に適したものにするだけでは十分ではない。海外勤務から副産物として生まれる語学力にも注意をはらわなければならない。語学力の向上という副産物ができるだけ効率的に多く生まれるように海外勤務のあり方を設計して実施することがのぞまれる。副産物重視の海外人事である。たとえば，3年間から5年間の海外勤務を20歳代のうちに経験できるようにすることは，語学力にすぐれた人材を育成するためのよい方法である。外国語をほんとうに身につけるためには，20歳代に集中的に訓練することが必要であるといわれるからである。

　ここで，海外勤務は，社員の英語力を向上させるためのすぐれた方法であるだけでなく，国際経営の時代にふさわしい経営者を育成するためのすぐれた方法であることも強調したい。

　海外子会社への出向者には，つぎのような特徴がある。日本親会

社のときに比較して，若くして経営者や管理者になる。日本人の出向者は海外子会社では，日本親会社のときにくらべて，２ランクから３ランクほど昇進する。親会社の部長あるいは課長のひとが，海外子会社では社長になることはめずらしくない（伊藤，2007，131-134ページ）。

つぎに，事情のよくわからない外国で，外国人の従業員を使って仕事をしなければならない。自分を助けてくれるスタッフは貧弱であり，多くの重要な決定を自分でくださなければならない。英語あるいは現地の言語を使って仕事をしなければならない。

このような特徴は，出向者をきたえる。そして，きたえられた出向者のなかから国際経営の時代にふさわしい経営層の人材が生まれてくるのである。

じっさい，最近になって，海外経験者の社長がふえている。ソニー，トヨタ，パナソニック，キヤノン，ホンダ，コマツ，武田薬品，信越化学，野村證券など，日本を代表する多国籍企業の社長には，海外経験者が多い。

英語力を高める方法として，つぎに，内なる国際化をとりあげたい。

内なる国際化とは，日本親会社内部の国際化を意味し，「日本親会社の意思決定（コミュニケーションなどの情報の過程をふくむ）に外国人が参加していること，あるいは，そのようなことが可能な状態にあること」と定義される（吉原，1996，10ページ）。日本企業の親会社に勤務する外国人や帰国子女をふやすことによって，企業内部の国際化がすすむという考えである。そのひとつの成果に，日本人社員の英語力の向上があげられる。日本人社員は，外国人社員と同じ職場でディスカッションし，会議を行なうために，共通の言語である英語を身につける必要に迫られる。

住友化学では，農業用化学品部門の海外アグロ事業部長に米国人が就任し，事業部の公用語（会議，文書など）を英語に切りかえた結果，日本人の英語力が向上し，国際化がすすんだと報告されている（『日経ビジネス』1997年8月25日号）。

　「内なる国際化」，すなわち日本親会社の国際化に対応するのが，「外なる国際化」とでもいうことができる海外子会社の国際化である。海外子会社の国際化の最大のポイントは，海外子会社の社長の現地化である。

　海外子会社の現地化は進行しているが，いっこうに進まないのが，社長の現地化である。英語中心の国際経営を実現するためにも，海外子会社の社長の現地化は必要である。

　海外子会社の社長が現地人になると，海外子会社の内部において英語の使用がふえる。現地人の社長と経営幹部が中心になって情報を交換し，決定するから，社内の共通語は英語になる。日本語で行なわれる日本人だけの会議はなくなるだろう。また，日本親会社とのコミュニケーションでも英語の必要性が高まる。海外子会社で情報を受けとるのは日本語のわからない現地人であるから，日本親会社としては，英語を使わざるをえなくなる。

　海外子会社の社長を現地人にする主たる目的は，いうまでもなく，英語中心の国際経営を実現することではない。現地の優秀な人材を活用するためであり，現地事情に精通した経営者を獲得するためである。あるいは，現地人社長に企業家精神を発揮してもらい，海外子会社を活性化するためである。英語化は，現地人社長の副産物である。

3 海外子会社の日本人

日本人が経営

海外子会社の経営のひとつの特徴として，日本人による経営をあげることができる。

表6-1に，海外子会社の日本人のデータが示されている。親会社が製造企業の場合，海外子会社を製造子会社と販売子会社にわけてみていくことにしよう。製造子会社の場合，一社平均で従業員は630人である。うち日本人は11人である。したがって日本人比率（全従業員に占める日本人の比率）は1.7％である。販売子会社の日本人比率は3.3％である。

親会社が百貨店，スーパー，専門商社など商業企業の場合，従業員は479人，日本人は16人，日本人比率は3.3％となっている。なお，商業企業のうち，総合商社にはちがう特徴がみられるので，この表のデータでは総合商社はのぞかれている。総合商社についてはあとで説明したい。銀行，保険，証券など金融企業については，全従業員677人，日本人16人，日本人比率2.4％である。旅行企業などサービス企業の場合，全従業員は230人，日本人は14人，日本人比率は6.1％である。[1]

以上が，海外子会社の日本人である。日本人比率は1.7％から6.1％の範囲にある。したがって日本人比率はそれほど高いわけではない。しかし，このあとで説明するが，海外子会社において日本人は社長をはじめ重要なポストを占めている。このために，海外子会社は日本人が中心になって経営されているといえる。

ところで，表6-1の商業企業において総合商社がのぞかれている。総合商社はどういう状況かというと，総合商社9社が合計1248

表6-1　海外子会社の日本人

	従業員	日本人	日本人比率
製造業	614人	14人	2.3%
製造子会社	630	11	1.7
販売子会社	400	13	3.3
商業（総合商社を除く）	479	16	3.3
金融	677	16	2.4
サービス	230	14	6.1

（注）　データの出所：吉原英樹（2001）『国際経営（新版）』有斐閣，
　　　205-206ページ。
（引用）　吉原，2005，124ページ。

の海外子会社（海外現地法人と海外支店）をもっている（1999年）。1
社平均で139の海外子会社になる。海外子会社の全従業員数は2万
4929人，海外子会社1社当たりでは20人である。うち日本人は4625
人であり（海外子会社1社当たり3.7人），日本人比率は18.6％である。
表6-1にでている他の企業の日本人比率に比べて，総合商社の日
本人比率は3倍から10倍高い。このように，日本人が経営するとい
う特徴は，総合商社にいちばん顕著にみられるのである。なお，表
6-1のデータは20年ほど前のものであり，旧い。しかし，現在も
総合商社の高い日本人比率の特徴はつづいていると思われる[2]。

　この日本人が経営するという特徴，いいかえると，海外子会社の
ひとの現地化がおくれていることは，日本企業にとって歴史が古い
経営課題である。わたくしがはじめてタイで現地調査をしたのが
1974年だったが，その当時すでにこのひとの現地化が経営課題だっ
た。多い日本人を減らして，現地人をもっと多く登用すべきではな
いか。こういう問題がもうすでに指摘されていた。その後40年ほど
が経過しているが，海外子会社のひとの現地化はどういう状況であ

るか。基本的にはつぎのようにいうことができる。ロワー・マネジメント，つまり，工場，オフィス，営業所の第一線の管理者ではほぼ現地化が進行している。つぎの課長クラスのミドル・マネジメントでも，現地化がすすんでいる。他方，トップ・マネジメント，つまり，社長，役員など経営幹部のひとの現地化はあまり進展していない。今後の課題として残っている。

　営業，経理・財務，生産・技術，人事，総務，こういう部門の長が現地人である海外子会社はどれくらいあるか。データは旧いが，参考にみると，営業部門では，63％である（表6-2）。つまり，海外子会社のうち63％では営業部門の長は現地人である。経理・財務では48％の海外子会社で現地人が長になっている。生産・技術で61％，人事がいちばん多くて80％である。

　表6-2では，過去（5年前）のひとの現地化が示されている。これは同じ会社に，5年前はどうであったかという質問をして，その質問への回答データである。たとえば営業の部署の長が現地人であった会社は54％だった。5年間で9％，現地人が長になる会社が増えた。これは，表6-2のいちばん右の欄「変化」に示されている。経理・財務は8％，生産・技術は13％，人事は8％，総務は7％，それぞれ5年間に現地化を進展させている。5つの部署を平均すると，5年間に現地人が長である海外子会社は9％ふえている。

　ところが，社長だけはちがう。現地人が社長である海外子会社は全海外子会社の22％にすぎない。部門の長と比較すると，格段に低い。つぎに，5年間の変化でも社長の現地化は部門の長の現地化とちがう。社長が現地人である海外子会社の比率を調査時点と5年前と比較すると，わずかではあるが，23％から22％に減少している。この数値は誤差の範囲であるから，社長の現地化は5年間ほとんど進展していないといえよう。

表6-2 海外子会社の経営幹部の現地化

部署 ＼ 時期	過去（5年前）	現　在	変　化
営　　　　業	265社　（54%）	324社　（63%）	9%
経　理・財　務	222　（40　）	282　（48　）	8
生　産・技　術	193　（48　）	252　（61　）	13
人　　　　事	392　（72　）	472　（80　）	8
総　　　　務	375　（69　）	442　（76　）	7
社　　　　長	128　（23　）	131　（22　）	−1

（注）　1）　数字は現地人が長である海外子会社の数（構成比）を示す。
　　　　2）　「変化」の数値は「現在」のかっこ内の数値から「過去（5年前）」のかっこ内の数値を引いたものである。
　　　　3）　データの出所：筆者の「日本企業の国際経営の海外アンケート調査」にもとづく。米・英・独・シンガポール・台湾にある海外製造子会社の有効回答634社（回答率52%）。調査時点は1994年。

　このように，海外子会社の社長の現地化には，ロワー・マネジメント，ミドル・マネジメント，さらに部門の長の現地化にくらべて，つぎの2つの特徴があることがわかる。ひとつは，現地化のレベルの低さである。もうひとつは，現地化の時間的な進展がないことである。

　うえで，現地人社長，あるいは現地人の長といったが，その「現地人」の意味を説明したい。ここでいう現地人は，日本人以外のひとを意味している。ドイツ子会社であれば，ドイツ人はもちろん現地人である。このほかに，日本人以外のひと，すなわち，英国人，スイス人，オランダ人，あるいは米国人やカナダ人も，現地人である。ドイツ人以外のこれらのひとは，第三国人ということもあるが，本書では，現地人ということにする。

海外子会社の日本人社長

日本人が経営するという特徴をみてきたが，この特徴のうち，いちばん注目を浴びるのが，海外子会社の社長の多くが日本人であるという特徴である。

　日本企業は海外に進出して海外工場をオープンする。そのオープニングセレモニーには現地のえらい人が招かれる。そのとき，招待された現地の著名人は，この海外子会社において現地の人でいちばん高い地位を占めるのはどの地位であるか，社長は現地人であるか，という質問をすることが多いといわれている。また，海外子会社で仕事をしている現地人も，社長は日本人か現地人か，他の経営幹部に現地人が何人いるか，このようなことによく注意をむける。

　さきにみた表6-2のデータは，1993～94年当時のものである。では，その後，変化があるかというと，それほど変化はない。2002年では，社長が現地人である海外子会社は全海外子会社のうちの23.8％である（『我が国企業の海外事業活動』第32回，246ページ）。わたくしのアンケート調査のデータとほとんど同じである。さらに，2014年7～8月時点でも，海外子会社の現地人社長は25％である。表6-2のデータの時点から約20年経っているが，社長の現地化の進展はわずかであるといってよいだろう（第8回「日系企業における経営のグローバル化に関するアンケート調査」『月刊グローバル経営』2015年3月号，11ページ）。

　さきに総合商社の場合，日本人が経営するという特徴がいちばん顕著であることをみたが，では，総合商社の海外子会社（海外現地法人と海外支店）のトップの現地化はどうであるか。海外子会社のほぼすべての社長（海外支店の場合は支店長）は日本人である。現地人の社長は，小さな市場の国，あるいは小さな都市にある海外子会社のいくつかにみられるにすぎない。

さて，海外子会社の社長が自国人であるのは，日本企業だけにみられるのか，それとも，米国，ヨーロッパの多国籍企業でも共通してみられるのだろうか。

　自国人が社長の海外子会社の比率は，米国企業では31％である（Kopp, 1994）。海外子会社の3分の2以上では，自国人以外，つまり現地人が社長をしている。欧州企業では自国人が社長の海外子会社の比率は48％である。海外子会社のほぼ半分は自国人が社長であり，あとのほぼ半分は現地人が社長をしている。日本企業の場合，海外子会社の74％において日本人が社長である。このように，日・米・欧の多国籍企業を比較すると，自国人が社長の海外子会社の比率は，日本の多国籍企業がいちばん高いことがわかる。

　かなり以前の話になるが，国際経営を積極的に展開している大企業の国際経営の課長・部長と研究会をしていたとき，外資系企業が話題になった。わたくしはつぎの質問をした。「米国，ドイツ，英国，あるいはシンガポールの企業が日本に進出して日本に子会社をつくるとしましょう。日本子会社の社長は米国人，ドイツ人，英国人，あるいはシンガポール人がいいですか，それとも日本人がいいですか」。すると，15名ほどのミドル・マネジメントの人たちがいっせいに「日本人のほうがいいです」と答えた。わたくしは，すぐに質問した。「なぜ日本人のほうがいいですか」。すると，かれらはつぎのように答えた。「日本で経営するには日本のことがわかっていなければよくない。通産省や大蔵省（当時）など役所との交渉，あるいは業界団体との付き合いは，日本人でないと無理である。外資系企業といっても従業員のほとんどは日本人である」。わたくしはつづけて質問した。「みなさんの会社は米国，ドイツ，英国，あるいはシンガポールに子会社がありますね。社長は現地人ですか，それとも日本人ですか」。実務家のほとんどは，「日本人です」と答

えた。そこで，わたくしはいった。「みなさんのご意見，お考えでは，外国企業が日本にきたとき，日本子会社の社長は日本人がよい。日本企業が外国に行くとき，海外子会社の社長は日本人がよい。ということは，社長は全世界すべて日本人がよいということですか」。このわたくしの質問に，実務家は「はい」と答えた。印象的だったことは，かれらは「はい」と答えながら，顔はニヤリとしていた。わたくしは，質問をしながら，何かおかしい，と思った。米国，ドイツなど外国の企業が日本に進出するとき，日本子会社の社長には日本人（現地人）がよいならば，日本企業が米国，ドイツ，英国など海外に進出したときも，海外子会社の社長には日本人ではなくて現地人のほうがよいのではないか。わたくしには，日本人は特別に社長に適した国民であるとは思えないからである（吉原，2001，200ページ）。

　なぜ，日本企業の海外子会社では，現地人社長がすくないのだろうか。日本企業，あるいは日本人が現地人を排除したいためだろうか。わたくしは，そうではないと思っている。企業としては，できることならば現地人を登用したい。なぜかというと，日本人を海外子会社に派遣するコストは，高いのである。それぞれの国のひとを社長に起用するときに比べて，日本人を派遣するほうが2倍とか3倍高い国がある。アジアのなかにはもっと高い国もある。採算という観点からすると，日本企業としては，海外子会社の日本人を減らして現地人を登用したい。社長まで登用したい。しかし，それができない。なぜか。つづいて，その理由を考えることにしたい。

　現地人社長の長所は何か。海外子会社の社長に現地人を起用すると，どういう良いことがあるか。アンケート調査の回答データによると，業績がよくなると考えている日本企業はわずか5％しかない（吉原，1996，33ページ）。従業員のモラール向上（58％），現地社会

との関係がうまくいく（84％），現地政府との関係がうまくいく（33％），現地化のイメージができる（45％），こういう効果は多くの会社があげている（かっこのなかの数字は回答企業のパーセント）。しかし，業績がよくなるといういちばん重要なことをあげている企業はほとんどない。これでは，海外子会社の社長の現地化はなかなか進まないと思われる。

他方，現地人社長の短所は何か。現地人を社長に起用すると業績が悪くなると考えている企業は３％しかない（吉原，1996，37ページ）。従業員のモラールが低下するとの回答も２％しかない。多い回答は，日本親会社の方針や戦略にしたがわない（48％），日本人出向社員との関係に問題が生じる（35％），日本親会社との関係がうまくいかない（28％）の３つである。これら３つは，経営の根幹にかかわる重要な問題といえる。

このように，現地人を社長に起用しても業績がよくなることはなく，他方，現地人社長には短所がある。日本企業の多くがこのように考えているのである。このことが，海外子会社の社長の現地化が進まない理由である。

海外子会社のひとの現地化については，多くのアンケート調査などが行なわれてきた。それらに共通していえるポイントが２つある。ひとつは，ひとの現地化を積極的に進めるという回答が多いことである。ただし，社長は日本人のほうがよいとの回答が多い。この但し書きがついている。これがもうひとつの特徴である。社長として適材であれば国籍は問わない。このような回答も多い。この回答の場合は，結果的には日本人社長がつづくことになりやすい。

なお，最近になって，海外子会社の社長に現地人を起用する方針を打ち出す日本企業がふえてきている。これについては，第11章の「国際経営マネジメントの革新」（256ページ）でみることにしたい。

4 海外の日本的経営の明暗

　海外の日本企業には，すでにのべたが（103ページ），明暗の両面
がある。明るいのは，工場である。

　英国の日本企業を研究したホワイト（M. White）とトレバー（M.
Trevor）によると，英国にある日本企業の工場ではたらく英国人労
働者は日本的な作業慣行を受け入れているという（ホワイト＝トレ
バー，1986，199ページ）。また，日本的経営のもとで，英国の伝統的
な労働倫理が再び甦ってきたとのべている（ホワイト＝トレバー，
1986，13ページ）。このように，両名は工場での日本的経営ないし日
本的生産を，賞賛といってよいほど高く評価している。

　英国の自動車企業に11年間勤務したあと，英国にある日本の自動
車企業に移ってきたある英国人の設計技術者がインタビューでつぎ
のようにのべている。「とにかくぼくはこの会社に日本人の成功の
秘密を知ろうとして入社したのですが，その結論は，客観性と繊細
な配慮ですね」。また，つぎのようにのべている。「ひとつのことを
やり遂げるまでの完璧な責任感。これが独特の文化と結びついてい
る。こんなことは英国では逆立ちしてもできっこない」（マクロン，
1991，126 - 127ページ）。

　米国の例として，トヨタとGMの合弁会社のNUMMIをみると，
トヨタによって経営され，トヨタ式生産方式を実行した同社の生産
性はGMの他の工場の約2倍になった。この劇的な生産パフォー
マンスの向上は，NUMMIの奇跡としてビジネスジャーナリズム
で話題になった。なお，さきにのべたように，NUMMIは2010年
で生産を終了している（34ページ）。

アジアの日本企業の工場にも，日本的生産が移転され，実行され，その結果として生産性が高く，社内不良率が低く，作業者のモラールが高い。

　日本企業の海外工場については，多くの調査が行なわれているが，全体として，海外工場がうまくいっていることが報告されている。

　他方，暗いのはオフィスである。オフィスとは，まず，海外製造子会社のオフィス，それから研究所や開発センターなどである。つぎは，非製造企業の海外子会社である。総合商社，証券会社，旅行会社，小売企業などのオフィスである。

　さきに，英国にある日本の自動車会社に勤めて，日本的生産を高く評価している英国人技術者のことをみた。その同じ本のなかに，英国にある日本の証券会社に勤めている英国人は，日本的経営を低く評価している。その英国人はケンブリッジ大学卒業の男性である。かれをふくめて8名採用された。全員がオックスフォード大学あるいはケンブリッジ大学の卒業生である。入社してから8カ月のうちに8名全員が辞めた。かれはいう。「ぼくはあのチームの一員だとはただの一度も感じたことはありませんでした」「ぼくらはいつも二軍の悲哀を感じさせられっぱなしでしたね」「日本語のできない英国人はつねに補助的な仕事にまわされてしまうのです」。かれはこのように，日本的経営にきびしい評価をしている（マクロン，1991，69‐91ページ）。

　つぎに，わたくしが個人的に見聞したことをのべてみたい（吉原，1987）。

　1985年秋にバートレット（C. A. Bartlett）が日本に2カ月滞在して，日本の多国籍企業を調査した。わたくしはその調査に同行した。新幹線に乗ったときに，バートレットに質問した。「あなたが仮にハーバード・ビジネススクールの卒業生であるとして，米国のなか

の日本企業に就職したいですか」。かれはノーと答えた。わたくしは「なぜ，ノーですか」とたずねた。かれはつぎのような理由をあげた。「初任給が低い。昇給と昇進のテンポがスローである。それから昇進の機会が不足している。上をみると，社長など重要なポストは日本人が占めていて，われわれ米国人は昇進できないようだ。日本語ができないと，重要な意思決定の過程に参加できない」。

　このバートレットの回答は，1985年のものであるからもう昔の回答といってよい。その後わたくしは英国，オランダ，シンガポール，香港，台湾，韓国，中国で調査し，また文献をサーベイしたが，それによると，かれの回答は現在も基本的にはあてはまる。それから，このバートレットの答えは，米国人が米国のなかの日本企業についてのべたものであるが，欧州，アジアにもあてはまる。多くの国において，現地人（ただし，経営者，管理者，専門家や技術者などホワイトカラーのひと）は，日本企業ではたらくことにあまり魅力を感じていない。日本企業についてのこのようなマイナスのイメージは，多くの国の現地人によってひろく共有されているといってよい。

　日本企業の国際経営マネジメントの問題点はオフィスに集中的に出ているといえる。これをどのようにして解決するか。これについては，第11章の第2節「国際経営マネジメントの革新」でとりあげたい。

注

1) 2014年では，日本人比率は，製造企業では1.2%，非製造企業では4.2%，合計では1.4%であり，ここに示すデータとあまり変化していない（第8回「日系企業における経営のグローバル化に関するアンケート調査」『グローバル経営』2015年3月号，10ページ）。

2) 有価証券報告書総覧の記載データが2000年3月期から簡略化されたために，その後のデータはない。

第7章 北米・欧州のなかの日本企業

1 北　米

販売網の構築

1970年に，わたくしは初めての外国である米国に行った。当時，大学からもらっていた給料，ボーナス，各種手当てなどの年収は，約100万円だった。当時はまだ1ドルが360円だったから，2778ドルだった。わたくしは30歳の助教授であったが，当時の米国の大学のほぼ同年齢の助教授の年収は1万ドルから1万5000ドルだったと記憶している。わたくしの年収の4〜5倍だった。当時，日本にくらべて米国ではモノやサービスはすべて高かった。賃金が数倍も高い米国で，日本企業が工場をつくって生産することは，当時は想像するのが困難だった。わたくしは米国に1年半近くいたが，ニュージャージーの吉田工業（現在のYKK）の工場を訪問調査しただけだった。なお，帰りに欧州に行ったが，ベルギーのホンダの工場，ただし自動車あるいは

147

オートバイの工場ではなく，モペット（モーターつきの自転車）の工場を訪問調査した。当時は欧州にも日本企業の工場はほとんどなかった。日本企業は，欧米先進国においては1970年頃までは販売網をつくるための投資に力を入れていた。

1950年代，60年代は輸出の時代だった。日本企業は当初は商社経由で輸出し，現地の代理店による販売だった。そのうちに，自社の直接輸出を行なう企業がでてきた。さらに，米国に販売子会社を設立する。

松下電器産業（現，パナソニック）は，1959年に，米国のニューヨークに販売子会社を設立した。ソニーは1960年に，米国に販売子会社を設立した。トヨタ自動車も米国に販売子会社をもっており，デンソーも販売子会社をもっていた。味の素，キヤノンも，米国に販売子会社をもっていた。なお，総合商社10社（当時）はすべて米国に進出していた。

輸出に力を入れていた日本企業は，欧州にも販売子会社をつくるなどして，現地での販売網をつくりはじめていた。わたくしは，1971年に，ソニー，コマツ，キヤノン，東芝，ヤマハなどの販売子会社，そして，総合商社の現地支店を訪問調査した。

1970年頃までの海外直接投資には，販売投資は欧米先進国に集中し，製造投資はアジアなど発展途上国に集中するという地理的二分法の特徴がみられたのである。

現地生産

では，最近の状況はどのようになっているか。

2002年頃，米国には日本企業の製造子会社が1882社ある（『海外進出企業総覧』2003年版）。製造子会社の数では，中国の2374社に次いで多い。参考までにいうと，日本企業の海外製造子会社は，アジアに7150社，北米に2034社，欧州に1096社ある。そのときから数年経

った2008年では，製造子会社は，アジアに6725社，北米に1234社，欧州に819社ある。国別では，米国に1143社，中国に3099社ある（『海外進出企業総覧』2009年版）。海外生産拠点のアジアシフト，とくに中国シフトが顕著である。

　いままみたのは，海外製造子会社の数である。投資金額でいうと，米国は日本企業の最大の投資先である。海外直接投資残高をみると，2008年末で，米国は2266億ドルで，世界1位である。中国は490億ドルである。米国は中国の約4.6倍である。なお，この投資は製造業投資だけでなく商業投資などをふくむ投資の全体である（『ジェトロ貿易投資白書』2009年版，表12，392ページ）。米国むけの投資金額が多いひとつの理由は，自動車企業の投資のためである。自動車企業の米国での現地生産については，のちほどみるが，自動車企業の投資は金額が大きい。量産規模の工場をひとつつくるのに数百億円近くかかるといわれる。トヨタの米国への投資累計額は，2004年当時でも約140億ドル（約1兆5000億円）である（『日本経済新聞』2004年2月16日）。

　本章の冒頭でのべたように，1970年頃には，米国には日本企業の工場はほとんどなかった。ところが，そのときから40年が経った時点（2010年ごろ）では米国に1000をこえる工場があり，製造業投資の最大の受入国となっている。まさに今昔の感がある。

　では，なぜ，米国での現地生産がふえたか。大きく3つの理由をあげることができる。

　第1に，日米で賃金の差がほぼなくなった。作業者の賃金は，為替レートによって変わるが，日本より米国のほうが低いといわれている。さきほどわたくしの年収をいったが，現在ではわたくしの年収のほうが米国の大学の先生の年収をうわまわる，あるいはほぼ同じである。なお，日本の賃金が米国の賃金をうわまわる，あるいは

ほぼ同じになったのは，日本経済の成長と円高の2つが主な理由である。2つの理由のうちでは，後者の円高のほうが重要な理由といえる。1ドル360円だったのが，現在では1ドル82円（2010年10月9日現在）ほどになっており，40年間に4倍をこえる円高である。単純にいって，日本の賃金（円）は，円高の理由だけでもドルでは4倍強になったのである。

2番目の理由は，大きな市場である。米国市場は世界最大規模である。その大きな米国市場を対象にして，市場のなかで生産する。米国での現地生産は現地市場むけ生産，あるいは市場内生産の代表例である。

3つ目は日本的生産である。米国での現地生産において日本的生産が競争の武器になる。日本企業の米国工場は，日本的生産によって現地企業（米国企業）や米国に進出している欧州企業などに比較して，高い生産パフォーマンスをあげることができる。

さて，米国での現地生産は，すでにのべたように（36ページ），「仕方なしの現地生産」としてはじまった。米国が日本企業の輸出（米国からみると輸入）の増大を規制する政策をとりはじめた。米国の保護主義ないし輸入規制に対処する必要から，日本企業は仕方なく輸出を現地生産に切りかえていった。

米国の保護主義，輸入規制の主なものはつぎのとおりである（三橋ほか，2003，305‒307ページ）。

➤米国の保護主義・輸入規制

　　　　繊維……1972年日米繊維協定

　　　　鉄鋼……1977年トリガー価格制度

　　　　カラーテレビ……1977年市場秩序維持協定

　　　　自動車……1981年輸出自主規制

　　　　半導体……1986年日米半導体協定

繊維については1972年に日米繊維協定ができている。じつは，繊維の貿易摩擦および輸入規制は，ずっとそれ以前にはじまっており，この1972年に最終局面を迎えたということができる。鉄鋼については，1977年にトリガー価格制度ができている。これは，世界でいちばん生産性の高い日本の生産コストをもとに米国の輸入下限価格を決め，輸入価格がこれを下回った場合には，米国財務省がダンピング調査を開始できる制度である。カラーテレビは1977年，自動車は1981年，半導体は1986年に，輸入規制の協定や規制ができている。

　戦後初期の頃，日本企業は弱小であり，弱者の利益を享受し，米国に比較的自由に輸出できた。そのうちに日本企業が成長し，米国むけの輸出をふやす。しだいに日米に貿易摩擦が起こり，米国の保護主義・輸入規制が強まってくる。日本企業は米国に輸出するのが困難になる。そこで日本企業は輸出から現地生産に切りかえて対応した。米国での現地生産は，カラーテレビと自動車が中心だった。

　最初に米国でカラーテレビを組み立てたのはソニーであり，1972年のことである。その後，松下，三洋，三菱，東芝，シャープ，日立，日本ビクター（会社名は当時）と，米国にカラーテレビを輸出していた日本の電機メーカーは，つぎに示すように，ほぼすべて米国で現地生産をはじめた（安保編，1994，ほかにもとづく）。

➤カラーテレビの米国現地生産の開始年

　　ソニー　　1972年

　　松下　　1974年

　　三洋　　1977年

　　三菱　　1977年

　　東芝　　1978年

　　シャープ　　1979年

　　日立　　1979年

日本ビクター　1982年

　米国で現地生産を開始したもうひとつ大きな産業が自動車産業である。

　最初に米国での現地生産を開始したのはホンダである。1982年である。その後，日産，トヨタ（GMとの合弁と単独進出の2段階にわけることができる），マツダ，三菱，富士重工業，いすゞが米国で現地生産を開始した。スズキはカナダで現地生産をはじめた（安保編，1994，ほかにもとづく）。

➤自動車企業の北米現地生産の開始年

　　　ホンダ　1982年

　　　日産　1983年

　　　トヨタ　1984年（GMとの合弁），1988年（単独進出）

　　　マツダ　1987年

　　　三菱　1988年

　　　富士重工業といすゞ　1989年

　　　（両社の合弁でスタート，後いすゞは撤退）

　　　スズキ　1989年

　　　（注：スズキはカナダ現地生産，他は米国現地生産）

　仕方なしの現地生産は，本書の第4章で説明した（59ページ）。要点を繰り返すと，相手国の保護主義・輸入規制に対処するという政治的理由にもとづく現地生産である。それは，経済的合理性を欠いた現地生産である。カラーテレビと乗用車の米国ないし北米での現地生産にも，この仕方なしの現地生産の性格がみられたのである。

　さきにみたカラーテレビと乗用車の現地生産には，もうひとつの特徴がある。それは，横並びの海外進出である。米国に輸出していた日本企業のほとんどすべての企業がそろって現地生産を開始した。この横並びの海外進出は，じつは，北米だけにみられたのではなく

て，東南アジアにもみられた。繊維（主として合成繊維）にもみられたし，家電にもみられた。

米国でのビジネスリスク

米国でのビジネスリスクを示す事例として，3つをみることにしたい。

第1は，トヨタ自動車である。

トヨタは，2009年から2011年にかけて，米国で品質問題を起こした。2009年8月に，トヨタ車に乗っていた家族4人が「ブレーキが利かない」という声を残して事故死したことに始まった。その後，米国メディアによるトヨタ批判が高まり，2010年1月に230万台をリコール（回収・無償修理），同年2月には豊田章男社長が米国下院公聴会に呼ばれた。それから1年後の2011年2月に米国運輸長官による安全宣言が出されてようやく沈静化した（吉原ほか編，2013，33ページ）。

リコールの費用，訴訟の費用，和解金などは相当の金額になったが，トヨタにとって最大の被害は，トヨタバッシング（トヨタたたき）によるブランド毀損とイメージダウンのための販売不振だった。

調査によって，ブレーキとアクセルのペダルに不具合があったなど，小さな問題がみつかったが，ハイブリッド車の中核的な技術の電子制御技術には問題のないことが判明した。

第2の事例は，タカタ社である。

タカタ製エアバッグの欠陥をめぐるリコールが，米国を中心に大きな問題になった（『日本経済新聞』2014年12月11日，12日，13日，18日，および，「タカタ・ショック放置の代償」『日経ビジネス』2015年7月13日号-8月3日号）。

タカタ製エアバッグに関連する最初のリコールは，2008年にホンダが実施した4000台のリコールである。リコール問題が新たな展開をみせるのは，2014年9月，フロリダ州で起きた衝突事故で，運転

していた女性がエアバッグから飛び出た金属片で首に致命傷を負ったとされたのがきっかけである。「殺人犯はエアバッグだった」（『ニューヨーク・タイムズ』）と報じられた。この報道をきっかけに，米国のきびしい世論がタカタ社に向けられるようになった。

タカタ社は，米国下院の公聴会で，また，メディアや世論から，きびしく批判された。自動車のリコールは，通常，利用者からの不具合報告などをうけた完成車メーカーが部品メーカーと協力して原因を究明したあとに，車を回収して部品を交換する。タカタ社の高田重久会長兼最高経営責任者（CEO）は，リコールは自動車メーカーが実施するものであり，部品企業のタカタ社はそのリコールに協力するのが本来であると考えていた。ところが，タカタ製エアバッグの品質問題では，米国の車の利用者の批判がタカタ社に直接むけられたのである。

このうごきをうけて，タカタ製エアバッグを使っているホンダは，原因究明を待たずに部品を回収・交換する。この調査リコールは，前例のない取り組みである。さらに，トヨタは，独立した第三者機関を設置して自動車メーカー主導で欠陥エアバッグの原因を分析することを表明した。

以上のように，自動車のリコールとしては，異例の展開がみられる。

タカタ社は，東証1部上場の自動車部品企業であり，資本金419億円，売上高6428億円，従業員4万8775人（2015年3月期）である。その製品であるエアバッグは，ホンダをはじめ，日米欧の自動車メーカーに納入されている。ホンダはタカタ社に1.2%出資している。タカタ社は，リコール対策費用として，2015年3月期に476億円の引当金を計上する。最終連結赤字は250億円になる見通しであった。なお，2017年に経営破綻している。

自動車のリコールは，日本の自動車・部品企業だけの問題ではない。GMでは，10年以上にわたってエンジン点火スイッチの欠陥を社員が知りながら放置されていた。メアリー・バーラ社長が就任間もない2014年に3000万台のリコールを実施した（『日本経済新聞』2015年1月10日）。

　最後は，武田薬品である。

　「前期初の最終赤字，米訴訟を一括処理」の見出しで，武田薬品の米国での医薬品訴訟が報じられている（『日本経済新聞』2015年5月16日）。

　糖尿病薬「アクトス」をめぐる米国での訴訟で，武田薬品は，2015年3月期に，和解金などで3241億円の引当金を計上し，1949年の上場以来はじめての赤字決算になった。副作用でぼうこうがんになったという最初の訴えがあったのは2011年である。訴訟の原告は9000人をこえる。陪審評決や判決が出ている9件のうち，5件は武田に有利な内容になっている。

　2014年にはルイジアナ州の連邦地裁の陪審が60億ドル（1ドル120円では7200億円）の懲罰的賠償金の支払い義務があると認定した。これは，米国での訴訟リスクの怖さを強く印象付けた。訴訟がつづくと，関連費用が年間数百億円になる。最大市場の北米での企業イメージの低下はさけられない。大規模訴訟の収束をめざす時期として，現在が最適と判断されたわけである。

　上記の3つの事例は，米国でビジネスを行なうときのリスクを例示している。それは，米国のカントリー・リスクとみることもできる。

　カントリー・リスクとは，ある国への投資にともなって発生するリスクであり，政治リスク，経済的リスク，そして人命リスクの3種類がある。政治リスクは，受入国政府による投資企業の資産の没

収や収用，戦争・革命・内乱等によって発生する損害等である。経済的リスクには，本国への利益送金の禁止，輸出の強要，生産コストの急上昇などがある。第3番目の人命リスクは，派遣社員やその家族の誘拐，殺害，また盗難などである（中橋・柴田編，2001，56ページ）。

この定義からもわかるように，カントリー・リスクは先進国の問題というよりも後進国に多い問題と考えられている。しかし，さきにみた3つのケースは，先進国の米国で発生したものである。さきのカントリー・リスクの定義でいう第2番目の経済的リスクに相当するものといえよう。

カントリー・リスクの観点から米国をみると，つぎの特徴をあげることができる。

ひとつは，訴訟大国である。国民は紛争など問題の解決のために安易に（日本人の感覚からすると）訴訟する。弁護士が多く，訴訟のための制度が発達している。裁判では，陪審員制度がある。世論の影響が強いことも付け加えることができる。虚偽の発言，問題点などの隠蔽，差別的な言動などは，きびしく扱われる。懲罰的な判決になる可能性もある。

メディアも発達している。

さらに，ITが発展し，SNSが普及している。情報は，文字通り，瞬時にかけめぐり，多くのひとに共有されてしまう。不都合な情報でも，隠せない。

とりあげた3つの事例が示すように，リコールや訴訟などが生じると，リコールや訴訟の直接的な費用に加えて，ブランド毀損やイメージダウンが起こり，損害の金額は相当に大きな額になり，経営の母体をゆるがすことにもなりかねない。

2 欧　　州

地域経済統合への対策 ｜欧州での現地生産には2つの理由がある。
ひとつの理由は，北米での現地生産と同じ
であり，相手国の保護主義・輸入規制への対応である。この理由に
かんしては，欧州での現地生産も仕方なしの現地生産として特徴づ
けることができる。

　欧州での現地生産には，北米にはなかったもうひとつの理由があ
る。それは地域経済統合への対応である。

　地域経済統合とは，複数の国が地域的なグループを形成して関税
その他の政策について共通の行動をとることである。この地域経済
統合が行なわれると，外国企業はしばしば現地生産をはじめる。地
域経済統合は，外国企業の現地生産を誘発するといえる。地域経済
統合によって，つぎの2つのことが生じるからである。

　ひとつは，巨大な市場の誕生である。これは，国別市場から地域
市場への変化と表現できる。一国ごとの市場であったのが，地域経
済統合によって，いくつかの国をまとめて地域として市場ができる。
地域経済統合ができるまえは，ドイツ市場，フランス市場，英国市
場などはそれぞれ別の市場だった。地域経済統合によって，これら
の国別の市場がひとつの地域市場になる。このように，地域経済統
合によって，大きな市場が生まれる。これは，企業にとってチャン
スである。企業は大きな市場をめざして進出し，現地生産をはじめ
る。

　地域経済統合の第2番目の変化は，市場のブロック化である。市
場の内部では自由化がすすみ，ヒト，モノ，カネ，情報などの流れ

が自由になっていく。しかし，その反面，市場外部には排他的な性格が出てくる。地域経済統合がすすんだために，地域外の国への関税を引き上げるというような排他性は，ふつうはない。地域の内部では関税が引き下げられ，場合によっては関税がなくなる。ところが，地域外の国への関税は以前と同じ水準に据え置かれる。このときには，相対的な意味で，地域の外部の国の企業は，地域経済統合で排他的なあつかいを受けることになる。

さて，欧州における地域経済統合の進展に対応して，米国企業が欧州に進出した。1958年に EEC が誕生するが，その少しまえから多くの米国企業が欧州に進出した。EEC の誕生は米国企業にとってつぎのような意味をもっていたからである。ひとつは巨大な市場の誕生であり，もうひとつは市場のブロック化である。この2つは，ともに米国企業の欧州進出を誘発した。じっとしていると，米国企業は巨大な市場のチャンスを逸してしまう。また，市場がブロック化して排他的なあつかいを受けるかもしれないとの懸念をもった。

『アメリカの挑戦』『襲われたヨーロッパ』『ドイツ投げ売り』などの書物がベストセラーになり，ビジネスジャーナリズムを賑わせた。ひとつの理由は，米国企業の進出の場合，既存の欧州企業を買収する方法が多かったからである。

では，日本企業はどうか。マーストリヒト条約が1991年に合意され，そして2年後の1993年に EU ができることが明らかになる。このときに日本企業は欧州への進出を本格化した。1990年頃のことである。したがって，米国企業の欧州進出から30年ほどタイムラグがある。日本企業が欧州に出て行く理由は，米国企業の欧州進出と共通している。EU ができると巨大な市場が生まれる。これは，ビジネスチャンスである。EU の誕生によって欧州市場がブロック化され，日本企業は排除されるのではないか。こういう不安ないし懸念

が生まれた。このようなチャンスと不安の両方にもとづいて，日本企業は欧州への進出を本格化させたのである。

```
┌─────────────┐
│   E   U     │    これまで地域経済統合という一般名詞で説
└─────────────┘    明してきたが，欧州の場合には，地域経済
```

統合は現在の EU（European Union，欧州連合）のことである。そのEU は1952年の欧州石炭鉄鋼共同体からはじまっている。つぎに，EU の歴史をみることにしよう。

➤EU の歴史

1952年　ECSC（欧州石炭鉄鋼共同体）

1958年　EEC（欧州経済共同体），EURATOM（欧州原子力共同体）

1967年　EEC と ECSC と EURATOM が統合して EC（欧州共同体）

1993年　EU（欧州連合）

欧州では二度の大戦のあと，平和でゆたかな社会を発展させなければならないとの願いのもとで，1952年に ECSC（欧州石炭鉄鋼共同体）が誕生する。1957年にはローマ条約ができ，翌1958年に EEC（欧州経済共同体）ができる。この EEC にはイタリア，フランス，西ドイツ（当時），オランダ，ベルギー，ルクセンブルクの6カ国が加盟した。なお，同じ1958年に EURATOM（欧州原子力共同体）もできている。1967年に，EEC，ECSC，EURATOM の3つが統合して EC（欧州共同体）が誕生する。そして，1991年にローマ条約を改定してマーストリヒト条約が制定され，そしてそのマーストリヒト条約のもとで1993年に EU（欧州連合）が生まれ，現在に至っている。

以上でみた EU の歴史は，加盟国の増大の歴史である。EU の加盟国はつぎにみるように増大してきた。

➤EU の加盟国

> 1958年　(EEC) イタリア，フランス，西ドイツ（当時），オ
> 　　　　　ランダ，ベルギー，ルクセンブルク（6カ国）
>
> 1973年　(EC) イギリス，アイルランド，デンマーク（9カ
> 　　　　　国）
>
> 1981年　(EC) ギリシャ（10カ国）
>
> 1986年　(EC) スペイン，ポルトガル（12カ国）
>
> 1995年　(EU) スウェーデン，フィンランド，オーストリア
> 　　　　　（15カ国）
>
> 2004年　(EU) エストニア，キプロス，スロバキア，スロベ
> 　　　　　ニア，チェコ，ハンガリー，ポーランド，マルタ，
> 　　　　　ラトビア，リトアニア（25カ国）
>
> 2007年　(EU) ブルガリア，ルーマニア（27カ国）
>
> 2013年　(EU) クロアチア（28カ国）
>
> 加盟候補国　マケドニア，セルビア，モンテネグロ，トルコ，
> 　　　　　アルバニア，アイスランド
>
> （参考：西ヨーロッパのおもな非加盟国はノルウェー，スイス，ア
> イスランド）

　さて，日本と EU の経済関係を貿易と直接投資についてみると，
つぎのようになる。

　まず，日本と EU の貿易関係であるが，日本の EU むけの輸出は，
722億ドルで，輸出全体に占める比率は10.0%である。たいして，
日本の EU からの輸入は，790億ドルで，輸入全体の9.4%を占める
（2013年。『ジェトロ世界貿易投資報告』2014年版，表9，113ページ）。

　日本と EU の貿易を品目別にみてみよう。日本の EU からの輸入
品と，EU への輸出品の主要なものについて，構成比率（左の数値
が輸入，右の数値が輸出）をみると，つぎのようになっている（2013

年。『ジェトロ世界貿易投資報告』2014年版，326ページ）。

    機械・輸送機器類　36.6%　65.7%

    化学工業製品　24.9%　10.5%

    雑製品　16.2%　12.6%

    原料別半製品　7.2%　7.8%

    食料品および動物　5.7%　0.2%

    飲料およびたばこ　2.9%　0.0%

EU からの輸入品でいちばん多く，全体の３分の１をこえる機械・輸送機器類では，乗用車，電気・電子機器，航空機・関連機器が主要なものである。乗用車では，VW，BMW，メルセデス・ベンツが日本の外国車市場のなかで高いシェアを占めている。

つぎは，日本の EU への直接投資である。

日本の EU むけ直接投資は，310億ドルで，直接投資の全体に占める比率は23.0%である（2013年）。米国むけの直接投資が最大であり，32.4%を占める。アジアの比率は30.0%である。その内訳は，中国（6.7%），ASEAN（17.5%），インド（1.6%）である。なお，この年には，中国への直接投資の減少と ASEAN への直接投資の増加が目立った。日本の EU むけ直接投資で最大のものは英国むけであり，第２位はオランダむけである。

EU むけの直接投資を分野別にみると，情報通信サービス，輸送機器，建設，食品・飲料，金融などが主なものである。投資企業を例示すると，電通，日立製作所，サントリー食品，オリックス，NTT グループ，LIXIL などがある（『ジェトロ世界貿易投資報告』2014年版，26 - 31ページ）。

世界に占める EU の位置をみることにしよう（藤井，2010，15ページ）。

国内総生産（GDP）では，2008年で，EU30％，米国24％，日本

8％，その他38％であり，世界で最大の経済規模になっている。貿易では，EU37％，米国11％，日本5％，その他47％であり，EUが米国と日本を大きくうわまわっている。なお，人口は，EU7％，米国5％，日本2％である。人口では，EU，米国，日本など先進国の比率は小さい。中国，インド，ブラジル，ロシアなど新興国の比率が大きい。

日本で話題になっている国際会計基準（IFRS）は，EU生まれである（藤井，2010，198-199ページ）。EUが2005年にEU域内の上場企業にIFRS適用を義務付けたことがきっかけで，世界的な会計統合化がはじまった。それまで，米国の連邦財務会計基準審議会（FASB）の基準と，IFRSを定める国際会計基準審議会（IASB：英国ロンドン）の基準が並立していた。日本も独自の基準を採用していた。EUでIFRSが導入されてから，すでに世界でIFRS導入国は100をこえている。日本でも，2010年3月期からIFRSの早期適用が可能になり，2015年には上場企業への強制適用が視野にはいってきている。IFRSでは，「純利益」のかわりに「包括利益」になるなど，日本の会計基準とちがう点がある。EUをふくめてグローバルに経営を行なう多国籍企業の場合，IFRSの採用はさけて通るわけにいかないようである[1]。

以上，欧州について地域経済統合をみた。地域経済統合は何も欧州だけにかぎったものではない。北米にもみられる。北米の地域経済統合は，NAFTA である。

NAFTA とは，North American Free Trade Agreement の略語であり，日本語では北米自由貿易協定という。米国，カナダ，メキシコが加盟している。2012年で，人口4億7300万人，GDP19兆2500億ドルと，世界最大規模の自由貿易地域である（『世界国勢図会』2014/15，114ページ）。歴史をみると，1989年に米国とカナダが

自由貿易協定（米加自由貿易協定）をむすぶ。ここにメキシコが1994年に加盟して，そしてNAFTAができる。

　アジアでも地域経済統合が進行しはじめている。AFTA（アフタ）（ASEAN Free Trade Area），アセアン自由貿易地域である。1993年に発足している。このAFTAのめざすところは，域内関税の引き下げ，それから数量制限や非関税障壁の撤廃などである。このAFTAができてから10年が経った2003年から，先行6カ国，すなわち，フィリピン，シンガポール，タイ，マレーシア，ブルネイ，インドネシアの6カ国は，域内関税を5％以下に引き下げている。制度的な地域経済統合は，欧米，とくに欧州にくらべてアジアではあまり進展していない。しかし，事実上の地域経済統合はアジアではかなり進展している。すなわち，アジアは，貿易や投資など経済活動の点で，ひとつの地理的な単位になり，相互に貿易し，また，直接投資を行なうことがふえている。

> **ギリシャ問題の見方**

ギリシャ問題が再燃している。ここで，ギリシャ問題をどのように考えるかについて，視点を提供してみたい。

　ギリシャ問題については，欧州の南北で正反対の立場があるという。ドイツおよびそれ以北の国の人は，借りた金は返すべきだという。他方，ギリシャ人および一部の南欧の国の人は，返せないほどの金を貸すほうが悪いという。第3の立場は，フランス人および一部南欧の人の見方である。ドイツ人のいうことは正しいが，ギリシャ人の不満もわかる。なお，これら3つの立場には，それぞれ経済理論の裏づけがあるという。

　総合的に考えると，解決策は，欧州諸国保有分の債務をある程度減免しつつ，最低限必要な政策条件の遂行を確約するなど，ギリシャ人とドイツ人の主張の中間で折り合い，両者の得るものを最大と

することである。

　なお，ここにみたのは植田健一の見方であるが，同氏は昨年夏まで国際通貨基金（IMF）に14年ほど在籍していた（植田，2015）。

　つぎは，ギリシャ問題は先進諸国共通の状況だとする論である。

　福祉予算の削減は政治的にむずかしいため，財政赤字の拡大を借り入れで賄い，問題を先送りするが，どこかで限界がくる。ギリシャに注目があつまるが，南欧諸国だけでなく，日本もふくめて，主要先進国のほとんどが同じ状況である（中前，2015）。

　ちなみに，日本でも，歳出削減はほとんどすすまず，さまざまな省庁や各種の利害集団の要求に押されて予算増額が推進されている。

　ここで，ギリシャ問題を考えるときに役立つ2つの思考法について，のべたい。

　第1は，べき論と予測論（吉原，2011，283ページ）である。経営者は，予測論にもとづいて経営するのが正解であり，べき論にもとづく経営はさけるほうがよい。

　この論を適用すると，ギリシャ問題については，経営者はギリシャ問題はどのように展開していくか，解決されるか，ギリシャはEUを離脱するか，離脱の場合どのような影響あるいは波紋が生じるか，などを予測して，その予測にもとづいて自社の戦略を立てて経営するのが正解である。ドイツの立場のほうが正しい，ギリシャの主張のほうが正当である，ギリシャのEU離脱は阻止しなければならない，などのべき論にもとづいて経営することは，さけることである。べき論は政治家，学者，評論家，ジャーナリストなどに任せて，経営者は予測論に立脚して経営するのが本来である。

　第2に，ギリシャ問題の場合も，Know-who論（吉原，2014，195ページ）を適用できる。わたくしはギリシャ問題の研究者ではない。書物，新聞，雑誌などにもとづいて考えており，このテーマについ

ては素人といってもよい。おそらく，本書の読者のうちでギリシャ問題やEUについての専門家は少数と思われる。経営者の多くも似たり寄ったりだろう。ギリシャ問題，そしてそれに関連してEUの今後の動向は，日本企業の国際経営にさまざまな影響をおよぼすだろう。わたくしたちがギリシャ問題やEUの今後の動向について考えるとき，このテーマの専門家や目利きと思われる人をみつけて，その人たちの考え，意見，思考方法などを参考にして，そのうえで自分で考えるのが賢明である。平たくいうと，「自分のない知恵を絞るよりも，他人の豊富な知恵を借用する」のである。さきにあげた植田健一，それに加えて竹森俊平（竹森，2012）は，Know-whoのwhoの一例である。

注

1) IFRSの読み方には，アイファス，イファース，アイ・エフ・アール・エスなどいろいろある。このなかではイファースの読み方がふえているようである。

第8章　アジアのなかの日本企業

1　アジアとは

　2004年に中国で開催されたサッカーのアジアカップに出場していた国に，当然，開催国の中国があった。日本も参加していた。なお，この両国が決勝で顔を合わせ，日本が優勝した。韓国，タイ，インドネシアなどが参加していた。これらの国に加えて，イラン，イラク，オマーン，ヨルダン，バーレーン，カタール，クウェート，UAE（アラブ首長国連邦），サウジアラビアが出場していた。また，ウズベキスタン，トルクメニスタンも参加していた。国際経営を研究しているわたくしにとっては，中近東の国がサッカーのアジアカップに出場しているのは意外だった。中近東はアジアにふくまれるのだろうか。わたくしは，あらためてアジアについて勉強した。

　地理的な概念のアジアは，ユーラシア大陸の東の部分，およびそれに付属する日本列島などの島々などである。ウラル山脈，ウラル

川，カスピ海，大カフカス山脈，黒海，それからボスポラス海峡，ダーダネルス海峡によってユーラシア大陸はヨーロッパとアジアに区分される（『世界大百科事典』平凡社）。

地域研究では，アジアは東アジア，東南アジア，南アジアの3つにわけられる。東アジアは日本，韓国，北朝鮮，モンゴル，中国，香港，台湾の7つの国・地域からなる。東南アジアはベトナム，ラオス，カンボジア，タイ，ミャンマー，フィリピン，マレーシア，ブルネイ，シンガポール，インドネシア，東ティモールの11カ国である。南アジアの国は，バングラデシュ，ブータン，ネパール，インド，パキスタン，スリランカ，モルディブの7カ国である（岩崎，2009，17ページ）。

国際経営でいうアジアは，もうすこし限定された地域をさすのがふつうである。タイ（タイをふくめて）から東，北は中国まで，の地域である。このアジアは，3つの国・地域からなる。東南アジア，東北アジア，それから中国である。なお，ここでいう東北アジアは北東アジアということもある。そのなかには日本，韓国，北朝鮮，中国，台湾，モンゴルなどがふくまれる。しかし，本書では，中国を東北アジアのなかの国としてあつかわずに，中国を別個にあつかう。また，日本は東北アジアにふくまれるが，本書では東北アジアの国としてはとりあげない。それから香港は1997年に中国に返還され，中国の特別行政区になったが，本書では香港をひとつの経済地域として別個にあつかう。

いまみた東南アジア，東北アジア，それから中国の3つの国・地域は，もうひとつの言い方をすると，NIEs，ASEAN，中国の3つである。NIEsとは，Newly Industrializing Economies の略語であり，新興工業国・地域という。アジアでは韓国，台湾，香港，シンガポールの4つの国・地域をさす。もうひとつはASEAN（Association of Southeast Asian Nations, 東南アジア諸国連合）である。1967年にできたときの加盟国はインドネシア，マレーシア，フィリピン，シンガポール，タイの5カ国だった。1984年にブルネイ，1995年にベトナム，1997年にラオス，ミャンマー，そして1999年にカンボジアが加盟した。現在の加盟国は10カ国である。

なお，国際経営の最近の議論においては，以上の3つの国・地域にインドを加えることがふえている。本書でも，インドをアジアの重要な国のひとつとしてあつかう。

以上，本書では，アジアというとき，それは東南アジア，東北アジア，中国，それにインドを意味するものとしたい。

2 中　国

中国について

日本企業の国際経営の研究において，また，国際経営の実務においても，米国と中国の2国についてよく知る必要があるが，米国については，われわれはある程度の知識をもち，また情報も多い。他方，中国については，知識も浅く，情報も多くない。中国について，われわれはできるだけ正確に理解するように努力する必要がある。

まず，中国の基礎情報と年表をみることにしよう。

➤基礎情報

　　国名：中華人民共和国

　　面積：960万平方キロメートル（日本の約25倍）

　　人口：13億6072万人（2013年）

　　GDP：8兆3584億ドル（2012年，世界第2位）

　　一人当たり GDP：6747ドル（2013年）

通貨：人民元

為替レート：1元18.6円（2015年8月26日現在）

➤年表

　　1840〜42年　アヘン戦争

　　1894〜95年　日清戦争

　　1931年　満州事変

　　1949年　中華人民共和国成立

　　1965〜77年　文化大革命

　　1972年　日中国交正常化

　　1976年　毛沢東死去

　　1978年　改革開放路線

　　1989年　天安門事件

　　1992年　鄧小平の南巡講話

　　1997年　香港，中国に返還

　　2001年　世界貿易機関（WTO）加盟

　　2008年　北京オリンピック

　中国の特徴として，まず，長期間にわたる経済の高度成長をあげなければならない。改革開放の直前の1978年から30年間の変化は，つぎのように要約できよう（苑，2010，67ページ，表3-1より抜粋）。

➤30年間（1978年から2007年まで）の変化

　　国内総生産（GDP）（億元）　　　3645→24兆9530（69倍）

　　一人当たりGDP（元）　　381→1万8934（50倍）

　　外貨準備高（億米ドル）　　1.7→1兆5282（8989倍）

　　人口（億人）　　9.6→13.2（1.4倍）

　　総輸出（億元）　　168→9兆3456（556倍）

　　総輸入（億元）　　187→7兆3285（392倍）

　　粗鋼生産（万トン）　　3178→4億8929（15倍）

セメント生産（万トン）　　6524→13億6117（21倍）

自動車生産（万台）　　15→889（59倍）

ビール生産（万キロリットル）　　40→3954（99倍）

発電量（億キロワット時）　　2566→３兆2816（13倍）

　　（注：左の数字は1978年のもの，右の数字は2007年のもの，かっこ

　　内の数字は30年間の変化〔倍率〕）

　中国はこの約30年間に，世界の工場，市場，そして研究開発拠点というように，世界のなかでの位置づけを変化させてきている。

　中国が世界経済に登場するのは，1978年末に発表された改革開放政策からである。まず当初は，賃金が低い若年の労働者が豊富であるということを強みにして，工場が多くできて，中国は世界の工場といわれた。つぎに，経済の高度成長がつづき，所得が上昇するにつれて，中国市場の規模と成長性が注目されるようになる。世界の市場としての中国である。さらに，中国での生産が増大するにつれて，中国での開発がふえる。中国人の技術者や研究者が，賃金が低く，それでいて優秀であるという点がこのうごきを後押しする。すでにみたが，日本企業の海外研究開発の拠点が米国についで多く設立されているのである。

　ところで，この中国の経済成長ならびに中身の変化には，後発国に共通する特徴をみることができる。英国に追いつき追い越したドイツ，欧州に追いつき追い越した米国，欧米に追いつこうとした日本，そして韓国と，後発国は先進国を目標に速いスピードで経済を成長させ発展させてきた。中国にも同様の後発国の追い上げのうごきをみることができる。2010年には，国内総生産（GDP）で中国が日本をぬいて世界第２位になる。世界同時不況のなかで，日米欧の先進国は低成長と不況に苦戦しているが，中国は高い経済成長をつづけていた。

では，中国の経済の将来はバラ色だろうか。

本書第3版でわたくしはつぎのようにのべた（吉原，2011，204‐205ページ）。

中国の人口は2025年頃にピークになるとの予想がある（小峰ほか編，2007，145ページ）。いまから15年後である。人口は経済成長のための重要な要因であり，その人口が15年後には減少に転じるのである。

人口のピークが2025年として，それまでの15年間はこれまでと同様の高度成長がつづくとしよう。仮に，8％の成長率が15年間つづくと，2025年に現在の何倍の規模になっているか。国内総生産（GDP）は約3.2倍である。

日本経済がこれからの15年間ゼロ成長（この仮定は保守的だと思われる）だとすると，中国の経済規模は現在（2010年）の日本とほぼ同じであるから，2025年には日本の約3.2倍になる。中国の人口は日本の人口の約10倍であるから，中国の一人当たりGDPは日本の約3分の1である。ちなみに，内閣府は2030年の中国のGDPを，日本の4倍，世界第1位と予測している（『日本経済新聞』2010年5月29日）。

人口が減少に転じる2025年以後は，それまでのような高成長をつづけることは難しいと予想できる。3〜5％程度の成長率になるのではないか。

日本の約3分の1の豊かさのレベルの経済水準で，安定成長ないし低成長の経済になり，少子高齢化社会の諸問題に対処しなければならない。雇用，教育，医療，健康保険，環境問題への対策にも力をいれなければならない。かなり憂鬱な将来像であり，バラ色というわけにはいかない。

第3版でうえの文章を書いてから5年がすぎた。経済成長率が

７％近くに減速している2015年現在では，中国の憂鬱な将来像はいっそう現実味を帯びてきたといえよう。なお，コロナショック直前の2019年には６％近くに減速している。

つづいて，中国の知られざる面についてのべることにしたい。

わたくしは2010年３月，中国の広東省の広州市を調査で旅行した。訪問した中国企業のひとに夕食をごちそうになった。「飲み物は何にされますか」とたずねられたので，「中国料理ですから紹興酒がよいですね」と答えたところ，相手の中国人はみんな困った顔をした。同行の中国人留学生（案内役兼通訳）はわたくしに「中国では紹興酒は飲みません。ここにありません」といった。中国人は紹興酒を飲むものと思っていたわたくしは，おどろいた。自分の不明がはずかしかった。ちなみに，最近の中国人はビールとワインをよく飲むとのことである。日本に帰ってから，中国人にたずねてわかったことは，中国では紹興酒を飲まないというのは，正確ではない。上海など地域によっては，よく飲まれるとのことである。なお，紹興酒は，中国では黄酒といわれることがある。

最近は中国についての情報がふえており，日本人も中国のことをかなりよく知るようになってきている。しかし，この紹興酒の例のように，誤った，ないしは不正確な知識やイメージをもっていることも，まだ多いのではないだろうか。

ここで，中国についての見方・先入観の訂正の必要性をあげてみたい。

まず，中央集権的計画経済は約30年間（1949〜78年）だけだったことを理解しなければならない。毛沢東が中国の建国を宣言した1949年から，改革開放の政策が決定した1978年12月までの30年間である。悠久の3000年の歴史のなかのたった30年なのである。中国は歴史的に商人の国，営利の国だった。現在は，その歴史的伝統にも

どったにすぎないということもできるのである。

つぎに，中国は2010年に日本をぬいて世界第2位の経済大国になったが，このことにかんしても，中国はもともと経済大国だったという歴史的事実を知る必要がある。

ボブ・ローソンは「中国とインドの再台頭」と題する論文の書き出しでいう。「1000年前，中国と現在のインドの地域は世界で最も豊かで人口の多い地域であった」（ローソン，2010，37ページ）。

1820年の世界のGDPの国別シェアで，中国が30％強，英国が5％，日本が3％という数字がある。世界のGDPシェアで中国にかわって米国が第1位になるのは1900年頃である。以後，中国のシェアは低下の一途をたどり，1947年頃には5％を下回る（宮崎，2008，52-53ページ）。

アヘン戦争（1840～42年）が起こり，戦争に負けた中国は，以後，イギリスをはじめとする西洋列強，それに日本の侵略をうけ，世界の先進大国の地位から脱落する。アヘン戦争から中華人民共和国が誕生する1949年までの約100年間は，中国の屈辱の100年間である。こんにちの中国の成長発展は，ゆたかな先進大国への復帰をめざすうごきとみることもできる（大沼，2009）。

つづいて，中国の知られざる事実として，電動車大国をあげることにしたい。

地方の都市や農村を中心に，電動二輪車（自転車とオートバイ）の普及が急速に拡大しており，平均4世帯に1台，台数は1億台をこえているという。農村で普及している農用車2000万台の8割はディーゼルエンジン三輪車である。環境汚染の原因になるので，しだいに排除されつつあり，電動三輪車が新たに生まれている。地方を中心に，低速電動車が普及しはじめている（李，2010）。

政府は，低速電動車の一般道路への乗り入れを抑制するが，完全

には禁止せず，黙認しているようである。わたくしも，2010年3月の調査旅行中に，広州市および近郊で無認可の電動車を多くみた。それらは，排気マフラーがなく（ガソリン車でない），ナンバープレートがない（無認可）。二輪車がほとんどであり，三輪車はごく少数で，四輪車はみなかった。広州市の中山大学には，電動二輪車が多く駐車していた。駐車場には，充電用の設備が設置されていた。

中国企業

中国企業のなかで国際的に知られるものがふえている。つぎのような企業がある。

テレビ，冷蔵庫，洗濯機，掃除機など家電製品の多くで中国が世界最大の生産国になっている。ハイアールは，中国の代表的な家電企業であり，冷蔵庫と洗濯機の生産台数では世界トップである（吉原・欧陽，2006）。

エアコンの中国でのトップ企業は，珠海格力電器（以下，格力）である。同社は，ダイキン工業と提携してから，日本での知名度があがっている。なお，同社の社長，董明珠の自叙伝といえる『市場烈々』（董，2003）は日本語に翻訳されている。なお，同社については，のちほど新興国企業のところでとりあげる（第9章，204ページ）。

中国は世界最大の自動車市場になったが，中国の自動車企業は世界的な企業というわけにはいかない。中国の自動車企業で世界の注目をあつめているのが，比亜迪（BYD）である[1]。同社についても，のちほどとりあげる（第9章，205ページ）。

鉄鋼の分野にも世界的な中国企業がある。宝鋼集団である。同社は，2009年の粗鋼生産量の世界ランキングの3位である。

IT，ソフトウェアの分野にも，注目の中国企業が多く生まれている。

ファーウェイ（華為）の製品（通信機器など）は，企業むけのものであるために知名度は高くないが，当該の分野では世界的な企業と

して着実に存在感をましている。中国を代表するハイテク企業である。同社は，人民解放軍の元将校たちが1988年に，わずか4000ドルの資本金で輸入業者としてはじめた。2008年の売上は233億ドル（1ドル100円とすると2兆3300億円）をこえている。通信機器では，1位のエリクソン，2位のノキア・シーメンスを追い越す勢いの企業とみられている。

　通信機器では，ZTE（中興）も注目されている。

　インターネット・サービスとソフトウェアの企業としては，テンセントがある。同社は，ビジネスウィーク誌の2010年度の世界ハイテク企業ベスト100社（The Tech 100）の第3位の企業である。ちなみに第1位はBYDである（*Bloomberg Businessweek*, May 24 - May 30, 2010, p. 66）。同社のインスタントメッセージのサービスは中国でひろく普及しており，初対面の人はまずお互いのQQのアドレスを交換するといわれている。

　百度（BAIDU）も，検索エンジンの企業として注目の企業である。

　小米（シャオミ）は，世界最大のスマートフォン（通称スマホ）市場である中国において，アップルとサムスンをぬいて，台数シェアでトップになった。同社は，創業から5年で世界的なスマホメーカーに成長したのである。アップルの高級機種，サムスンの幅広い品揃えにたいして，シャオミは廉価品メーカーである。同社は，米国，欧州，日本など海外市場にも進出しはじめている（『日本経済新聞』2015年5月22日）。

　2014年9月にニューヨーク証券取引所に上場して，時価総額25兆円の初値をつけて話題になったアリババは，電子商取引（e‐コマース）の世界的企業である。馬雲（ジャック・マー）が17人の創業メンバーと，中国初の電子商取引サイトを開設したのは，1998年である。20年たらずで，世界的企業に発展したのである。同社は，2014年

7‐9月期の売上は168億2900万元（約3000億円）であり，年間にすると約1兆2000億円である（張編，2014）。

最近になって，日本に進出する中国企業の事例がふえている。

さきにあげたハイアールは日本に販売拠点を設立して日本への輸出を行なっている。2002年，三洋電機との合弁で日本市場に参入する。売上がのびず，2007年に三洋電機との合弁を解消し，その後は販売子会社によって日本市場の開拓につとめているが，これまでは所期の成果をあげていない。

ところで，ハイアールは，中国企業としてはブランドを重視する戦略をとり，ハイアールというブランドは世界ですこしずつ知られるようになっている。日本では，東京の銀座四丁目の交差点に広告塔をもっている。銀座四丁目の交差点は，日本の一等地といってよいだろう。ニューヨークのタイムズスクエア，ロンドンのピカデリーサーカスに相当する。その広告塔に，ある時期までは洗濯機の写真が表示されていたが，いまは Haier という英語の文字しかない。何の広告かわかるひとはいるだろうか。日本では，ハイアールのブランドの知名度は低い。

さて，2010年，山東如意集団がレナウンに資本参加し，レナウンを実質的に傘下においた。ブランド獲得が目的とされている。レナウンはその後経営破綻した。また，さきにみた BYD が自動車用の金型の有力企業であるオギハラの館林工場を買収した。これも，技術やノウハウの獲得が目的といわれている。

このように最近になって，中国企業の日本進出の事例がふえている。ひとつの特徴は，日本企業のすぐれた技術やノウハウ，あるいはブランドなどの経営資源の獲得を目的にしていることである。日本にかぎらず欧米をふくめて先進国への企業進出の場合，経営資源の獲得を目的にしているものが中心である（黄，2009）。自社の経営

資源を海外に移転するタイプのものは、中国企業が相対的な技術優位にある新興国や東南アジアなどにみられる。

　以上でみたような中国企業には、若い経営者、圧縮成長、世界一をめざす、リスクに挑戦、成果主義の人事管理などの特徴がある。これらのくわしいことは、韓国、台湾、インドなどの企業といっしょにみることにしたい（第9章）。

中国リスク

中国は30年ほど高度成長をつづけているが、バブルの懸念があるとされる不動産投資、株式ブーム、銀行の巨額の不良債権、労働争議の多発、賃金の急上昇、大学新卒者の低い就職率など、多くの問題が目立つようになっている。

　中国リスクとして、よくつぎの4つがあげられる。

　ひとつは経済格差である。沿岸部と内陸部の格差、また沿岸部における金持ちと貧乏人との格差、これが非常に大きいことである。中国は世界で格差がいちばん大きい国のひとつである。

　つぎは、腐敗、汚職等である。共産党一党独裁で、許認可をはじめ多くの権限を独占する党や政府（中央・地方）の幹部や官吏・役人などが、大きな利得をえているといわれている。社会主義市場経済の進展は、官製資本主義への変化であると批判する論がある。それによると、改革と経済成長の成果のほとんどを政府・党の「官」が享受し、他方、改革のコストの多くは国有企業を解雇された労働者や農民などが負担する。その結果、官僚腐敗と所得の二極分化がすすむ（呉、2010、15ページ）。

　3つ目は、社会主義市場経済である。社会主義というのは政治であり、共産党一党独裁の政治である。市場経済とは、自由な、激しい競争の行なわれている経済である。この2つは、本来は両立しないはずのものである。いまのところは社会主義市場経済として成り

立っている。しかし，やがて経済がもっと発展したら，政治が退くことになるのではないか。あるいは，政治を維持するために，経済の発展にブレーキをかけるのだろうか。このいずれにしても，困難な問題が起こるのではないか。このような予測というか，考え方がよく指摘されている。

最後は歴史である。中国の歴史には分裂がすくなくない。

ただし，腐敗，分裂，列強の侵略に苦しんだことなどを教訓にして，同じことを二度と繰り返してはならないと，中国政府その他有識者は考え，そしてそのための努力をしている。したがって，中国リスクはいわれているほど大きくないとの考え方もある。

ここで，日本企業は，中国リスクに比較的うまく対応してきていることを指摘したい。日本企業はその投資を中国に過度に集中しているわけではないのである。日本企業のアジアむけ投資を東北アジア，東南アジア，中国にわけてみると，つぎのようになる（『ジェトロ貿易投資白書』2009年版，394ページ）。

▶ 東北アジア（韓国・台湾・香港）：327億ドル

▶ 東南アジア（ASEAN10）：677億ドル

▶ 中国：490億ドル

（注：2008年末の直接投資残高）

3つの国・地域の比率をみると，東北アジア22％，東南アジア45％，中国33％，である。日本企業は3つの国・地域にかなりバランスよく投資をしてきていることがわかる。

中国にかんして，最後に，最近の日中両国間の緊張・対立についてふれてみたい。

第3版のこの章を執筆しているとき（2010年10月1日），尖閣諸島問題が起きた。日中の対立・緊張がかなり高まり，両国の国民の感情も悪化した。ここで，似たような問題はこれまでにもあったこと

を思い出す必要がある。サッカーのアジアカップ（2004年）のときも，中国の対日感情はかなり悪化した。わたくしがタイのバンコクで現地調査をした1974年には，東南アジアで日本企業批判がはげしかった。米国企業は，中南米で似たようなことを経験している。欧州において，ドイツとフランスのあいだで，あるいは英国とEUのあいだで，政府レベルでの対立と緊張の関係，そして国民レベルの感情的対立の関係が，かなり長期にわたってあったし，現在でも完全になくなったわけではない。

　これら過去の事例や他国の経験などから，現在の日中間の対立的な関係を，重大視しすぎないようにすることが重要である。国と国のあいだの関係には，協調と対立の2つの要素がつねに存在する。ある程度の緊張関係は常態であると思わなければならない。右往左往しないことが大切である。対立のときには悲観論に陥らないように，また，協調のときには楽観論になりすぎないように気をつけなければならない。

　日中間の関係については，国分良成のつぎの文章を記しておきたい。「中国と日本はお互いに引っ越すことのできない隣国関係にある。である以上，お互いの主張は主張として展開しつつも，基本的には協調的な関係を模索し続けなければならない。……中略……それを支える基本は人のネットワークである。政府首脳たちのリーダーレベルの相互交流，市民・民間企業・地方自治体・NGO・学生などの各レベルにおける草の根交流，それにこれらの中間で両者に影響を及ぼしうるような政治家，官僚，財界人，学者，ジャーナリスト，NGO活動家などで構成される知的対話をできるだけ多く幅広く，そして息長く育てることが重要であろう」（国分，2009，300‒301ページ）。なお，この国分の文章は，尖閣諸島問題が起きる前に書かれている。

わたくしは国際経営論の立場から，日本企業は企業としてなすべきことを黙々と実行することが大切であると主張したい。陰徳の国際経営を実行するのである。

　うえで，東南アジアにおける日本企業の評価の変化についてふれた。わたくしがはじめて東南アジア（タイ）で調査したのは1974年だった。そのころは強い日本企業批判がタイほか多くの国でみられた。ところが，10年ほど経ってタイ，マレーシア，インドネシアなどに調査に行くと，日本企業の評価は様変わりしており，日本企業歓迎論といってよいほど評価は好転していた。

　では，なぜ，日本企業の評価が変わったか。日本企業が強く批判されていたときにも，じつは日本企業，日本人，日本的経営は批判されていたほどには悪くなかった。その後，日本企業，日本人，日本的経営が大幅に改善され，よくなったかというと，そうではない。大きな変化はなかったと思われる。では，なぜ，日本企業の評価が大きく好転したか。

　日本企業のよさが，日本企業ではたらく現地の従業員，管理者，技術者に理解されるようになったのである。現地の取引先，すなわち，現地の部品や材料のサプライヤー企業，あるいは流通企業などにも，日本企業のよさを理解するところがふえてきた。また，現地の政府（中央政府，地方政府）の役人なども，日本企業のよさを理解するようになる。

　いま，日本企業のよさといっているが，それは具体的にどういうことか。日本企業は現地で雇用をふやす。その雇用は安定している。アジア通貨危機のなかで苦しい状況に直面したが，従業員を解雇することは極力さけようと努力した。そういうことで，日本企業の雇用は安定しているという評価をえた。それから，利益を上げて税金を納める。あたりまえのようであるが，これも現地への貢献である。

輸出をのばし貴重な外貨を獲得する。技術移転を着実にすすめる。さらに、管理者、技術者、専門家、作業者など人材を育ててきた。現地の部品企業を育成するなど、関連産業の発展にも貢献してきた。日本企業と日本人はだまさない、約束を守る、信用できるとの評価をうけるようになった（加護野、1997、180ページ）。

　ここでわたくしが強調したいポイントは、日本企業、日本人がPRをあまりしなかったことである。しかし、10年も経つと、現地の従業員、管理者、技術者あるいは取引先企業、中央・地方の政府、さらにマスコミや学者などオピニオンリーダーのひとたちが、日本企業のよさや貢献を、実績にもとづいて理解するようになる。日本企業は特別にPR活動をしなかった。しかし、日本企業のよさや貢献を理解してもらえるようになり、評価を高めた。こういうことに注目して、わたくしは、陰徳の国際経営という考え方をしている（吉原、2001、295ページ）。

　企業の経営活動について表明することについて、つぎの3つをあげることができる。まず、宣伝がある。宣伝は経営活動について実際以上によくいう。嘘をつくわけではないが、よい点だけをいい、よくないことはいわない。したがって、経営活動やその結果について、実態より良くいうことになる。つぎの陽徳は、わが社はこういう良いことをしていると表明することである。最後の陰徳は、黙々とよいことをすることである。よいことをしていても、そのことをとくには表明しない。東南アジアにおける日本企業は、この陰徳にあたるのではないか。

　この陰徳の国際経営という考え方をすこし説明したい。論語巻第二につぎの表現がある。「徳は孤ならず。必ず隣あり」これは注釈によると、意味はつぎのとおりである。道徳は孤立しない。きっと親しい仲間ができる。国際経営論の立場からは、つぎのようにいう

ことができる。企業としてなすべきことを，まじめに，きちんと，長期につづけてしていると，やがて認めてもらえる。これを信じて経営する。これが陰徳の国際経営である。

　なお，この陰徳の国際経営は，日本の文化や日本人の行動特性に適合しているように思われる。日本文化は，受信型文化といわれる。また，日本人の行動特性に，不言実行というのがある。受信型文化も，不言実行の行動特性も，陰徳の国際経営と適合的であると思われる。

　陰徳の国際経営は，東南アジアで成功したといってよいだろう。わたくしは，陰徳の国際経営は北米，欧州，さらに中国においても成功するのではないかと思っている。

習近平の新常態と反腐敗運動
2012年11月に国家指導者に選出された習近平は，2014年から15年にかけて「新常態」の経済政策を打ち出した。この政策は，経済発展方式の転換を意味している。中国経済は，労働力人口の減少と高齢者の増加，人件費の高騰による国際競争力の低下，資源制約や環境問題の深刻化，鉄鋼産業など伝統的産業の生産設備の過剰，投資効率の低下などの問題に直面している。これらの問題を解決して，新たな発展段階にすすむためには，投資主導経済から消費主導経済への移行，資源の最適配分と人的資本の拡充による生産性の向上，低炭素社会の実現，伝統的産業の再編と新興産業およびサービス産業の育成，市場経済化の促進が必要であるとされる（三浦，2015，2-6ページ）。

　習近平の新常態の経済政策は，鄧小平が1978年12月に打ち出した「改革開放」の経済政策に比肩できるものである。中国経済は，改革開放の政策のもと，天安門事件，アジア通貨危機，リーマン・ショックと，3回の一時的な落ち込みがあったが，30年以上にわたっ

て10％近い高成長をつづけてきた。それが，2007年の14.2％をピークに，いまではほぼ半分程度の7％台（2019年には6％近く）へと成長率を落としているのである。

　数年前まで，中国経済楽観論が盛んだったが，最近は楽観論の勢いは減り，悲観論が出はじめている。たとえば，中国経済の躍進に注目して『中国台頭』（2003年）を出版した津上俊哉は，新著の『中国台頭の終焉』（2013年）で「中国がGDPで米国を抜く日は来ないだろう」とのべている（津上，2013，242ページ）。

　中国経済は日本の経済と企業に大きな影響をおよぼすから，その今後の予測は重要であり，特定の論者に偏ることなく，さまざまな見方，見解，予測などに注目する必要がある。わたくしが注目して参考にしているのは，渡辺利夫，津上俊哉，関志雄，国分良成，加藤弘之，丸川知雄，三浦有史，関辰一（順不同）などである。さきに（165ページ），ギリシャ問題のところでKnow-who論をのべたが，この論は中国経済のテーマにも適用できる。

　中国の新しいうごきとしては，もうひとつ，習近平の反腐敗運動が重要である。これについても，見方がわかれている。この反腐敗運動によって，現在の深刻な腐敗が減り，クリーンな政治，行政，経営の実現に近づくとの見方がある。これは，習近平を支持する側の見方といってよいだろう。また，これが，反腐敗運動についての通説ないし多数意見になっているように思われる。

　他方，習近平に批判的な見方もある。共産党一党独裁のもとでは腐敗はなくならない。法治国家への変革はむずかしい。人治あるいは党治がつづく。習近平の反腐敗運動は，政治運動であり，権力闘争であるという。この見方は多くないようだが，注目に値するように思われる。

　反腐敗運動についても，識者のさまざまな見解をみて，また，日

本人，中国人などの現場情報や新聞・雑誌の現地レポートを読んで，反腐敗運動の実態，それが日本企業の中国ビジネスにおよぼす影響などを自分で考え，予測するように努める必要がある。

3 インド

投資有望国インド

インドは，日本企業の有望事業展開先国・地域のランキングで，中長期的（3年程度）ならびに長期的（10年程度）の両方で，中国，インドネシアなどをぬいて，第1位である。中長期的（3年程度）な観点のランキングでは，第1位になったのは2014年がはじめてだが，2010年から13年まで4年連続でランキングは第2位である（『JBIC 国際調査室報』2014年，54ページ）。

中長期的にインドを有望と考える理由は，つぎのようになっている（同書，21ページ）。

► 現地マーケットの今後の成長性　85.0%

► 安価な労働力　33.6%

► 現地マーケットの現状規模　31.8%

► 組立メーカーへの供給拠点として　20.9%

► 優秀な人材　13.6%

他方，インドの課題としてはつぎのような点があげられている。

► インフラが未整備　51.6%

► 他社との激しい競争　36.7%

► 法制の運用が不透明　35.1%

► 徴税システムが複雑　28.2%

► 労務問題　24.5%

▶治安・社会情勢が不安　24.5％

　日本企業がインドを投資対象の国として重視しはじめたのは，この15年ほどのことである。インドがそれまでの社会主義経済から市場経済へと政策を変えるのは，1991年である。日本企業をはじめとして外国企業がインドに本格的に投資をはじめるのは，これ以後である。

　さて，インドについての知識や情報は，すくなく，不十分であると思われるので，つぎに，基本的なことをみることにしたい。まずは，同国についての基礎情報である（遊佐，2010，72ページ；『ジェトロ世界貿易投資報告』2014年版，220ページ；『世界国勢図会』2014／15，117ページ）。

　　➤基礎情報
　　　　国名：インド共和国
　　　　面積：328万7263平方キロメートル（パキスタン，中国との係
　　　　　　　争地をふくむ）
　　　　人口：12億4334万人（2013年）
　　　　GDP：1兆8752億ドル（2012年）
　　　　一人当たりGDP：1505ドル（2013年）
　　　　通貨：ルピー
　　　　為替レート：1ルピー1.80円（2015年8月26日現在）

　つぎは，インドの歴史である（竹中，2006；『世界大百科事典』平凡社）。

　　▶古代（ヒンドゥー時代）：紀元前のアーリア人の来住から13世紀
　　　　初頭のイスラム教徒の政権（1206年，ムガール帝国）成立まで
　　▶中世（イスラム時代）：13世紀初頭からイギリスのインド支配が
　　　　開始される18世紀半ばまで
　　▶近代（植民地時代）：1877年にイギリス植民地のインド帝国が成

立してから1947年の独立まで

▶現代

　　　1947年　インド，パキスタンと分離独立

　　　1956年　インド型社会主義（第二次５カ年計画）

　　　1991年　経済自由化を宣言（ナラシマ・ラオ政権のマンモハ
　　　　　　　　ン・シン蔵相）

　　　2004年　マンモハン・シン政権成立

　　　2014年　ナレンドラ・モディ政権成立

　韓国は「近くて遠い国」といわれたことがあるが，それにならう
と，インドは「遠くて遠い国」だった。最近まで，日本企業にとっ
て，アジアの国はタイ以東の国であり，インドはアジアの国として
考えられることはすくなかった。そのインドは，さきの年表にみる
ように，長く社会主義の経済をすすめており，外国企業の進出をき
びしく制限していた。「ビーリー（紙巻タバコ）から人工衛星まで」
フルセットの産業基盤を築いていたが，東南アジアや中国にくらべ
て高コストと技術的後進性の劣勢は決定的だった。

　転機は，同国が市場主義に大きく進路を変更したときにはじまっ
た。1991年６月に発足したナラシマ・ラオ政権の新経済政策によっ
て，経済政策を市場主義に転換する。以後，同国は市場主義の経済
政策を継続し，さまざまな規制を撤廃ないし緩和して自由化をすす
めている。そして，着実に経済を成長させて，最近では BRICs（こ
の用語については後述，196ページ）のなかの一国として世界的に評価
を高めるに至っている（二階堂，2010，143 - 144ページ）。

　さきに，インドが日本企業によって投資有望国とみられているこ
とをみた。じつは，インドへの日本企業の進出はすくなく，投資は
長く停滞していた。1991年８月から1999年12月までの国別の海外直
接投資実行額では，日本は第３位だったが，2000年４月から2008年

12月までのデータでは，日本は第6位に後退している。2008年の対印直接投資実行額のシェアは，モーリシャス経由の投資が49.6％で第1位を占め，そのあとにシンガポール13.1％，NRI（Non-Resident Indian，在外インド人）6.8％，米国6.3％，英国5.8％などがつづく。日本のシェアは1.4％にすぎず，第10番目（NRIをのぞくと9番目）の投資国である。『海外進出企業総覧』（東洋経済新報社）によると，インドに進出している日本企業は，2000年版の165社から2008年版の261社にふえているが，中国に進出している日本企業4878社にくらべると，19分の1にすぎない（二階堂，2010，154 - 155ページ）。

さて，インドはコンピュータソフト（以下，ソフトウェア）のオフショア・アウトソーシングの受託国として注目されている。米国とヨーロッパの企業がソフトウェアの作成の一部をインドにアウトソーシングしている。欧米のコンピュータ企業やソフトウェア企業の企業進出も多い。バンガロールが拠点として有名である。

インドがソフトウェアのオフショア・アウトソーシングの受託国として世界のトップを走っているのは，何よりも人材のためといってよいだろう。ここで人材というとき，それは，高学歴の優秀な理工系の人材が豊富，英語ができる，米国での仕事の経験がある人材が多い，低い賃金などの特徴をもつ人材である。

なお，インドは多言語の国である。公用語はヒンディー語と英語である。英語のできるインド人は全体の数パーセントにすぎない。しかし，10億人の5％とすると5000万人であるから，絶対数では多くなる。

インドは，官僚制の悪い面が強くのこっており，非能率な国であるといわれることが多いが，ソフトウェアのオフショア・アウトソーシングの受託業務では，効率性が高い。ある大手企業のソフト

ウェアの開発にたずさわる技術者は，インド人のソフトウェア開発者の特徴として，勤勉，まじめ，時間厳守・約束遵守（仕事はかならず約束の日までにし，翌日の朝には前日の会議の議事録ができている），会議では無駄なことを話さないで仕事のことだけを話し議論する，日本人にはわかりやすい英語で話してくれる，などをあげていた。なお，その日本人の女性技術者は，米国のソフトウェア開発者とも共同で開発しているが，米国にくらべてインドのほうが開発という点ではすぐれているという。また，米国でじっさいに仕事をするのはインド人が多いという。

　ソフトウェアのオフショア・アウトソーシングの受託でインドが成功している理由としては，人材の理由に加えて，欧米との時差がある。欧米企業は時差を利用することによって，開発を24時間体制で行なうことができる。もうひとつ，ソフトウェアの開発は，関連産業が未発達でも支障にならない飛び地的な産業であることをあげることができる。ソフトウェアの開発にたずさわる技術者や専門家は，高層ビルのなかの冷房の効いた快適なオフィスで仕事をする。そこは，清潔で，文化的で，健康的な職場である。インドでは，別世界といってよい。そこを一歩でると，まわりにはスラムのような世界がひろがっている。

　インドは，コントラストのはげしい国であり，ルース『インド　厄介な経済大国』第1章「グローバル化と中世の生活」のタイトルにみるように，遅れた世界と現代の世界が同居しているといわれる（ルース，2008）。

中国との比較

BRICsのうちアジアの国は中国とインドである。両国は，世界同時不況のあとも堅調な経済を持続させている。この点では，両国に共通点がある。他方，両国には相違点が多い。ここで，中国とくらべることによって，

インドの特徴をみることにしよう。

　中国が共産党一党独裁の国であるのにたいして，インドには多数の政党がある。また，インドでは，国の最高指導者である首相は国民の直接選挙によって選出される。このために，インドは世界最大の民主主義国家であるといわれる。また，地方政府は，保守党から共産党まで多様であり，それぞれが強い力をもっている。中央集権的というより地方分権的な性格が強いのが，インド政治の特徴である。

　最近，中国とインドの相違を象徴するようなことがあった。中国の武漢市と広州市をむすぶ高速鉄道（1069キロ）が工事期間わずか4年で完成した。建設予定地の住宅を撤去し，ほぼ直線である。他方，インドのタタ自動車は「ナノ」の工場の建設予定地を住民の反対のために撤回しなければならなかった。そのため，別の場所に建設した（『日本経済新聞』2010年2月7日）。中国は開発独裁の国の特徴を備えており，効率的かつ迅速に開発をすすめることができるのにたいして，インドは民主主義のコストをはらうことをさけることができない。

　両国の相違は，人口についてもみられる。中国の人口は13.6億人，インドは約12.4億人であり，現時点では中国の人口のほうが多い。しかし，中国は一人っ子政策の影響もあり，2025年をピークにその後は人口が減少すると予想されている。他方，インドの人口は増加をつづけるために，2030年までに約15億人になり，中国をぬいて世界最大になる見通しである（小峰ほか編，2007，169ページ）。

　社会主義の経済を市場主義経済に変える政策の転換は，中国では1978年12月にはじまったのにたいして，インドでは1991年7月だった。10年以上のタムラグがある。

　英語も，両国の相違点のひとつである。インドではビジネスにお

いて英語が実質的な公用語になっている。さきにみたように，インドは多言語国家であり，英語を理解できるのは国民の数パーセントしかいない。しかし，指導層や上層部のひとびとのほぼ全員が英語を使う。中国でも英語はひろまっているが，インドにくらべると，英語を使えるひとはすくない。インドの英語の強みは，同国のソフトウェアのアウトソーシングの受託ビジネスの発展の重要な理由になっていることは，すでにみたとおりである。

モディ政権のインド　2014年5月，ナレンドラ・モディが首相に就任した。選挙で下院の過半数の議席を獲得し，単独過半数を実現した。しかし，上院ではモディ首相の政党は単独で20%の議席しかなく，下院と上院で勢力が逆であり，ねじれ議会になっている。

　前マンモハン・シン政権は，2004年から2期10年つづいていた。2期目に生じた閣僚の汚職スキャンダル，インフレ，ルピー安，経済成長鈍化などのために，選挙で敗北した。なお，シンは，1991年6月発足のナラシマ・ラオ政権の蔵相であり，経済自由化を宣言して，それまでの社会主義経済を市場主義経済に転換した。そして，2004年には首相になり，2014年までインド経済をリードした。2008年の世界同時不況のときには，成長率は大きく落ち込んだが，それは一時的な成長ダウンであり，2004年から14年まで10%から6%の成長率をつづけた。

　モディ政権の目玉とみなされる土地収用法改正とGST（物品・サービスの統一税）はともに，ねじれ議会のために，成立せず，審議持ち越しになる。モディ改革は停滞している。

　さて，日本とインドの貿易をみることにしたい（2013年）。日本のインドむけ輸出は15.5%減（対前年比），インドの輸入全体に占める割合は2.3%，15位である。日本のインドからの輸入は1.9%増（対

前年比），インドの輸出全体に占める割合は2.2%，10位である。このように，日本にとってインドは貿易相手国としての重要性は高くない

　つぎは，日本のインドへの直接投資である。

　投資対象国としてインドの評価は，さきにみたように，たいへん高い。しかし，投資の実績をみると，インドへの投資は多いとはいえない。インドへの直接投資は，2013年，21億5500万ドルであり，日本企業の海外直接投資の全体に占める割合は1.6%である。インドへの投資は，2012年，13年と2年つづけて減少している。インドの外国からの投資に占める日本の割合は6.4%であり，前年の3位から5位に後退している。2000年1月からの累計投資額では，日本はモーリシャス，シンガポール，英国についで4位である。

　日本企業の最大の投資案件は，日産自動車の投資である。大塚製薬，三井物産，アイシン高岳，トヨタファイナンシャルサービス，東京海上日動火災保険，アマダなどがつづく。他方，第一三共によるランバクシー・ラボラトリーズの売却，NTTドコモの通信事業からの撤退など，インド投資の見直しも目につく。

　インドについては，さきにみたように，投資先として問題点が多い。世界銀行の調査によると，ビジネス環境ランキングで，インドは189カ国中の総合順位が140位（2014年），142位（2015年）であり，外国企業がビジネスをするうえで問題が多い代表的な国である（『JRIレビュー』2015年，8巻，27号，99ページ）。インドむけの直接投資が本格的にのびていくためには，インドが一連の問題点を改善し解決していかなければならない。いうまでもないが，これらの問題点の解決は，日本企業の投資をふやすうえで重要であるだけでなく，他の国からの投資も増加させることになろう。そして，日本をふくめて外国からの投資の増大は，インドの政治，社会，経済の構

造改革を推進し，経済の成長と発展に寄与すると考えられるのである。

■注

1) このように漢字と英字で表記されていても，通常，漢字の部分の日本語読み（ルビ）はなく，英字の部分だけをビーワイディと読む。

第9章　新興国市場と日本企業

1 新興国市場

　日本企業の中長期的（3年程度）な有望事業展開先国・地域は，国際協力銀行のアンケート調査（2014年度）によると，つぎのようになっている。インド1位，インドネシア2位，中国3位（これら上位3カ国の回答数は拮抗），タイ4位，ベトナム5位，メキシコ6位，ブラジル7位，米国8位，ロシア9位，ミャンマー10位，である。上位7位までは新興国であり，上位10位のなかで先進国（OECD加盟国）はメキシコと米国だけである（『JBIC国際調査室報』2014年11月号，54ページ）。

　長期的（10年程度）な有望事業展開先国・地域をみると，インド1位，インドネシア2位，中国3位，ベトナム4位，タイ5位，ブラジル6位，ミャンマー7位，ロシア8位，メキシコ9位，米国10位，であり，上位10位のなかで先進国はメキシコと米国だけである。

日本企業の中長期的および長期的な投資有望国・地域である新興国についてみることにしたい。

　ブラジル（Brazil），ロシア（Russia），インド（India），中国（China）のアルファベット表記の頭文字をとって，これら4国をBRICsという。この用語は，米国の大手金融企業であるゴールドマン・サックス社のジム・オニールが同社の2001年の調査レポートで，これらの国の高成長を予測したときにはじめて使ったといわれている（『日本経済新聞』2009年12月19日）。それ以後，新興国の代名詞としてこのBRICsが使われるようになったが，その後，南アフリカ共和国（Republic of South Africa）を加えて，BRICS（アルファベット5文字の最後のsを大文字のSにした）といわれるようになっている。

　先進国以外の経済発展のおくれている国は，ある時期までは後進国といわれることが多かった。そのうちに，この用語が，対象の国によくない感じをあたえるとの理由などから，発展途上国あるいは開発途上国といわれるようになった。そして，こんにちでは，新興国の用語が一般に使われている。なお，新興・途上国ということもある（『ジェトロ世界貿易投資報告』2014年版，21ページ）。

　本書では，先進国と新興国という二分法をとることにしたい。先進国は，OECD加盟国およびシンガポール，それに台湾と香港（この2つは国としてあつかう）である。これら先進国をのぞく国すべてを新興国とする。なお，この用語法には，経済的に新興の国を意味する新興国という用語の語感からは違和感のある国がふくまれることになるので，文脈によっては国名を明示するなど適宜に工夫したい。

2 外国企業の新興国戦略

韓国企業　グローバル市場で強い競争力によってシェアをあげている韓国の代表的な企業としては，サムスン電子，LG電子，現代（ヒュンダイ）自動車，それに鉄鋼企業のポスコをあげることができよう。韓国4強といわれる企業である。

「グローバル展開で先行，新興国に常に韓国企業あり」（向山，2010a，20ページ）。これは，雑誌の特集記事の見出しである。たしかに，韓国企業は積極的に新興国市場を開拓しているようである。

サムスン電子は，世界で最大規模のエレクトロニクス企業であり，日本のエレクトロニクス企業より高い利益率をあげている。ある時期，サムスン電子1社の利益のほうが日本のエレクトロニクス企業全体の利益より多かった。

「サムスン 最強の秘密：日本が忘れた弱肉強食経営」——これが，ある雑誌のサムスン特集号の見出しである。その特集号には，つぎのような記述がある。「職を賭した弱肉強食のサバイバル競争を通じて，社員の能力を徹底的に引き出すのがサムスン流だ」「8万5000人の社員のうち役員は現在868人。役員の報酬は数千万円からスタートし，上位の役員になると年俸は5億—10億円程度で，加えてストックオプションを与えられる」「サムスンが終身雇用と決別したのは，1997年に韓国を襲ったアジア通貨危機がきっかけ」「学閥から門閥，出身地や実力者を中心とするサークルまで，非公式な社内グループは一切認めない」（『日経ビジネス』2010年7月5日号，20-31ページ）。

LG電子は，中国やインドなど新興国で成長をとげている。イン

ド市場のボリュームゾーンに適した製品を開発して市場を開拓するために、同社はインドに400人ほどの技術者や専門家を派遣している。同社のインドむけ製品の開発にはつぎのような特徴があるという。インドで行なわれるのは、冷蔵庫の取っ手の形、パネルの色など顧客の目に触れるような箇所の設計にかぎられる。基本設計は韓国本社で行なわれる。また、品質保証も韓国本社で行なわれる（岩垂の発言。牛田、2010、90-91ページ）。

現代自動車は、生産台数で2009年度に日本のホンダをぬいて世界第6位の自動車企業になり、さらに、2010年上半期には米国のフォードをぬいて第5位に位置している。同社は、欧米の先進国でもシェアをのばしているが、得意にしているのは中国やインドなどアジアの新興国市場である（向山、2010b、65-70ページ）。

同社は、チェンナイ郊外（インド南部の自動車産業がさかんなところ）に、年産60万台規模の大工場を建設した（『日経ヴェリタス』2010年4月25日、52ページ）。

韓国の鉄鋼企業であるポスコは、海外に高炉を建設する計画を発表している。

サムスン電子、LG電子、現代自動車、ポスコなど新興国に積極的に進出している韓国企業の経営には、つぎのような特徴をみることができる。オーナー経営者の強力なリーダーシップとトップダウンのすばやいリスクテイキングな（大規模投資など）決定、技術の外部調達、若い経営幹部と成果主義人事などである。

サムスンにくわしい研究者、曺斗燮（チョトゥソップ）は、「日本の経営学が正しいとすれば、サムスンは5年以内につぶれる」と思ったという。サムスンは、日本の経営学の主張に反して、トップダウン、技術の外部調達、厳格な成果主義人事の経営を行なってきた。そして、サムスンは世界有数のエレクトロニクス企業になったという（曺斗燮

『JBIC 国際調査室報』2010年3月，94 - 95ページ）。

台湾企業　新興国市場とくに中国市場で成功している台湾企業として，まず，頂新をとりあげたい。

　頂新は，魏應行（ギオウコウ）によって1958年に食用油メーカーとして設立された。1992年，即席麺の事業をスタートする。「カンシーフ」ブランドで中国の天津に工場を建て，中国で即席麺のビジネスを展開する。スープの味を，台湾で好まれている味でなく，中国人に好まれる味にした。数年で中国一の即席麺企業になる。しかし，大規模投資が裏目にでて，経営危機に陥る。日本のサンヨー食品の出資をえて，経営危機を脱する。2002年，社名をカンシーフに変更し，2003年，世界一の即席麺（50億食）の企業になる（朱炎，2005，132 - 138ページ）。

　わたくしが2010年3月に広州市に調査に出かけたとき，カンシーフをスーパーでみる。価格は，日清食品の即席麺が4.60元（1元13円として約60円），カンシーフ（日清より1.5倍ほど大きい）は4.50元だった。同行の研究者の上野正樹（南山大学経営学部准教授）が食べる。かれによると，スープの色は黒っぽい，味付けが濃い，味や香りは中国特有（ハッカクや中国醤油），で日本のものとちがうという。また，サイズが大きく麺や具の量が多い。全体として，日本人むきでないというのが，かれの意見である。しかし，中国人の口には合うらしく，中国の即席麺マーケットで5割をこえるシェアを獲得している。他方，日本の日清食品の即席麺の中国でのシェアは十数パーセントにすぎない（『日経ヴェリタス』2010年5月2日号）。

　EMSをとりあげたところ（74ページ）でみた台湾を創業の地にする世界最大のEMSであるホンハイは，生産のほとんどを中国の工場で行なっている。生産の立地という点で，同社の戦略には新興国

戦略の性格がある。

　ホンハイは1974年の創業である。1988年，中国に進出する。EMSの世界ランキングで同社の順位は，2002年5位，2003年3位，2004年1位（現在まで1位）と急成長をとげてきた。同社の成功の理由としては，創業者の郭台銘のつぎのような特徴があげられている。すなわち，強い個性，企業家精神，トップダウン，目標未達管理者へのきびしい罰則（軍隊式の管理手法），仕事人間，である（朱炎，2005，160‐167ページ）。

　ホンハイは，2010年6月に中国工場で自殺者が続出したことをうけ，基本給を2段階で2倍以上に引き上げた。すなわち，深圳の工場で，月900元（約1万1000円）だった基本給を6月から1200元に引き上げ，さらに10月に2000元に引き上げる計画である。また，残業を減らし，勤務体制を2交代制から3交代制に変更した。この対策を実行するために従業員数をふやす必要が生じ，2010年8月19日，中国人従業員を4割増の約130万人にふやすことを明らかにした。また，沿岸部にくらべて賃金の低い内陸部（河南省鄭州と四川省成都）での新工場の建設を打ち出した（『日本経済新聞』2010年8月20日）。また，同社は，いままで毎年30％の売上高増大の目標を，15％に下方修正することをあきらかにした（『日本経済新聞』2010年9月7日）。

　従業員を4割ふやして130万人にする，給料を2倍以上に引き上げる，毎年の売上高の成長率が30％だったのを15％に下方修正する。これらの数値は，日本の経営の常識からは信じられない。ホンハイは，別世界の企業のように思える。ちなみに，日本企業の従業員数をみると，トヨタ自動車32万590人，NTT19万4982人，ヤマトホールディングス（宅急便で知られる）16万7555人である（2010年3月現在）。

　ホンハイは，世界最大のEMSであり，同社はエレクトロニクス

製品の組立を専門に行なう企業だったが，最近では，部品の生産，さらに生産設備，機械，工具，治具，金型の開発・生産も行なう企業に変わってきている（*Bloomberg Businessweek*, September13–September19, 2010）。

　台湾のファンドリーとしては，TSMC（75ページ）が有名であるが，新興国戦略のファンドリーとしては中芯国際集成電路（SMIC）をあげることにしたい。

　同社は台湾の半導体メーカーである世大積体電路（WSMC）の元社長，張汝京（リチャード・チャン，女性）を中心に複数の台湾企業と個人投資家による共同出資で，2000年に中国の上海で設立され，ケイマン諸島で登記されている。同社は，半導体分野で最大規模の対中投資を行なっている。同社の創業は，ドラマチックである。張汝京が出張中に，自分が創業し，社長をしていた世大積体電路の工場を，ライバル企業の台積電によって買収されてしまった。張汝京は世大積体電路を辞めて，中国に行き，中国でSMICを創業した。彼女は「台積電打倒」を目標に，その後「スピード経営による常識破りの快進撃」を開始する。設立してからわずか3年間で中国に6つの半導体工場をつくり，中国市場を制覇するだけでなく，世界の半導体市場で存在感を増している。台湾のマスコミは，中芯の台積電への挑戦，両社の競争を張汝京（中芯）の張忠謀（台積電）への個人的な怨念と復讐としてとりあげ，この戦争を「張張戦争」とよんでいる（朱炎，2005，167-174ページ）。まるで，織田信長，斎藤道三などが活躍した戦国時代の国取り物語ではないか。

　台湾企業の特徴として，さきにみた韓国企業と同じように，若いオーナー経営者（女性経営者もいる）のトップダウン経営，スピード，リスクをとる大規模投資，ライバル意識，世界一をねらう，技術など経営資源の外部調達などをあげることができる。韓国企業にはな

い台湾企業の特徴として，台湾にこだわらない（本社・経営拠点の場所）ことをあげることができよう。

中国企業

中国が改革開放の経済政策をうちだしてから40年以上が経った。そして，中国の経済は高成長をつづけ，2010年には日本を追い越して世界第2位の規模に達した。企業でみても，中国企業は世界で存在感を増している。ここでは，いくつかの中国企業をみることにしたい。

中国最大の家電企業であるハイアールは，冷蔵庫と洗濯機の生産台数では世界トップ企業である。同社は，中国国内市場で販売するだけでなく，輸出にも力をいれている。おもな輸出市場は新興国であるが，欧米市場にも輸出している。米国では小型の冷蔵庫や冷凍庫などでは高いシェアを獲得しており，工場をもって現地生産をしている。日本にも輸出しているが，苦戦している（175ページ）。

ハイアールの経営，とくに人事管理には，つぎのような特徴がある。それは，市場原理を管理に応用したものであり，市場主義管理ということができる（吉原・欧陽，2006，181 - 190ページ）。

► 個人評価（チームあるいは集団の評価でない）

► 結果評価（努力の投入量，仕事の過程，態度などは評価の対象外）

► 短期評価（瞬間賞罰，毎日評価，毎週評価，毎月評価，毎年評価など）

► 公開評価（評価のルールと結果は公開される）

► 非裁量的評価（上司や人事担当の主観的・裁量的な評価でない）

► 評価と金銭的報酬の直結

► 非属性的報酬（年齢，性別，勤続年数，学歴などの属性は報酬に無関係）

► プラス評価（昇給，昇進）だけでなくマイナス評価（減給，降格）もある

わたくしは中国の研究者と共同でハイアールを研究しており，講

演会などで，同社の市場主義管理を日本企業の経営者や管理者に話すと，つぎのような否定的な反応が返ってくることが多い。きびしすぎる。非人間的である。金銭万能主義である。アメとムチの管理である。チームワークが育たない。愛社心が育たない。日本企業の経営者や管理者で，ハイアールの管理を肯定的に受けとめるひとは，ほとんどいない。

　他方，ハイアールの経営者，管理者，技術者，専門家，作業者にインタビューしてみると，ほぼすべてのひとが市場主義管理に肯定的である。昇給や昇進など人事評価のルールが公開され，結果にもとづいて評価されるから，オープンであり，フェアである。仕事のできるひとが多くの報酬をえること，また，早く昇進することは，公平であり，納得できる。上司の裁量的な評価の余地はほとんどないから，よい。こういう意見が圧倒的に多い（吉原，2005，173-174ページ）。

　わたくしは，2009年9月8日と9日，ハイアールで同社の市場主義管理をテーマに訪問インタビュー調査を行なった。3回おどろいた。第1は，経営幹部と管理者の離職率の低さである。同社の創業20周年を記念して発行された『海爾人話海爾』（青島出版社，2005年）に収録されている90名の経営幹部・上級管理者・中級管理者のうちハイアールをはなれたひとは15名で，うち8名は定年退職，自己都合の退職者は7名（90名の7.8%）だった。約5年間で7人であるから，1年間では1.4人（1.6%）にすぎない。

　第2のおどろきは，降格がじっさいに行なわれていることについてである。経営幹部のひとりは，2005年当時は副総裁だったが，その後成績が悪くなり，副総裁の肩書きなしの本部長，さらに部長にまで降格したが，その後成績をあげて昇進し，現在は副総裁にカムバックしている。第3のおどろきは，このひとの降格と昇進のうご

きは，わたくしにはおどろきだったが，同行の中国人研究者，ハイアールのひとたちには，おどろきでなかったことである。ありふれた例ではないが，それほど特殊な例ではないという。そして，似たような降格・昇進のひとを何人かあげてくれた。

　日本企業ではたして，このような降格人事は可能だろうか。

　首相が公務員改革にかんして公務員降格発言をしたところ，中央官庁の幹部は「降格なら辞職を選ぶ」と発言していた（『日本経済新聞』2010年1月30日）。

　ハイアールのこのような市場主義管理は，同社だけの特殊な管理ではない。同社は，中国でいちばん有名な企業のひとつであり，同社の経営を学ぶ中国企業は多い。ハイアールの市場主義管理は，有力な中国企業を中心に普及していると思われる。

　中国のエアコンのトップ企業は，格力である。中国はエアコンでも世界最大の生産国であるから，同社は生産台数では世界最大のエアコン企業である。同社は，日本のダイキンと提携しており，このことをとおして，日本でも知られるようになっている。

　1980年代末にエアコンの企業として創業した格力は，中国ではグーリーと発音するので，英語のブランドはGREEとなっている（董，2003，62 – 64ページ）。同社は，董明珠によって成長し発展をとげた企業であるが，彼女の経営にはつぎのような特徴をみることができる。

- ►企業に忠誠，事業に忠誠，消費者に忠誠
- ►私心をなくしさえすればうまくやれる
- ►私的な関係を持ち込んで取引してはならない
- ►勤務時間中にものを食べると罰金
- ►営業部員は清廉潔白正直でなければならない
- ►取引先からの金品は会社に報告

- ▶代金をもらうまで出荷しない
- ▶正規の手続きなしには出荷できない
- ▶優秀な営業部員は同時に債権回収の達人
- ▶董明珠のサインがないと接待費がでない
- ▶一貫した基準をもち，人，時，場所で変えない
- ▶毎週1回帳簿をつき合わせ，毎月1回帳簿を締め，毎日点検毎月点検
- ▶営業部・財務部・コンピュータ統括管理部の循環検査体制
- ▶日次の勘定合わせ
- ▶定時復命制度
- ▶値下げに反対
- ▶年末返品制度を廃止

これらの特徴は，中国企業について多くの日本人にもたれているイメージとは正反対といえるほど異なっているように思われる。すなわち，中国企業は，信用できない，ごまかす，約束をまもらない，不正，賄賂，私服を肥やす，腐敗，情実人事，人治主義，安売り，不正コピー，代金を支払わない，などと思われている。格力の董明珠の経営を「正々堂々の経営」というと，ほめすぎだろうか。

　中国は2009年に自動車市場としては，米国をぬいて世界最大の市場になった。ただ，中国で販売される自動車の多くは外国の自動車企業によって生産されており，中国の自動車企業のシェアは低い。それでも，最近では，中国の自動車企業の成長が注目されるようになっている。ここでは，比亜迪（BYD）をみることにしたい。

　中国の自動車企業のなかでいちばん知名度の高いのは，BYDだろう。同社の創業者である王伝福は，大学で二次電池の研究開発にたずさわり，1995年，中国社会科学院の企業から独立し，二次電池のベンチャーとして広東省深圳市にBYDを設立した。いまでは，

携帯電話用リチウムイオン電池の世界最大メーカーに発展している。同社が世界的に知られるようになったのは、ウォーレン・バフェットの投資会社であるバークシャー・ハザウェイが2008年にBYDの株式の10％を取得したためである。バフェットは電気自動車メーカーとしてBYDに注目したのである。

　BYDは2003年、中国国有企業、西安秦川汽車を買収して、自動車産業に参入した。現在、中国で6位の自動車企業になっている。2009年の新車販売台数は約45万台で、それまで中国の民族系自動車企業のトップだった奇瑞を追い抜いた。同社の「F3」（電気自動車ではなくガソリン車である）は販売が好調で、1500〜1600ccクラスのコンパクト車としては中国市場で日本の自動車企業の製品をうわまわり、トップシェアを占めている。BYDのF3（1500cc、マニュアル車）が5万9800元（約82万円）であるのにたいして、広州ホンダのフィットや広州豊田のヴィッツは10万元（約138万円）であり、価格差が大きい。2009年の販売台数は、F3が27万台、フィットが5万台、ヴィッツが1万4000台である（丸川、2010）。

　BYDは、自動車産業に参入してわずか数年で中国トップの民族系自動車企業に発展し、コンパクトカー市場において日本企業の製品の市場シェアを追い抜いたのである。

　そのBYDは、2010年、オギハラの金型工場、館林工場（群馬県館林）を買収する。このことは、日本で大きく報道され、注目をあつめた。同工場は、ボンネットなど車体を構成する鋼板の金型などを生産する。オギハラは、国内外の自動車メーカーに金型を供給してきた。円高と内需不振で業績が悪化し、2009年にタイの自動車部品の大手メーカー、タイサミットの傘下に入った（李、2010；黒政、2010）。

まず，インドのタタ自動車をみることにしたい。

　約20万円という低価格で世界の注目をあつめたタタ自動車の小型車「ナノ」（エンジン排気量624cc，定員4人）は，2009年4月から販売がはじまっている。価格は，エアコンなしの基本モデルで12.3万ルピー（約27万円）である（『日本経済新聞』「ゼミナール」2010年5月20日）。インドでいちばん成功しているとされる日本のスズキ（インドのマルチ社とスズキの合弁）の「アルト」（796cc，定員4人，約23万ルピー）のほぼ半額である。

　「1台のバイクに家族4〜5人で乗っている人たちに快適で安全な移動手段を提供したい」というタタ財閥総帥であるラタン・タタ会長の意向で，ナノの開発がスタートしたといわれる。

　インドに6年間勤務した伊藤清道（元トヨタ自動車，現中京大学経営学部教授）によると，先進国の自動車企業の技術標準のもとではナノのような車はつくれないという。ワイパーは1本，タイヤは3点支持，バッテリーは丸見え，バックドアーは開かない，などをあげている。また，防錆性能，防水性能，振動騒音性能などは先進国の標準では認められない水準だという。

　新宅純二郎（東京大学大学院経済学研究科教授，東京大学ものづくり経営研究センター）はインドに調査に行ったとき，ナノに乗ってみた。かれをふくめて，大人4人が乗ることができたという。

　ナノは，成功しなかったようである。

　「『ナノ』を世界最安の車として売り込んだのは，残念ながら不幸だった」。インドのタタ・グループのラタン・タタ名誉会長は，2009年に10万ルピー台（17万円程度）で売り出した乗用車ナノの販売戦略は失敗だったと認めた。月間販売台数は1万台をこえたこともあったが，発火事故が相次ぎ，最近は2000台程度で推移しており，

約5年間の累計販売は約24万台で，当初見込みの1年分に満たない。貧困層むけの粗末な車とのイメージが染みついた。車はインドの人々にとってステータスシンボルであり，大事な1台に最安車を選ぶ動機づけはうすい（『日本経済新聞』2013年12月14日，14年1月17日）。

タタは，格安車路線を転換して，裕福な中間層をねらった新ブランド車の「ゼスト」を発売した。価格は約46万4000ルピー（約80万円）からである（『日本経済新聞』2014年8月13日）。

なお，インドの四輪車生産台数は2009年に約263万3000台で，世界7位の自動車大国に成長している。そして，44万6000台の乗用車を欧州や中近東などに輸出している（『日本経済新聞』「ゼミナール」2010年5月21日）。

参考にいうと，インドでは日本人の想像をこえた低価格の製品が，いまみた自動車のほかにもある。ひとつは，6400円の冷蔵庫である（『日本経済新聞』2009年11月16日）。パソコンも，おどろくような低価格である。政府と大学が35ドル（約3000円）の小型パソコンを開発した。教育用限定で，2011年度から教育現場に普及させるという（『日本経済新聞』2010年7月24日）。

つぎは，エアアジア（マレーシア）である。同社はマレーシアの格安航空会社（Low Cost Carrier, LCC）で，2001年にトニー・フェルナンデスが経営難に陥っていた政府系航空会社を買収してスタートした。同社は，2009年の乗客が約2300万人で，創業から10年足らずのうちに乗客数でシンガポール航空をぬいてアジア最大の航空会社になった。

クアラルンプール国際空港のメーンターミナルからバスで15分の貨物ターミナルの一角にある同社のターミナルから，乗客は徒歩で飛行機まで移動して乗る（『日経ヴェリタス』2009年9月6日－12日号）。

マレーシアのクアラルンプールとシンガポールの片道運賃は，搭

乗1週間前予約で約1000円，2週間前で約430円，3カ月前だと約30円と安い。念のためにいうが，30円という価格は，文末に記している文献にでており，ミスプリではない。ネット販売，機内食の有料化，単一機材への統一などによってコストを削減する。乗客ひとりを1キロ運ぶのにかかるコストは約3円で，世界で最低だという（『週刊東洋経済』2008年10月25日号，32-33ページ）。

同社は，Now everyone can fly（さあ，誰でも飛べます）をスローガンにして，それまで飛行機に乗ったことのないアジアの一般大衆を乗客にすることに成功して成長している。格安運賃を武器に，日本など先進国に進出をはかろうとしている。2010年中に羽田とクアラルンプールのあいだを片道1万4000円程度の運賃で就航の予定であったという。

なお，アジア太平洋地域のおもな格安航空には，つぎのような企業がある。エア・アジア（マレーシア），タイガー航空（シンガポール），セブ・パシフィック航空（フィリピン），ノック・エア（タイ），キングフィッシャー航空（インド），ジェットスター航空（オーストラリア），春秋航空（中国），ジンエア（韓国）（『日本経済新聞』2010年7月25日）。

アジアのリーダー企業の経営

新興国市場で成長している韓国，台湾，中国，インド，マレーシアの企業をいくつかみた。韓国企業と台湾企業については経営の特徴をいくつかあげたが，ここで，中国，インド，マレーシアの企業をふくめて，アジアのリーダー企業の経営の特徴をみることにしよう。つぎのような共通の特徴がある。

► 若い創業者型経営者
► 経営者の決断力・行動力・挑戦の精神・革新の精神
► 強力なリーダーシップ

- ▶トップダウンの迅速な意思決定
- ▶スピード経営
- ▶リスクテイキングな投資
- ▶高い目標（世界一をめざす）
- ▶信賞必罰のきびしい成果主義人事
- ▶外部経営資源（技術など）の活用
- ▶現地市場ニーズに適合した製品・サービス
- ▶低コストオペレーション

これらの特徴の多くは，日本企業の経営にみられるつぎのような特徴とは反対の性格のものであるといえるだろう。

- ▶高齢の内部昇進型経営者
- ▶コンセンサスのリーダーシップ
- ▶慎重な態度（リスク回避）
- ▶従業員重視（相対的な株主軽視）
- ▶雇用維持
- ▶小さく生んで大きく育てる
- ▶漸進主義
- ▶経営資源の内部蓄積と活用
- ▶ボトムアップ・ミドルアップ
- ▶現場主義
- ▶年功序列的人事評価制度
- ▶高品質・高価格の製品・サービス
- ▶高コスト体質

日本企業は，新興国で，これらアジアのリーダー企業と競争し，挑戦をうけている。劣勢の日本企業はめずらしくない。

3 日本企業の新興国戦略

富裕層戦略 新興国市場はつぎの三層にわけてみることができる。① TOP（富裕層）市場，② MOP（中間層）市場，③ BOP（底辺層）市場，の三層である。

①は，これまで日本企業がターゲットにしてきた市場である。

パナソニック，ソニー，シャープなど家電企業の家電製品，ダイキンのエアコン，TOTO の水洗トイレ，トヨタ，ホンダなどの乗用車，また，セコム，ヤマト運輸などのサービス企業も，この富裕層市場をターゲットにしてきている。

富裕層市場をねらう戦略は，経営資源ベースの戦略といえる。それは，技術など経営資源を活用する戦略である。日本企業が得意な戦略あるいは日本企業にとって自然な戦略である。

この戦略を考えるときのポイントは，新興国の富裕層市場の規模と成長性である。はたして，規模が大きいか。成長性が高いか。

日本の人口は世界の人口の約50分の1（2％）であり，日本市場は世界のなかの高価格・高品質・高サービスのニッチ市場である。このことに関連させて，富裕層戦略を仮に新興国市場の人口の2％をねらう戦略であると考えてみよう。BRICs の人口30億人の2％は6000万人である。この市場規模では魅力はないか。5％だと，1億5000万人になる。日本の人口をうわまわり，かなりの市場規模である。しかも，新興国の経済の高い成長を考えると，富裕層戦略の有効性は相当に高いとみることができるのではないか。

日本観光の中国人が日本で多くの買い物をすることに注目したい。東京の銀座など都心の百貨店や専門店などで，日本の製品を購入す

るが，その理由をたずねると，ほんものである（にせものでない），安全である，品質がよい，だまされない，などの理由をあげている（『日本経済新聞』2010年6月5日）。この回答のなかに，日本企業が中国など新興国でビジネスをするときに重視しなければならないポイントが示されているように思われる。

　ブランドの確立にも力をいれる必要がある。かわいい，ジャパンクール，あこがれ，夢など，日本についての好ましいイメージをつくりあげる努力の継続も欠かせない。

　ここで，新興国の富裕層をねらう戦略の留意点を指摘したい。この戦略は，新興国の人口の2％程度，多くてもおそらく5％程度をねらう戦略であり，ニッチ戦略である。この戦略ののぞましい姿は，はじめは市場規模が小さいが経済成長につれて富裕層の人口がふえて市場規模が大きくなり，ニッチ戦略のもとで売上がふえ，利益もふえるというものであろう。他方，製品やサービスの購入者が限定されていて，日本企業がその小さな市場で大きなシェアを占めていたのが，経済成長につれて市場が大きくなるが，日本企業のシェアは落ちていくということは，さけなければならない。いわば，意図せざるニッチ戦略である。高価格・高品質の小規模の市場に逃げていく，あるいは追い詰められていくというのは，のぞましくない姿である。ある経営者は，「天守閣に逃げ登る」と表現していた。これは，さけなければならない。

ボリュームゾーン戦略　新興国の市場のなかで富裕層にくらべて中間層の規模（人口でみた）は大きい。ボリュームゾーンといわれる。その中間層をねらう戦略を日本企業が重視するようになっている。

　「新興国モデル広がる」（『日本経済新聞』2009年12月18日）「新興国低価格品で開拓　富裕層狙いを転換」（『日本経済新聞』2009年12月8

日）など，日本企業の新興国戦略の転換を報じる記事が多くみられるようになっている。

　新興国のボリュームゾーンに力をいれはじめた企業に，パナソニックがある。

　同社は2010年に，インド市場専用のエアコンと液晶テレビの生産・販売をはじめる。エアコンは約３万円であり，日本の半値以下という。インドは暑いためエアコンをつけっぱなしで使うので，リモコンがなく，気流制御装置も省いた。まさに「引き算」（これについてはのちほどとりあげる）の製品開発である。液晶テレビは５万円以下。消費電力のすくないバックライト搭載型で厚みがあるが，事前調査では評判がよい。

　これらインドむけのエアコンとテレビは，同社のマレーシア子会社のインド人のアイデアを反映したという。同社の大坪文雄社長（当時）はいう。「現地の生活実態やニーズを把握するという当たり前のことができていなかった。中国，インドネシア，ブラジルなどでも同様に取り組む」（『日本経済新聞』2010年４月16日）。ちなみに，同社のエアコンのおもな開発・生産の拠点は日本（草津），中国（広州，蘇州），マレーシアである。台湾，フィリピン，インドネシアでも生産している。2010年にインドにエアコン工場を新設する。

　パナソニックは中国で約1000元（１万3400円）の全自動洗濯機を2010年２月に発売した。これは，中国政府の家電下郷[1]の政策に対応するものである（『日本経済新聞』2009年12月29日）。

　インドの格安の乗用車「ナノ」は世界の注目をあつめていたが，そのナノ用の部品を供給しているデンソーは，従来の日・米・欧の自動車企業とはちがうインド企業に部品を販売する戦略をはじめている。ワイパーを例にあげて，インドむけの部品の特徴をつぎのようにのべている。音はかまわない。零下30度でも１回でエンジンが

かかるような性能はインドでは過剰品質である。同社では，従来製品から不要な機能を削ぎ落とす引き算の開発でなく，ゼロから必要な機能を積み上げることにしているという（遊佐，2010，78ページ，83ページ）。

　なお，同社はインドにエンジン関連部品などの技術開発拠点を2011年末に設けると発表している。いまは日本でインドむけの製品を開発しているが，その開発の一部をインドにうつす。現地の需要のうごきに迅速に対応し，また，低コストで開発するノウハウを磨き，受注の拡大につなぐ考えである（『日本経済新聞』2010年9月16日）。

　ホンダは世界一のオートバイ企業であり，中国をはじめとしてアジアでも高いシェアを獲得していた。ところが，中国のコピーメーカーが，みたところはホンダのオートバイそっくりの製品を半値ほどの安い価格で売るようになると，シェアは落ちていった。ホンダは，この事態にたいして，コピーメーカーの1社と合弁するという手を打った。そして，合弁相手のコピーメーカーがなぜ半値のオートバイをつくることができるかを調査し分析したところ，コピー製品の性能は予想していたよりも高く，部品にもホンダ基準を満たすものが相当数あることがわかった。また，中国人社会のつながりが生んだ安価な部品調達網を知ることができた。合弁会社の工場に，ホンダの品質基準をみたせるように，専用ラインを設け，品質管理システムの構築にも力をいれた。また，製品設計も簡素化した。これらの努力によって，価格がほぼ2分の1のバイクを開発・生産・販売することに成功した。そして，中国をはじめとしてアジア市場でシェアを回復していった（出水，2007；太田原，2009；天野，2005，2010）。

これまでは，製品（消費財）を念頭におい
て新興国戦略をみてきた。じつは，機械，
設備，部品，材料なども，重要である。こ
こでは，これら生産財を中心にして新興国戦略を考えることにした
い。

世界の携帯電話市場で日本企業の製品はマイナーな存在になって
いる。ところが，携帯電話に使われている部品・材料に注目すると，
日本企業の製品には高いシェアのものが多くある。

携帯電話だけでなく，テレビ，DVD，パソコン，携帯音楽プ
レーヤー（iPodなど）のような完成品では日本企業のシェアは低下
をつづけ，現在では下位メーカーといってもよい製品がふえている。
ところが，日本の電子部品企業や材料企業には世界で高いシェアを
もつところがいまでも多い。村田製作所，TDK，イビデン，日本
電産，信越化学，富士フイルムなどである。

設備や機械も，日本企業が世界で強い競争力をもっている分野の
ひとつである。たとえば，三菱重工業，ファナック，オークマなど
である。また，コマツ，日立建機など建設機械メーカーは，世界の
市場で有力な企業として活躍している。とくにコマツは，米国のキ
ャタピラーにつぐ世界第2位の地位を占め，中国など新興国で強い
競争力を発揮している。同社の競争力の源泉としては，製品の耐久
性など高い品質，サービス網の充実などに加えて，コンピュータ情
報システム，KOMTRAXをあげることができる。

このコンピュータ情報システムは，建機に全地球測位システム
（GPS）通信機能を搭載した稼働管理システムである。1台ごとの
位置や稼働時間，燃費，故障履歴などをインターネット経由でリア
ルタイムに把握できる。盗難防止や省エネ運転支援に活用するほか，
稼働率を分析し需要予測にも役立てている。割賦販売の支払い期限

を何度も守らない悪質顧客には，遠隔操作でエンジンがかからないようにすることもできる。コマツはこのシステムを2001年に導入し，現在では世界で稼働している建機約17万台に搭載している（坂根正弘会長のインタビュー記事，『日経ヴェリタス』2010年5月2日号，10-11ページ；坂根正弘会長の講演要旨，『神戸経済同友』2010年9月号，2-5ページ；土田・諏訪，2012，124-146ページ）。

経営資源の課題　　新興国戦略として，富裕層をねらう戦略と中間層のボリュームゾーンをねらう戦略の2つをみてきた。この2つの戦略は，経営資源の点で大きく異なることに留意する必要がある。

　新興国の富裕層をねらう戦略は，日本企業が日本で蓄積し発展させてきた技術などの経営資源をベースにして，それを部分的に現地の市場に適応させることを内容とする戦略である。この現地適応は，経営資源を日本で展開していたのを新興国に展開することであり，水平展開といえるだろう。日本企業にとって比較的やりやすい戦略である。

　これにくらべて，中間層をねらうボリュームゾーン戦略では，経営資源を水平展開するわけにいかない。日本企業の製品・サービスは，「よいが，高すぎる」のであり，中間層のニーズに合うように変える必要がある。経営資源の下向きの適応である。あるいは，能力のレベルを落とす，機能の数を減らす，軽薄短小の特徴を減らす，などである。ある企業では，「引き算の開発」という。あるいは，顧客がもとめるニーズを積み上げて製品を設計することを強調して，ゼロベースの開発という企業もある。

　製品の開発は，大きく，上向きの開発，水平開発，下向きの開発の3つにわけることができよう。日本企業が米国やヨーロッパに製品を販売しはじめたときは，上向きの開発を行なった。欧米先進国

の市場の要求に応えるために，高い能力，すぐれた性能，強い耐久性などをもとめて開発した。技術者にいわせると，高い目標をめざして，夢を追いかけて，開発に努力をしたという。

これにくらべて，新興国の中間層をねらうボリュームゾーン戦略では，下向きの開発を行なわなければならない。下向きの開発とは，要するに技術的に下に降りていくことになる。そこには，夢・あこがれ・進歩・向上がない。技術者にとって，自分がほしくない製品・サービスは開発するモチベーションがでないという。ある人はつぎのようにのべている。「自分で買いたいと思わないものを作るというのは，やはり難しい」（江上剛の発言。「10年後，稼げる業種はどこなのか会議」『中央公論』2009年11月号，32ページ）。

伊藤清道は「技術の下方硬直性」という。日本の自動車企業で仕事をしてきたひと，とくに技術者にとって，インドで発売された「ナノ」のような自動車を開発することは，容易でないという。日本人技術者には，これが当たり前という技術レベルがあり，それを下回る技術レベルの製品を開発することは，心理的に抵抗がある。モチベーションがわかない。意欲がでない（伊藤，2010）。

下向きの開発にブレーキをかける要因として，安全問題をあげることにしたい。20年前，30年前の家電製品の故障にもとづく火災や人身事故がおこると，企業の不祥事のようにあつかわれ，大きく報道される。企業の対応がきびしく批判される。事故の中身や企業の対応によっては，企業が大きな痛手，場合によっては致命傷をうけることがある。

ちなみに，世界的に注目されているインドのタタ自動車のナノは，2009年に出荷をはじめてから2010年8月までに6度の発火事故をおこしている（『日本経済新聞』2010年9月3日）。先進国の自動車企業が新車で6回連続して発火事故をおこせば，どうなるだろうか。そ

の車の発売中止はもちろんのこと，企業の存続にかかわる事態になるのではないだろうか。

いずれにしても，新興国のボリュームゾーン戦略を成功させるためには，技術の下方硬直性に打ち勝たなければならない。日本企業にとっての大きな挑戦的課題である。

新興国戦略のその後の動き

新興国の市場で規模がいちばん大きいのは，中間層であり，ボリュームゾーンといわれる。本書の第3版の執筆当時，このボリュームゾーンをねらう日本企業のうごきが，注目された（212-214ページ）。

パナソニックはインド市場専用のエアコン（約3万円），液晶テレビ（5万円以下）の生産・販売をはじめた。中国では，家電下郷の政策に対応して約1万3400円の全自動洗濯機を発売した。

ダイキンは格力と提携して，低価格の製品の開発・生産・販売のノウハウを得て，中国のボリュームゾーンを開拓する戦略を開始した。

ホンダは，中国のコピーメーカーと合弁して，それまでの価格の半値の2分の1バイク（1/2バイク，以下2分の1バイクと記す）を開発・生産・販売して，中国をはじめアジアでのシェアを回復し向上させた（太田原，2009，192ページ）。

トヨタ自動車は，新興国重視の戦略に対応した組織変更を行ない，組織をレクサス，第1トヨタ，第2トヨタ，そしてユニットセンターの4つにわけた。第1トヨタは，日米欧の先進国を担当し，新興国市場を本格的に開拓するために，新興国を担当する組織として「第2トヨタ」を設けた（吉原ほか編，2013，35ページ）。

これらのボリュームゾーン戦略のその後の成否をみると，ボリュームゾーン戦略は成功しているとはいえないようである。

トヨタは2013年に「第2トヨタ」を設けたが目立った成果はあがっていない（『日本経済新聞』2015年5月18日）。トヨタは「エティオス」を2010年に新興国市場開拓の戦略車として投入したが，インドでは見向きもされなかった（『日本経済新聞』2015年5月18日）。

　「ダイキンの高機能空調，中国で稼ぐ」（『日本経済新聞』2015年1月9日）。格力と提携してボリュームゾーンをねらうとされているが，主要な市場はボリュームゾーンではなく，富裕層である。

　インドにおけるエアコンについての現地調査によると，パナソニックはボリュームゾーンでインド企業，韓国企業や中国企業との競争で苦戦しており，高付加価値製品をふやす方向に戦略を変更している。ダイキンは，業務用とインバーターという上位市場で他社を圧倒している。他の製品分野をふくめて，日本企業は，ジャパン・クオリティのブランドをアピールしている[2]。

　このように各社は，ボリュームゾーン戦略から富裕層戦略に，戦略を転換している。あるいは，当初の戦略が富裕層戦略だったから，この戦略転換は富裕層戦略への回帰というほうがよいかもしれない。

　なお，ホンダの2分の1バイクはボリュームゾーンむけの製品ではない。高い価格，高品質，高性能，強いブランドの特徴をもっており，富裕層（中間層上位をふくむ）むけの製品である。

　いま，富裕層（中間層上位をふくむ）と表現したが，これについて付言したい。うえでみた企業の事例の場合，富裕層だけを限定して対象の市場にするのではなく，中間層の上位部分をふくめて対象市場にするのがふつうである。つまり，富裕層戦略という場合，対象市場の富裕層には中間層の上位部分をふくむのがふつうである。このことを考えて，以下で富裕層というとき，それは中間層上位部分をふくむものとしたい。

　第3版を執筆の時点（2010年）では，新興国戦略として格安製品

によるボリュームゾーン戦略がビジネスジャーナリズムから注目されていたが，最近では，高品質，高性能，高技術，ブランドなどの特徴の製品（価格は高い）によって，富裕層に照準を合わせる戦略が注目をあつめるようになっている。つぎのような見出しの記事が目につく。

- ▶高級白物家電，東南アジアに　日立，ダイキン（『日本経済新聞』2015年6月6日，夕刊）
- ▶パナソニック，アジア家電，高級シフト（『日本経済新聞』2015年5月28日）家電のプレミアムゾーンの強化により中国やアジアで成長を加速する
- ▶トヨタ，新興国で再加速（『日本経済新聞』2015年5月22日）戦略車「IMV」11年ぶり全面刷新，まず激戦地タイに。タイでの最低価格は56万9000バーツ（約206万円）
- ▶トヨタ，インドにレクサス，2017年にも販売店（『日本経済新聞』2015年7月7日）

なぜ，ボリュームゾーン戦略は成功しないのだろうか。ボリュームゾーン戦略にはどのような問題点があるのだろうか。ここでは，つぎの3つをあげることにしたい。

第1は，経営資源の問題である。技術については，技術の下方硬直性の問題がある。技術者には，これが当たり前という技術のレベルがあり，それを下回る技術レベルの製品を開発することは，心理的抵抗，学習意欲などからむずかしいという（217ページ）。

ここで技術についてのべた下方硬直性は，技術だけでなく，熟練，技能，態度，行動や発想のクセなど，経営資源の全般にあてはまる。

第2の問題点は，競争企業である。インドのエアコン市場において，ボリュームゾーンむけの格安製品の企業には，インド企業のほかに，韓国，台湾，中国などの企業がある。新興国の格安製品のビ

ジネスで日本企業がこれらの企業と対等に競争することはむずかしい。

　第3の問題点は，競争の方式である。価格競争中心の競争である。これは，日本企業が得意にするものではない。日本企業が得意な競争は，品質，性能，サービス，ブランドなどを武器とする競争である。

　他方，富裕層戦略には，つぎのような合理性がある。

　まず，いまみたようなボリュームゾーン戦略の問題点がない。

　つぎに，対象市場の富裕層の増大がある。ここでいう富裕層には中間層の上位部分をふくめているが，その富裕層が新興国の経済成長とともに増大している。世界の経済成長の軸は先進国から新興国へとシフトしているが，この新興国シフトによって，富裕層も増大している。このうごきは，長期につづくと思われる。

　以上を総括すると，新興国戦略の特徴として，つぎの2つをあげることができる。

　第1は，日本生まれの製品・サービス・技術などの経営資源を現地で展開することである。「郷に入れば郷に従う」といわれるが，これとは反対方向の戦略である。日本生まれの製品・サービスが現地にすぐに受け入れてもらえない場合，リードユーザー，早期購入のユーザー，品質重視の顧客など日本生まれの製品・サービスを受け入れてくれる顧客をさがす。また，顧客に良さをわかってもらう，試してもらう，などの努力をする。もちろん，現地適応は必要である。製品の仕様，意匠（デザイン），販売方法などは，現地のニーズに合わせて柔軟に変更する。

　第2は，富裕層（中間層上位ふくむ）に照準を合わせた戦略である。ブランド，信用，信頼を武器に訴求する。当面は市場規模が大きくないかもしれないが，新興国の経済成長とともに増大する富裕層お

よび中間層上位を味方にして，時間をかけて，小さく生んで，大きく育てるのである。

　この2つの特徴は，じつは，新興国戦略のこれまでの通説とはちがう。これまでの新興国戦略論では，新興国の大きな市場である中間層のボリュームゾーンに重点をおくべきであり，そのためには，日本の経営資源とは異なる経営資源を蓄積・開発・獲得しなければならないとされる。

　日本企業の新興国戦略の上記の2つの特徴は，日米欧の先進国市場と新興国市場の類似性を強調することになっている。先進国市場と新興国市場のあいだには，類似性と異質性の両方がある。新興国戦略論の通説では，先進国市場と新興国市場の異質性が強調される。それとは対照的に，ここでのべている新興国戦略では，異質性よりも類似性が重視されている。

　この点にかんして，市場の世界共通化・ボーダーレス化の進展，その結果としての先進国市場と新興国市場の異質性の減少と類似性の増大をみることにしたい。

　いまや，世界中のひとが，スマートフォン（通称スマホ）で，サッカーのワールドカップやテニスの試合をみて，たのしむようになっている。テレビ，パソコン，携帯電話など情報端末機器は世界中に普及している。SNS（ソーシャルネットワーキングサービス，交流サイト）によって，情報は瞬時に世界中のひとに伝わり，共有される。IT（情報技術）の発達によって，このような現象がみられるようになっている。

　製品・サービスの世界標準モデルが生まれ，ふえている。オフィス，キャンパス，街角，レストラン，行楽地などにおいて，ひとびとの服装，持ち物，食べ物，飲み物などが似たようになってきている。先進国の都市と新興国の都市を中心に需要の世界均一化が進行

し，流行のタイムラグがなくなりつつある。

　比較的少数の世界的ブランドの商品が，世界中で需要されている。コーヒーショップ，ホテル，レストラン，小売店，物流，ネット通販などのサービスの分野においても，世界的な企業が相当に高いシェアを占めている。

　いまみたような現象は，ボーダーレス化と関連がある。国境がなくなったわけではないが，国境の壁の高さは低くなってきており，ヒト，モノ，カネ，情報が国境をかなり自由に行き来するようになっている。

　情報技術や通信技術の発達によって，従来の郵便，国際電話，テレックスがメールやインターネットへと変化しつつある。新しい情報技術や通信技術を使うと，無料で国際電話を使うことができる。

　交通の技術革新や経営革新の進展も重要である。格安航空の普及につれて，国際航空運賃は大幅に低下している。大型タンカーやコンテナ船は国際貨物輸送の増大と低価格を実現している。国際宅配便が法人と個人によって利用されている。海外旅行が増大し，先進国のひとに加えて，新興国のひとも海外旅行をたのしむようになっている。

　全体として，ヒト，モノ，カネ，情報の国境をこえるうごきが増大している。それは，地域・国のあいだの相違を減らす方向に作用している。

　新興国戦略にかんしては，最後に，底辺層（BOP）に照準を合わせる戦略をみることにしたい。

　2009年をもって BOP ビジネス元年といわれる（『ジェトロ世界貿易投資報告』2014年版，75ページ）。BOP ビジネスでは欧米企業が先行しており，日本企業は10年ほどのタイムラグがあるといわれる。

　BOP ビジネスは，新聞や雑誌などでとりあげられることがある。

また，学会のテーマにされることがある。しかし，日本企業は，全般的に，BOPビジネスへの関心が低く，したがって積極的でない。BOPビジネスの事例は，住友化学のタンザニアでのマラリア原虫を媒介する蚊を防ぐ蚊帳（水野，2015），雪国まいたけのバングラディシュにおける合弁「グラミン雪国まいたけ」，ヤクルトの女性主体の販売，味の素の調味料の小袋販売（星野，2012，285ページ，294ページ），ヤマハ発動機の小規模浄水供給装置（大石，2012，333ページ）などがあるが，数はすくないし，ビジネスの規模も小さい。第3版において，BOPビジネスの重要性は高くない，と書いた（吉原，2011，225ページ）。そのときから10年ほど経ったが，これを訂正する必要はないようである。BOPビジネスに積極的でないのは，日本企業の慎重な実利主義のためであると思われる。

■注
1) 世界同時不況の2009年に中国政府は4兆元（約55兆円）の景気刺激策を実施したが，その一環に「家電下郷政策」があった。農村の家電購買をふやすために，家電企業に農村むけの低価格の製品の販売を奨励した。日本企業もこの政策に対応して，廉価品を取り揃えた。
2) 上野正樹，メール私信，2015年3月12日，本人の了解のうえ引用。

第 10 章

サービス企業の海外進出

1 サービス企業の特徴

　ここでいうサービス企業は，非製造企業，すなわち，第一次産業と第二次産業の企業をのぞく企業である。その主要なものをあげると，商業，金融，不動産，運輸，情報通信，電力・ガス，サービス（ソフトウェア，コンサルタント，会計，教育，放送，観光，飲食，医療福祉，娯楽など）の企業である。

　製造企業との比較でサービス企業の特徴としていろいろの特徴があげられているが，ここでは，つぎの3つの特徴を重視したい。

> **内需型企業**

第1に，内需型企業がほとんどであり，外需型企業はすくない。

　内需とは国内需要であり，内需型企業とは国内需要にこたえる企業，すなわち，国内販売中心の企業である。他方，外需は海外の需要であり，外需型企業は海外販売が相当に高い割合の企業である。

外需型のサービス企業には，貿易商社（総合商社など），および海運，空運などの企業があるが，サービス企業のなかでは少数である。ここでは，内需型のサービス企業をとりあつかうことにしたい。なお，外需型の総合商社についてはすでにとりあげている（43ページ）。

　内需型企業は，定量的には，海外販売比率が5％未満（あるいは10％未満）の企業と考えることができよう。

| 輸出の経験 | 第2に，サービス企業の多くは輸出の経験がない。 |

　サービス企業の多くが輸出の経験がないのは，生産と消費の同時性というサービスの特徴のためである。小売，ホテル，外食，運輸，観光など多くのサービス企業では，この特徴のために輸出がない。サービスを外国で販売するためには，外国に出て，そこで販売（事業）をしなければならない。

　とはいっても，サービス企業のなかに輸出をするところはある。サービスを物財（フィルム，CD，DVD，書物など）にできるとき，それを輸出する。また，ITの発達，普及や規制緩和などによって，サービス企業の輸出はふえている。インド，フィリピン，中国などのサービス企業は，コールセンターやバックオフィス業務，ソフトウェア開発業務などを輸出している（井上，2006，50ページ）。

　さらに，近年，訪日外国人がふえており，かれら，あるいは彼女たちの日本国内での宿泊，交通，観光，飲食，買い物など（インバウンド消費といわれる）が相当の金額になっているが，このインバウンド消費は，サービスの輸出としてあつかわれる。これは，つぎのように考えるとわかりやすい。ホテルを海外につくって外国人に宿泊してもらうのではなく，外国人に日本にきてもらい，日本にあるホテルに泊まってもらうのである。

　製造企業の場合，国内販売から海外販売，すなわち輸出にすすみ，

さらに海外生産へとすすんでいくのが一般的である。これにたいして、サービス企業では、輸出の段階なしに海外進出へとすすむところがほとんどである。ここでいう海外進出は、外国でサービスの販売、生産、開発などに取り組むことを意味する。

規制産業
　　　　　第3に、サービス企業の属する産業のほとんどは規制産業である。投資母国において、また、進出先国において、さまざまな規制をうける。製造企業も、投資母国および進出先国において規制をうけるが、サービス企業のうける規制のほうが多く、強い。

　サービス産業が規制産業である理由としては、まず、サービス産業には幼稚産業、すなわち、未発達で競争力が弱いために保護が必要と考えられるものが多いためである。これは、先進国以外の国のサービス産業にとくにあてはまる。つぎに、サービス産業には労働集約的な産業が多く、雇用の点で重要であり、保護ないし規制の対象になる。情報、通信、交通、エネルギーなどは、国の安全保障に重要なかかわりをもつ。娯楽、教育、放送などは文化や国民感情に大きな影響をおよぼすので、外国企業の進出は問題視されることが多い。

2 海外進出の事例

製造企業の海外進出の成功要因
　　　　　サービス企業は海外進出で成功できるだろうか。
　製造企業の海外進出の経験にもとづいて、海外進出の成功要因としてつぎの3つをあげることができる（吉原．2011）。

►(1) 世界に通用する商品・サービス・経営資源

►(2) 国際経営ノウハウ

►(3) 不確実性対応力

(1)は，世界に通用する商品・サービス・経営資源である。ここでいう経営資源には，技術，ノウハウ，組織能力，ブランドなど情報的経営資源（見えざる資産，無形資産）やビジネスモデル（成功モデル，ベストプラクティス，得意技）をふくめることができる。

(2)は，国際経営ノウハウである。海外市場についての知識，外国語の能力，外国人といっしょに仕事をするコツ，現地政府との交渉能力などが，ここでいう国際経営ノウハウである。

成功要件の第3番目の不確実性対応力は，文字通り，不確実な状況のもとで企業が困難に耐えて存続するために役立つ能力である。この不確実性対応力としては，資金力ないし資本力が重要である。海外進出では，予期せざるさまざまな困難に遭遇する。資金力のある企業は，困難な状況のなかで耐えて，苦境を脱することができる。困難に遭遇してそれを切り抜けた経験，不屈の精神，臨機応変な柔軟性なども，不確実性対応力に加えることができる。

以上の3つの成功要件は，重要性において，(1)がいちばん重要な要件あるいは基礎的な要件であるのにたいして，(2)と(3)は，それに次いで重要なものであると区別して考えることができる。

海外進出の成功要因の生成

さて，上記の海外進出の3つの成功要因の生成についてみると，つぎのようにいえる。

(1)の，世界に通用する商品・サービス・経営資源は，日本で生まれる。企業は，国内的企業であったときは，国内で経営活動をする。その国内経営のなかで，商品・サービスを開発し生産し販売する。そして，技術など経営資源を蓄積し発展させる。国内的企業から多国籍企業に発展する企業の場合，国内的企

業の段階にあっても，基本的な意味では商品・サービス・経営資源は日本市場だけに通用するものではなく，外国の市場でも通用するものである。

自動車企業を例にとると，国内的企業のときに，未舗装のせまい道路，高いガソリン，低所得の顧客，品質・サービスにきびしい顧客など国内の市場条件や顧客の特徴に適合した小型，低価格，低燃費，高品質などの特徴をもつ乗用車を開発し，生産する。この商品およびそれを開発し生産する経営資源は，やがて外国市場でも通用すること，そして競争力の源泉になることがわかってくる。

(2)の国際経営ノウハウは，主として海外進出の経験のなかで蓄積強化されていく。製造企業の場合，輸出の段階で国際経営ノウハウの蓄積がすすむ。国内的企業が輸出をはじめるとき，商社を通じて輸出することによって国際経営ノウハウの不足を補う。そして，輸出をしながらノウハウを蓄積して，しだいに商社からはなれて自社で輸出するように変わっていく。

(3)の不確実性対応力は，基本的には国内の強い経営基盤から生まれる。具体的には，国内の高いシェア，業界での競争力，高い収益力などにもとづくことが多い。

以上の3つの成功要因のうち第1番目と第3番目の要件は，国内経営から生まれる。このことから，国内経営が海外経営の成功のキーファクターであるといえる（15ページ）。

サービス企業が日本市場で生み出すもの
うえで製造企業の海外進出の経験をみたが，では，サービス企業は国内経営のなかで，世界に通用する商品・サービス・経営資源を生み出しているだろうか。

日本市場の特徴としては，まず第1に，先進国市場をあげることができる。日本は経済的にゆたかな国である。つぎに，便利，快適，

清潔，安全などの特徴をあげることができる。第3番目に，日本の人口は世界の50分の1にすぎない。しかも，人口は年々減少している。これら3つから，日本市場は世界のなかの高級なニッチ市場といえよう。

その日本市場で生まれる商品・サービス・経営資源には，高価格，高品質（高レベルのサービス）の特徴がある。また，日本人によって，日本語で提供される。さらに，ローカル・ブランドであり，世界的に有名なブランドはほとんどない。これは，トヨタ，ホンダ，キヤノン，ソニー，パナソニック，コマツ，ファナックなど，製造企業にはグローバル・ブランドが相当数あるのと対照的である。

日本市場で生まれる商品・サービス・経営資源は，外国の市場で通用するだろうか。需要があるだろうか。

サービス企業にとっての外国市場は，大きく，先進国市場と新興国市場にわけることができる。新興国の市場は，一般に，TOP（富裕層），MOP（中間層），BOP（底辺層）にわけられる。日本のサービス企業が対象にする市場は TOP が中心であり，それについで MOP の上位部分と思われる。これは，製造企業のこれまでの経験にもとづいていえる。

海外進出の経営成果

つづいて，サービス企業の海外進出の経営成果ないし業績をみるが，業績評価の尺度として，成功・善戦と失敗・苦戦の2つを採用したい。これはつぎの意味で使うことにする。海外の事業を3つの基準，すなわち，規模，成長性，利益を基準にして，成功・善戦，あるいは失敗・苦戦，と判断したい。

具体的には，売上高あるいは利益（とくに営業利益）の全体のなかで，海外の売上高あるいは利益（とくに営業利益）の比率・割合が小さい（たとえば5％以下，あるいは10％以下）とき，失敗・苦戦と判断

し，比率・割合が相当のレベル（たとえば20％以上，あるいは30％以上）のとき，成功・善戦と考えたい。利益については，黒字であるか赤字であるか，また，利益率の高低は，業績の判断材料として重要である。また，海外事業の継続と撤収も，海外事業の成功・善戦と失敗・苦戦を判断するうえでポイントになる。

さて，1997年から98年にかけて発生したアジア通貨危機のとき，多くのサービス企業がアジアから撤退した。その業種は商社，小売（百貨店など），銀行，証券，不動産，海運，旅行など広範囲におよんだ（吉原，2001，40 - 43ページ）。

子会社のNTTドコモとNTTコミュニケーションを中心にしてNTTは2000年夏から01年春までのあいだに，欧米とアジアに2.4兆円を投資した。当時は通信バブルであり，バブルの崩壊とともに投資先企業の株価が下落し，NTTは，2002年9月期までに2.2兆円の損失を計上した。2.4兆円の投資で，2.2兆円の損失であり，史上最大の投資，史上最大の損失，である（山田，2003，44 - 45ページ）。なお，NTTは海外投資を再開している。2010年に，南アフリカのIT大手の買収に約2800億円を投資したのをかわきりに，1兆円近い資金で米国，スペイン，フランスの企業などを買収している（『日本経済新聞』2014年10月3日）。

楽天は，打倒アマゾンの目標をかかげて海外に進出しており，台湾，タイ，インドネシア，米国，フランスなどで事業を行なっている。同社の海外事業は試行錯誤の連続であり，成功事例は台湾での事業をのぞいてほとんどない。海外のネット通販の流通総額は国内の4％程度（2014年1 - 3月期）しかない（『日本経済新聞』2014年6月27日）。

海外進出しているサービス企業としては，メガバンク3行（三菱東京UFJ，三井住友，みずほ），野村ホールディングス，不動産（三井

不動産など），セコム，ヤマト運輸，百貨店（三越伊勢丹，J.フロント
リテイリング，高島屋など），吉野家などがあるが，いずれも成功・
善戦と判断できる状態ではない。

海外進出で失敗・苦戦
するサービス企業

ここで，日本のサービス企業のアジアでの
経営を現地調査した安積敏政の主要な発見
事実のうち，つぎの3点に注目したい（安
積，2011，300-301ページ）。

第1に，製造企業と比較して，サービス企業のアジア進出は時間
的に後発である。製造企業がアジア進出を本格化したのは，1980年
代だった。たいして，サービス企業がアジア進出を開始したのは
2000年代になってからであり，20年ほどのタイムラグがある。アジ
アにかぎらず，他の国・地域をみても，先発の製造企業，後発の
サービス企業という対比があてはまる。

第2は，海外比率の低さである。売上高の海外比率が10％をこえ
るサービス企業は少数しかない。製造企業の場合，海外売上高比率
と海外生産比率の平均はともに40％近くに達している。

第3は，悪いパフォーマンスである。成長率が低く，利益率も低
い。アジアをふくめて海外事業で損失を出している企業は多い。製
造企業では，売上高の成長と利益（額・率）ともに，国内よりも海
外のほうが上である企業がふえている。

このようにサービス企業のほとんどは，海外進出で失敗ないし苦
戦しているが，成功・善戦している企業はある。

海外進出で成功・善戦
するサービス企業

セブン－イレブン・ジャパン（以下，セブ
ン－イレブン）は，米国のサウスランド社
（コンビニエンス・ストア生みの親）とフラ

ンチャイズ契約をむすび，1974年に日本の第1号店を出している。
その後，成長発展をつづけ，コンビニエンス・ストアのトップの地

位を保持している。

　1980年代後半から経営危機に直面していたサウスランド社を1990年に子会社にして，経営の再建に取り組み，その後，米国でも成長発展をとげている。セブン－イレブンは，米国に約7800店をもっており，営業利益は512億円である。同社の日本をふくむグローバルな営業利益2127億円の24％である。これまでの郊外店中心を，日本と同じ都市型に転換して，早期に1万店にふやすという（『日本経済新聞』2014年11月9日）。また，セブン－イレブンは，アジアに進出して，事業を拡大している。

　公文教育研究会は，1958年，大阪数学研究会としてスタートしている。日本で86の事務所，1万6800の教室，1万5000人の指導者（2011年現在）の規模に達している。

　同社は1974年にニューヨークに進出した。これが海外教室第1号である。アラバマ州公立小学校サミトン校で，公文式学習を正課にして，算数の点数が上昇した。これがサミトンの奇跡として大きく報道され（1988年），公文が世界中で注目をうけることになり，米国をはじめ世界各国で事業が急成長した。世界で440万人の学習者（教科当たり延べ人員）を数えるまでになっている。学習者数は国内より海外のほうが多い。同社は，売上高725億円，営業利益77億円（2011年）の好業績企業である（小松，2012，306－324ページ）。

　ユニクロ1号店誕生から30年が経つファーストリテイリングは，世界的なアパレルSPAになることをめざして海外進出を開始した。海外1号店は2001年の英国ロンドン（月泉，2012，191ページ）である。その後，米国，中国など多くの国・地域に進出するが，成功しなかった。10年ほどの長い試行錯誤を経て，最近になって成功がはじまっている。

　国内店856，海外店512（全体の37％）であり，海外売上比率は

27％と４分の１をこえる。なお，海外店（2013年11月現在）は米国17，英国10，フランス４，ロシア４，中国251，韓国115，台湾42，香港19，シンガポール13，タイ13，マレーシア12，インドネシア２，フィリピン11である（大石・久保田，2014，22−25ページ）。

　営業利益をみると，国内1000億円・３％増，海外350億円・91％増であり，海外シフトがはじまっている（『日本経済新聞』2014年４月11日）。なお，同社の海外の成功はアジア・中国が中心であり，欧米は今後の課題として残っている。

　無印良品のブランドで知られる良品計画も，成功・善戦の仲間に加えることができよう。国内事業が伸び悩みの状態にあるとき，海外事業は好調である。営業利益の全体に占める海外の比率はまだ２割程度だが，今後の利益成長の中心は海外におかれている。出店計画は，国内よりも海外に重点をおく。2018年ごろには，国内の店舗数を海外の店舗数が追い抜くとの見通しである（『日本経済新聞』2015年１月７日，６月10日）。

　なお，参考までにいうと，世界に広まる日本生まれのサービス産業の商品・サービスがある。カラオケ，マンガ，回転すし，おしぼり，おつまみなどである。これら日本生まれの世界的な商品・サービスで指摘できることは，日本企業は収益化に成功していないことである。カラオケは，いまや世界商品といってよいが，世界的なカラオケ企業に成長して世界市場で高いシェアを獲得している日本企業はない。特許・ビジネスモデル特許・商標権，ブランドなどにもとづく収益化に成功していない。

3 海外進出の特徴と要点

　前節までの議論をふまえて，サービス企業の海外進出の特徴，およびサービス企業の海外進出を考えるうえでのポイントなどをみることにしたい。

**世界に通用する商品・
サービス・経営資源**

　第1は，世界に通用する商品・サービス・経営資源である。

　サービス企業が海外進出で成功するか否かは，基本的には，世界に通用する商品・サービス・経営資源をもっているか否かによる。その商品・サービス・経営資源は，国内の顧客の要求，市場の特徴，競争状況，関連産業の特徴などを反映したものになる。

　日本生まれの商品・サービス・経営資源には，外国人にとって，快適，安全，信頼，清潔，時間厳守，かっこよさ，などの特徴があるといわれる。また，クールジャパン，かわいい，トーキョーなど，あこがれの対象になっているものがある。機能的価値に加えて，意味的価値をもつものとして，評価されるようになっている。

　日本の商品・サービス・経営資源の外国での需要が小さいとき，いかにして大きくするかが課題になる。この点で，情報革命，具体的にはスマートフォン（通称スマホ）の普及は重要である。短期間に，多くの人に知れわたるからである。製造企業が輸出や海外生産をはじめたときは，5年，10年の年月をかけて市場を開拓しなければならなかったが，近年の情報革命のおかげで，サービス企業は市場開拓の時間を短縮できる可能性がある。情報革命は，また，需要の世界標準化をすすめる。世界の多くの人が，テレビやスマホで，

オリンピック，サッカーのワールドカップ，世界的にヒットしているドラマや映画，ゲームなどをたのしむようになっている。アパレル，情報家電，エアコンや掃除機など白物家電，食品，生活用品にも，世界共通化が進行している。

サービス企業の海外展開　第2は，日本の商品・サービス・経営資源の海外展開である。

　サービス企業のこれまでの海外進出においては，現地の既存の商品・サービス・経営資源と異なる特徴をもつ日本のものを現地にもちこみ，その良さ，利点，優位性などを，使用・体験してもらうなどして，時間をかけてわかってもらい，購入・利用してもらう，という方法がとられている。成功・善戦の事例でみたセブン－イレブン，公文，ファーストリテイリングは，この方法をとっている。ヤクルト，ヤマト運輸，資生堂，YKK，サイゼリア（製造企業をふくむ）の中国事業は，各社のビジネスモデルないし得意技の中国展開であるという（伊丹編，2013，11ページ）。

　ヤマト運輸は中国で宅配便事業を展開している。「物がなくなる，変形する，汚れる，漏れる，時間通りに届かない」が当たり前の中国に，同社は，日本でのやり方をほぼそのまま移転しようとしている（藤原，2013，288-300ページ）。なお，同社の連結売上高に占める海外の割合は2％である（『日本経済新聞』2014年12月19日）。

　国際経営論では，現地適応の重要性が強調されることがある。この考え方は，「郷に入っては郷に従う」と表現される。サービス企業の海外進出の実際は，この考え方とは異なるものが多い。成功・善戦しているサービス企業の海外進出では，日本企業が現地に合わせて変化する（適応する）のではなくて，現地を日本の商品・サービス・経営資源に適応させる，つまり，現地を変化させることがポイントになるのである。

いうまでもなく，日本生まれの商品・サービス・経営資源がそのまま外国市場で通用するとは考えにくい。現地の状況にあわせるための現地適応が必要である。その現地適応には，マイナー適応から相当程度の適応まで，さまざまなタイプがあろう。ねらう現地市場の特徴（日本市場との相違の程度），企業側の姿勢（日本のものを強く打ち出す，あるいは現地に柔軟にあわせる，など）によって，現地適応のあり方や程度は異なると思われる。また，人事管理，従業員の教育訓練の進め方，商品の意匠（デザイン），食品の味付けなど，現地の慣習や風土に合わせることが必要なことはある。しかし，日本の商品・サービス・経営資源を海外で展開するという基本は，忘れてはならないポイントである。

| 国際経営ノウハウ |

　第3は，国際経営ノウハウである。サービス企業は国際経営ノウハウをいかにして習得し，蓄積するか。これは，サービス企業が海外進出をすすめ，成功させるうえで，ひとつの課題になる。

　製造企業は輸出をはじめるにあたり，商社経由の輸出など総合商社の助けを借りることが多かった。また，海外生産にあたっても，商社参加型合弁が相当数あった。サービス企業は，すこし異なる方法をとっているようである。総合商社の現役・退職の社員を雇っているところが少なくない。日本の製造企業の人材（現役・退職）を活用しているところもある。東南アジアや中国などには，現地で長年はたらいた経験のある日本人ビジネスマンが相当数いる。かれらのなかには，現地に永住するひとや長く住むひとがいる。サービス企業は，こういう現地にいる元日本人ビジネスマンの活用によって，国際経営ノウハウの習得を効率的にすすめられるかもしれない。

　現地の政府（中央・地方）や役所，各種団体などに対応するノウハウについては，現地の企業などとパートナーを組む方法で対処し

ているところが多い。

　製造企業が海外進出をはじめた1960年代から70年代のころは，現地パートナーは合弁企業の経営に参画しないことが多かった。サイレント・パートナーである。経営は日本企業が行なう。現地パートナーは配当などをうけとる。また，自分が経営する別の企業が合弁企業の製品販売，原材料調達，関連ビジネスなどをあつかうことによって利益をえる。近年では，このタイプのパートナーは減り，合弁企業の経営に参画するものが多い。この場合，経営方針などをめぐって意見の相違や対立が発生して苦労することがふえる可能性がある。サービス企業は，合弁企業における現地パートナーとの関係についても，早く，多くの経験を積んで，ノウハウを習得しなければならない。

日本的経営

　第4は，日本的経営である。

　製造企業の海外進出では，日本的経営，とくに日本的生産が強みになった。ところが，金融，情報通信，小売，ソフトウェア，飲食，娯楽など多くの分野のサービス企業の海外進出では，日本的経営，日本的生産が強みを発揮しにくいだけでなく，場合によっては弱みになるかもしれない。これらのサービス企業の経営では，スピード経営，大胆な決定，ITの活用などが特徴になっており，また，外部経営資源の活用やモジュール化も重要である。これらの特徴は，日本企業が苦手にするところといえよう。

　サービス企業の海外進出において，東南アジア，中国，インドをふくむアジア新興国が主要な対象市場のひとつになると考えられるが，そこにはすでに欧米企業とアジア新興国の企業が先発企業として存在している。うち，アジア新興国の企業の経営は多くの点で，日本的経営と対照的な経営である（本書，209ページ）。

　サービス企業が海外進出を展開するうえで日本的経営が強みにな

らないからといって，日本的経営を全面的に放棄して，ちがう経営（たとえば，上記のアジア新興国企業の経営）に変えることは，無理であるし，また得策でもないだろう。日本的経営の良さを発揮できるように経営する，あるいは，部分的に日本的経営を変える，これが，現実的な対応策になろう。

　海外進出で成功・善戦しているセブン-イレブンは，日本的経営の良さを生かした経営をしていると考えられる。他方，ファーストリテイリングは，日本的経営にアジア新興国企業の経営を相当程度とり入れた経営をしている。

| 海外の市場 |

　第5は，市場である。サービス企業の海外の市場としては，先進国市場，ならびに，新興国の富裕層（中間層の上位をふくむ）が中心になるだろう。これらの市場への参入にあたっては，日本生まれの製品・サービス・経営資源の水平展開が基本になる。多少の現地適応は必要であろうが，基本的には，製品・サービス・経営資源が通用すると考えてよい。新興国のボリュームゾーンである中間層の全体，および底辺層は，将来の課題として残さざるを得ないだろう。

| 試行錯誤と学習のプロセス |

　第6は，試行錯誤と学習のプロセスである。トヨタ自動車の米国輸出は，1957年にはじまる。しかし，ハイウェーを走れないなどトラブルが続出して，60年に輸出を中止する。車両の改良をつづけて，65年に輸出を再開する。そして，70年代半ばに，米国の輸入車販売台数第1位になる。トヨタ自動車の対米輸出には，10年ほどの試行錯誤と学習の期間があったのである（西野，2004，340-351ページ）。

　このトヨタ自動車にみるように，製造企業の海外進出の歴史は試行錯誤と学習のプロセスであった。

近年，百貨店（三越伊勢丹，高島屋），スーパー（イトーヨーカ堂，イオン，ユニー，平和堂），コンビニ（ファミリーマート，ローソン，ミニストップ），紀伊國屋書店，ブランドオフ，ミキハウス，ハニーズ，ポイント，モスフードサービス，壱番屋，大戸屋，ヤマハ音楽教室，ベネッセ，カラダ・ファクトリー，QBハウスなど，多くのサービス企業が海外進出をすすめている。地方のサービス企業の海外進出もすくなくない。重光産業，アレーズ，峰寿司，メープルハウス，ハチバン，三宝，ティークリエイトなどである（北川，2013）。これらのサービス企業は，海外進出をすすめるうえで，さまざまな問題，困難に遭遇するだろう。海外進出を成功させるためには，途中の挫折を乗りこえていかねばならない。

最後は，全体像である。

サービス企業の海外進出の全体像

以上の検討をふまえたうえで，サービス企業の海外進出は後発の挑戦としてとらえることができる。製造企業の海外進出にくらべて，サービス企業の海外進出は20年ほどのタイムラグ（時期的なおくれ）がある。サービス企業のほとんどは内需型企業であり，輸出の経験があまりないために，国際的に通用する商品・サービス・経営資源の蓄積・発展がすすんでいない。国際経営ノウハウは欠如ないし不備である。日本的経営が強みでなく弱みになるかもしれないこと，先行する欧米・アジア企業などとの競争，ブランドや企業の知名度の低さなど，サービス企業の海外進出には克服すべき障害物は多く，困難性は高い。

しかし，サービス企業がおかれた状況をみると，「縮む国内」で成長をとげることは容易でない。拡大する海外に進出して成長をめざす必要性は強い。

サービス企業は海外進出をすすめるにあたり，製造企業の海外進出の経験から学べることは多いはずである。また，海外進出で成

功・善戦している先行のサービス企業を参考にできる。さらに，外国のサービス企業もいろいろのヒントやアイデアを提供してくれるはずである。

外国企業の海外進出　ここで，参考までに，外国のサービス企業の海外進出にふれたい。

まず，海外進出している欧米のサービス企業は多い。いくつかの産業分野について，主な企業あるいは業種をあげると，つぎのようになろう。ホテル：シェラトン，ヒルトン。金融：銀行，証券，保険。流通（小売）：カルフール，ウォルマート。専門サービス：コンサルタント，会計事務所，情報サービス。飲食：マクドナルド，スターバックス。物流：フェデックス，DHL。ネット通販：アマゾン。

アジアのサービス企業にも海外進出しているところが少なくない。台湾：エバーグリーン（海運・陸運・航空），香港：長江実業，中国：アリババ，テンセント，タイ：セントラル・グループ，CPフーズ，インド：インフォシス・テクノロジー，マレーシア：エア・アジア，などである。

なお，最近の訪日外国人増というビジネスチャンスを生かすために，サービス企業は，国内において外国人を対象にビジネスを展開するようになっている。サービス企業のこの国内における国際経営は，第11章で，インバウンド戦略としてとりあげたい（248ページ）。

第11章　国際経営の新展開

1 国際経営戦略の新しい動き

製造企業の円安対応の戦略シフト

外部環境の新しい動きとして，円高から円安に変化している。1985年9月22日のプラザ合意後から，円高がはじまった。85年9月，1ドル約240円だったが，その後の2年半ほどのあいだに120円台になり，95年には100円を割る（本書，図4-1，63ページ）。絶対額で140円，率にすると60％近い円高である。たいして，今回（2015年時点，以下同じ）の円安は，1ドル約80円（2012年）が120円ほど（2015年）に変化したから，絶対額で約40円，率にすると約50％の円安である。プラザ合意後の円高の変化率と今回の円安の変化率には，それほど差がないのである。

1985年の急激な円高に対応するために，輸出から海外生産への戦略シフトが起こった（62ページ）。では，今回の円安のもとで，逆の

243

戦略シフト，すなわち，生産の国内回帰と輸出増が起こるだろうか。

　新聞・雑誌に，生産の国内回帰と輸出増の戦略シフトを報じる記事がふえている。

- ►家電生産，国内に一部移管，レンジなど　パナソニック，円安で（『日本経済新聞』2015年1月6日）
- ►小型二輪生産，一部国内へ，円安受け，ホンダ，ベトナムから（『日本経済新聞』2015年1月7日）
- ►生産体制，円安で見直し　キヤノン，国内比率5割超に，新製品，原則，日本で（『日本経済新聞』2015年1月9日）
- ►国内ドック16年ぶり　今治造船，円安で競争力，400億円投資（『日本経済新聞』2015年1月29日）
- ►国内工場8年ぶり，250億円投じ電子部品，TDK（『日本経済新聞』2015年2月26日）
- ►設備の稼働率，急上昇　輸出回復，企業の投資後押し（『日本経済新聞』2015年3月17日）
- ►車生産，国内に回帰　トヨタ，カムリ輸出再開　ホンダ，北米向け一部，円安で競争力，海外拠点補う，トヨタ，「消費地で生産する戦略に変更はないが，日本を機動的に生産補完拠点として活用する。」「日本へ戻す生産量は約4％だが，……」（『日本経済新聞』2015年5月3日）

　他方で，海外生産の拡大がつづく，円安のもとでも輸出は伸びていない，との記事もある。

- ►トヨタ，米生産，計画変えず（『日本経済新聞』2015年1月9日）
- ►海外生産，拡大続く　円安でも，海外生産能力の拡大は進む，内閣府の調査（『日本経済新聞』2015年3月4日）
- ►円安と輸出増による成長が，ふたたび起きるか。企業のグローバル生産構造が変わってしまっているから，起きない（『日本経

済新聞』2014年12月29日）

▶円安でも輸出伸びぬ　生産拠点の世界分散，ブランド戦略，コマツのICT（情報通信技術）ブルドーザー（『日本経済新聞』2015年1月15日）

今回の円安のもとで，各社がいっせいに生産国内回帰と輸出増に戦略を転換しているようではない。戦略転換は，いくつかの企業が，慎重に，すこしずつ，はじめているようである。戦略シフトのこの特徴は何にもとづいているのだろうか。

最近の円安のもとでの国際経営戦略の変化について，その戦略変化のスピード，業種による差，企業ごとの差などを考えるときに役立つ論点を4つみることにしよう。

第1点は，戦略の固定性である。外部環境に変化（いまは円安を考えている）が生じたからといって，戦略がその変化に対応して瞬時に変化するものではない。戦略には固定性という性質があるためである。ここでいう戦略の固定性とは，戦略は固定していて変化しないことを意味しない。戦略は変化するが，戦略の変化には時間がかかることを意味する。

さきの新聞記事によると，トヨタ自動車は一部の車種をのぞいて，生産の国内回帰をせずに，海外生産とくに米国生産をつづけると報じられている。同社にかぎらず，自動車企業の場合，量産規模の工場の設備投資額は相当のものであり，既存の海外工場の生産を縮小あるいは中止して，国内工場の設備増強あるいは工場増設，さらには工場新設をすることは，設備投資の大きな変化になる。ヒト，モノ，カネなど経営資源の配分や調整に相当の負荷がかかることになる。そのために，為替レートの変化に機敏に対応することは困難である。

サプライチェーン（52ページ）も，戦略の固定性を生む。サプラ

イチェーンを構成している要素活動（調達，生産，販売など）は，独立的ではなく，相互に関連しており，ひとつの要素活動の変化は他の要素活動に影響する。

　組織能力も戦略の固定性のひとつの理由である。ここでいう組織能力は，熟練，技能，態度，行動や発想のクセなどを意味している。海外生産の推進に適した組織能力を，生産国内回帰と輸出増に適した組織能力に変えることは容易ではない。時間をかけて，すこしずつ変えていかなければならない。

　じつは，30年ほど前のプラザ合意後の円高に対応する戦略シフトは，瞬時になされたわけではない。3年，5年，10年の年月をかけてすすめられたものである。その戦略シフトは，すべての産業，企業に一律に行なわれたのではない。企業の属する産業，組立型であるか統合型であるか，量産工場の規模，サプライチェーンの重要性，価格競争型か非価格競争型かなど，さまざまな要因によって差があった。

　戦略の固定性にかんしては，戦略の決定，戦略の実行，戦略の実績（結果）の3つのあいだのタイムラグにも注目する必要がある。円安という外部環境の変化をみて，仮に2014年に生産国内回帰と輸出増に戦略を転換することを決定したとする。この戦略を実行するためには，たとえば，海外工場での生産の一部を国内工場にうつすために国内工場の設備の増強を行なう。そして，国内工場から輸出をふやす。これには，1年あるいは2年かかる。海外生産の減少，国内生産の増加，そして輸出増という実績（結果）が数値として出てくるまでには，さらに1年，2年はかかるだろう。

　第2点は，市場内生産（経営）の利点である。

　海外市場のなかに販売拠点，生産拠点，研究開発拠点をもつことの利点は大きい。現地にいることによって，精度の高い情報を入手

しやすい。市場のうごきに迅速に対応しやすい。現地に経営拠点をもつことは，顧客の信頼を高めるのに役立つ。各国・各地域の原材料や部品などのモノの調達，また，経営者，管理者，専門家，技術者など人材を獲得するうえでも，現地に経営拠点をもつことの意義は大きい。

　第3点目として，非価格競争（高付加価値の競争）をあげることができる。

　価格競争ではコストの重要性は格段に高いが，非価格競争ではコストの重要性はかならずしも高くない。円安という為替レートの変化は，ひとつのコスト要因の変化であり，価格競争においては競争力の強弱に直結するかもしれない。他方，非価格競争では，製品の性能，新規性，使いやすさ，耐久性，デザイン，ブランドなどが重要である。これらの価格以外の点で競争優位性をもつためには，技術，ノウハウ，組織能力などが重要である。

　うえでみた戦略の固定性，市場内生産の利点，非価格競争の3つは，製造企業を念頭において説明したが，非製造企業にもあてはまるといえよう。非製造企業も，外部環境に変化が生じても，その変化に対応すべく戦略を瞬時に変更するわけではない。

　最後に，第4点として，トレンドの変化の見極めのむずかしさを加えることができる。

　円安は事前には予測できなかった。円安の今後のレベル（どこまで円安がすすむか），円安が定着するか，円高にもどるか，予測はむずかしい。円安が直線的に進行することはまれで，一時的に円高に戻ることがある。トレンドの変化は，事後的にしかわからないことが多い。

　以上にみたことは，全体として，現在の円安の変化のもとでも，生産国内回帰と輸出増の戦略シフトは，各社がそろって，一気に大

規模にすすめるものではないことを示唆している。戦略シフトは，漸進的に，比較的小規模に，起こるのではないだろうか。戦略シフトは，産業，企業によって，ちがいがでてくるだろう。戦略シフトで先行するのは，非製造企業であり，製造企業のなかでは，資本装備率の低いところ，具体的には，組立型の企業であり，価格競争型の企業などであろう。反対に，資本装備率の高い企業，部品・材料などの企業，非価格競争型の企業などは，戦略シフトにおいて後発になり，戦略変化は漸進的であり，部分的で小規模なものになるのではないだろうか。

非製造企業のインバウンド戦略

訪日外国人が増加している。[1]

2014年の訪日外国人は1341万人で，前年より約300万人の増加（29％増）である。訪日外国人は，東日本大震災の2011年に大きく落ち込んだが，その後ふえており，2013年に1000万人の大台に乗せた。訪日外国人は2015年に1800万人前後，場合によっては2000万人近くになるとの見通しである。14年より約450万人から600万人の増加である。この勢いがつづくと，東京オリンピックが開催される2020年の2000万人の目標は，前倒しで2016年に，場合によっては2015年に，達成されるだろう。

　参考に，他国の受入外国人旅行者をみると，フランス（8302万人），米国（6700万人），中国（5770万人），スペイン（5770万人），イタリア（4630万人）が上位5カ国であり，日本（840万人）は33位にとどまっていた（2012年）。日本は異例に受入外国人旅行者のすくない国であることがわかる（日本旅行業協会，2014年のデータ）。このデータからすると，東京オリンピックの2020年に2000万人というのは，控えめな目標といえるのではないだろうか。

　ここで，訪日外国人の人数と増加数を理解ないし実感するために，日本の人口と比較してみたい。

日本の人口は2005年にはじめて前年を下回り（1万9000人減），以後，増減していたが，2011年に25万9000人減り，以降，毎年，前年を20万人以上下回って推移している（『世界国勢図会』第25版，52ページ）。

　訪日外国人1341万人の1日平均の滞在人数は約3.6万人であり，仮に滞在期間が5日間であると，18.4万人になる。日本の人口約1億3000万人の約0.14％である。2014年の訪日外国人増300万人について同様な計算をすると，4万人である。人口減20万人の20％である。訪日外国人増は，日本の人口減を緩和する役割をはたしているといえるのではないか。

　さて，訪日外国人が増加している理由には，円安，ビザ発給要件の緩和，誘致活動，羽田空港の能力増強，格安航空の増加，アジアの成長と富裕層・中間層の増加，それに，日本の魅力などがある。日本の魅力（よいところ，利点）としては，平和，安全，清潔，静か，豊か，親切，美しい，自然にめぐまれている，便利，正確，約束を守る，ウソをつかない，信用，信頼，おだやか，笑顔，ゴミが落ちていない，などがあげられている。

　さて，ここで，インバウンドについてのべたい。

　インバウンドはアウトバウンドと対の用語であり，旅行業界の用語であるが，それが一般的に使われるようになってきている。

　インバウンドは，訪日外国人旅行（狭義）を意味するが，広義には，訪日外国人市場あるいは訪日外国人を対象にしたビジネスをふくむ。他方の，アウトバウンドは日本人海外旅行を意味する（小林，2013，233 - 261ページ）。

　国際旅行（日本人の海外旅行と外国人の訪日旅行）の歴史は，インバウンドが先行しており，アウトバウンドは後発だった。

　インバウンドの歴史は，1893年の喜賓会からはじまり，1912年に

はジャパン・ツーリスト・ビューロー（JTB の前身）が設立されている。なお，2003年にビジット・ジャパン・キャンペーンが行なわれ，この年をもって訪日ツーリズム元年といわれる。その2003年の訪日外国人旅行者は521万人だった。

つぎにアウトバウンドの歴史は，1964年の海外渡航制限解除からはじまる。翌1965年にジャルパック（海外パッケージツアー）がスタートしている。なお，東京オリンピックは1964年，日本万国博覧会（略称，大阪万博）は1970年のことである。

日本人海外旅行者数と訪日外国人旅行者数を比較すると，391万人対132万人（1980年），1100万人対324万人（1990年），1782万人対476万人（2000年），1664万人対861万人（2010年），1747万人対1036万人（2013年，推計）と推移している（『日本国勢図会』2014/15，456ページ）。日本人海外旅行者数は最近ほぼ横ばいであるのにたいして，訪日外国人数は増大をつづけており，2015年上半期（1月‐6月）に，訪日外国人914万人，日本人海外旅行者762万人になり，ついに訪日外国人数が日本人海外旅行者数を逆転した（日本政府観光局，JINTO の発表）。

訪日外国人を国別にみると，台湾（283万人），韓国（283万人），中国（241万人）の３カ国が上位を占める。このなかでは，中国人が対前年比83％増になったのが注目される。中国人が訪れたい国の首位は日本だといわれる（『日本経済新聞』2015年1月6日）。

さて，訪日外国人増は新しいビジネスチャンスを生み出している。

「訪日客，新たな市場生む」という見出しの記事のなかで，ドラッグストア，マツモトキヨシの成田一夫社長の発言が紹介されている。「明らかに新しいマーケットが生まれた印象で，20年までは順調に成長するだろう」「……一人が3‐5箱を買って帰る。日本製品に対する信頼度が高いためだ」（『日本経済新聞』2015年2月16日）。

訪日外国人が滞在中に宿泊，飲食，買い物などに使ったお金（インバウンド消費）は2兆300億円であり，日本の個人消費（293兆円）の0.7％である（2014年）。

　インバウンド消費の対象の産業ないし企業としては，空港，ホテル，飲食，観光，テーマパーク，小売，医療（病院）などがある。これらの産業ないし企業に関連するものには物流，金融，製造業などがある。前者がインバウンド消費の直接的な対象であるのにたいして，後者はインバウンド消費の間接的な対象であり，波及効果のおよぶところといえよう。

　インバウンド消費の対象の企業は，大中小，さらに個人商店まである。それら企業の立地は，大都市，地方都市，地方など全国的である。

　インバウンドのビジネスチャンスを契機に，非製造企業はさまざまなイノベーションを要請され，それに成功するところは業績をのばして成長できるが，そうでない企業は淘汰されるかもしれない。インバウンドのビジネスをねらって新規参入の企業も多い。インバウンドは，非製造企業の新陳代謝や新旧交代を起こす起爆剤かもしれない。

　さて，インバウンドという環境変化に対応する戦略を意味するインバウンド戦略は，国際経営の戦略としては特異である。

　第1に，インバウンド戦略は海外企業進出ではない。インバウンドの場合は，外国人顧客が日本にきて，日本国内で消費する。企業は国内で外国人顧客に販売する。第2に，国際経営で重要な役割を演じているのは多国籍企業，それも製造企業であるが，インバウンド戦略の主役は，非製造企業であり，また，大企業だけでなく中堅企業，中小企業，さらに個人企業や個人商店など多様である。

　これまでの国際経営論においては，多国籍企業（製造企業）の海

外進出が主要なテーマである。このことは，本書の章の構成にも反映されている。ところが，インバウンド戦略では，企業の海外進出と多国籍企業（製造企業）の２つがともに欠けている。すくなくとも，この２つは中心ではない。この点からは，インバウンド戦略を国際経営戦略とみることには無理があるかもしれない。しかし，つぎのように考えるならば，インバウンド戦略は国際経営戦略としてみるのが妥当であるといえる。

　まず，これまでの国際経営論においては中心のテーマではなかったかもしれないが，商業，金融，不動産，各種サービスなど非製造企業も国際経営において重要な役割をはたしている。ちなみに，本書の第10章「サービス企業の海外進出」は非製造企業の海外進出をとりあつかっている。そこでのべたが，製造企業の海外進出にくらべると，時期的に後発であるが，非製造企業の海外進出が最近になってふえている。

　つぎに，海外に進出している企業の規模をみると，製造企業，非製造企業ともに，大企業だけでなく，中堅企業や中小企業も多い。投資の金額では大企業が中心であるが，投資の件数でいうと，中堅企業や中小企業のほうが多い。

　インバウンド戦略においては，外国人顧客は日本にいる。その外国人顧客に日本で販売する。企業は海外に出て行くわけではない。つまり，海外企業進出がないのが，インバウンド戦略の特徴なのである。

　ただ，この点にかんしても，つぎのようなことを補足したい。海外に販売子会社など拠点をつくって，広告宣伝など各種キャンペーンを実施する。外国人に魅力的な商品やサービス，観光地，地方の伝統的な行事や産物などを紹介する。日本の商品やサービス，また，接客対応の仕方などを外国人に適したものにする。外国人のニーズ，

好み，要望などを現地で調査する。日本向けのフライトや航路を開拓する。このような試みをするところが出てきている。これは，インバウンド戦略における海外企業進出といえるかもしれない。インバウンドの重要性が増すにつれて，インバウンドのための海外企業進出は増加し，その内容や体制も充実していくのではないだろうか。

さて，多国籍企業の経営においては経済・政治・文化の3つが重要であることをみたが（5ページ），インバウンド戦略においてもこの3つの変数は重要である。

まず，経済の変数として通貨をとりあげよう。訪日外国人増のひとつの理由は，最近の円安である。円安になると，日本で買い物をする外国人にとって，価格は安くなる。訪日外国人は，日本で買い物をするとき，自国の通貨を日本の通貨である円に交換しなければならない。あるいは，自国のカードを受け入れてもらう必要がある。通貨はインバウンド戦略において重要である。

政治の変数として，ビザの発給条件の緩和をあげることができる。ビザがとりやすくなる，数次の訪日が可能になる，などによって，訪日外国人がふえている。また，規制の緩和や自由化がある。これについては，企業と国家の緊張関係のテーマとしてとりあげる。

最後の文化の変数に，言語がある。空港での多言語表示の案内，駅，ホテル，レストラン，銀行などでの外国語による顧客対応をあげることができる。風習や宗教に関係するものとして，飲食店や食材店での顧客対応の国際化も行なわれるようになっている。

さて，日本国内における国際化の影響という点では，海外企業進出にくらべてインバウンド戦略のほうが広範におよぶという特徴がある。

インバウンドの国際化の影響は，まず企業におよぶが，その企業には，大中小の企業があり，また自営業の個人企業，商店などがあ

る。つぎに，非企業の役所，公共施設，交通機関なども国際化の影響をうける。地域は，東京，京阪神，名古屋などの大都市，地方都市，地方まである。

　インバウンドにおいて必要ないし有用な外国語は，英語だけでなく，多くの国の言語である。ちなみに，関西空港では，スマートフォン（通称スマホ）で9カ国語（日本語，英語，韓国語，中国語，タイ語，ベトナム語，アラビア語，インドネシア語，マレー語）の案内（QRコードでの案内）がされている（『日本経済新聞』2015年1月21日）。また，東京メトロでは，アップル製のタブレット（多機能携帯端末）870台を全170駅に配置して，27言語に対応できる音声翻訳アプリによって，通訳やダイヤ案内など訪日外国人に応対している（『日本経済新聞』2015年8月12日）。

　つぎに，インバウンドの国際化は，実利に根ざした国際化，いいかえると，インバウンドから利益をえるための国際化，である。平たくいうと，「儲かる国際化」「儲けるための国際化」である。教養，お稽古，趣味，海外旅行のための外国語の勉強，このような国際化ではない。

　中国，東南アジアには英語のできるひとが多いが，そのひとつの理由は英語ができるとお金になるからである。ホテル，小売店，タクシーなどで仕事をするひとで，英語のできるひとは外国人を相手にできるので多くの収入をえる機会にめぐまれている。インバウンドを契機に，日本でも英語をはじめとして外国語の習得の動機に変化が生じて，その結果として外国語のできるひとがふえるのではないだろうか。

　インバウンド消費においては，売るものは日本ないし日本的なものであるが，それを売る方法は国際的であるという二面性がある。訪日外国人がもとめる日本ないし日本的なものは，最新の工業製品

（家電，エレクトロニクス製品，日用雑貨，化粧品，アパレルなど）から和食，温泉，各地の伝統的な産物や行事など多様である。これらの日本ないし日本的なものを売るためには，言語，顧客対応，交通，宿泊施設などの国際化が必要なのである。

　企業と国家の緊張関係は国際経営のひとつの重要な論点であるが（7ページ），これはインバウンドでは規制緩和や自由化にみることができる。

　訪日外国人が持ち込む携帯電話を日本でも使えるようにする。外国のカードを銀行などのATMで使えるようにする。格安航空の発着をふやす。観光バス，タクシーをふやす。

　訪日外国人が増加するなか，旅行者が一般住宅に有料で宿泊できる「民泊」がふえている。米国企業，Airbnb（エアビーアンドビー）は日本に進出して，東京都内を中心に1万3100件以上が登録されており，外国人の利用者がふえている。民泊は，旅館業法に抵触するリスクがあり，同法の改正が要請されている（『日本経済新聞』2015年8月10日）。大阪府は，マンションなどの空室を宿泊施設に利用できるようにする全国初の条例案を9月定例議会に再提案する。特定地域で規制を緩和する国家戦略特区の特例を使う（『日本経済新聞』2015年8月5日）。

　TPP（環太平洋パートナーシップ）交渉のむずかしさからわかるように，規制緩和や自由化には抵抗が強いが，訪日外国人を増やすための規制緩和や自由化は賛同をえられるかもしれない。訪日外国人は歓迎すべきであるとの受けとめ方が多いからである。

　インバウンドは，日本という国を内部から国際化するという意味の内なる国際化の推進力になっているのである。なお，「内なる国際化」は日本企業の親会社の内部の国際化を意味する概念として本書では使っているが（133ページ），インバウンドが重要になるにつ

れて，同じ「内なる国際化」の概念を日本という国を内部から国際化するという意味でも用いることが必要になっている。企業レベルの「内なる国際化」，国レベルの「内なる国際化」，の2つである。

　なお，訪日外国人に問題点，苦情，警戒などがないわけではない。さわがしい，傍若無人である，どこでも携帯電話で話す，混雑する，ホテルが満室でとれない，ホテルの客室の備品などが持ち去られる，などである。このような批判や問題指摘はあるが，訪日外国人については，全般的には肯定的な受け止め方が多く，否定的な受け止め方はすくないといえよう。

　インバウンドは第3回目の開国とみることができるかもしれない。第1回目は明治維新であり，第2回目は戦後であり，そして第3回目がいまのインバウンドである。

2 国際経営マネジメントの革新

現地人社長　　ひとの現地化は古くからの課題であるが，着実にすすみ，すでに1990年頃になると，ミドル管理者の大半は現地人であり，部門のトップにも多くの現地人が登用されている。ところが，海外子会社の社長になると，多くは日本人であり，現地人社長は少数である。とくに，海外子会社のうち，重要な海外子会社では，また製造子会社では，現地人社長は例外的といってよいほどすくない。

　さて，21世紀になってから，海外子会社の社長の現地化はどのような状況だろうか。

　「社長すべて中国人に，コマツの中国16子会社」（『日本経済新聞』2010年6月29日）。なお，同社は，2010年時点の中国人社長は，1社

だけである。2012年までの2年間で15社の社長をすべて中国人にする計画であった。同社の欧米の子会社の半数近くで現地人が社長である。主要市場の海外子会社の社長の全員を現地人にするのは，中国におけるこの計画がはじめての試みであるという。

「トヨタ海外工場，外国人トップ3分の1に」（『日本経済新聞』2010年6月25日）。同社の海外生産拠点48法人のうち外国人トップは従来の10から14（3割弱）にふえる。米国では，テキサス，インディアナ州の工場（製造子会社）のトップにはじめて米国人が昇格する。日本親会社主導でなく，それぞれの国・地域に合った経営を強めるためであるという。

現地人社長はこれまでのところ，海外子会社のうち，販売子会社には相当数みられたが，製造子会社にはすくなかった。とくに主要な製造拠点ではトップはほとんど日本人だった。コマツとトヨタの今回のうごき，つまり，主要市場の海外製造子会社の社長に現地人を起用することは，ひとつの画期的な試みとみなすことができる。日本人が経営するという特徴に変化が生じているシンボル的なうごきといえる。

ひとの現地化として，つぎに，グローバル人事をみることにしたい。

現地人のキャリアは，従来は海外子会社の内部にかぎられていた。特定の海外子会社に入社した現地人は，その企業で昇進していく。最高のポストは，その企業の社長である。

同じ国に複数の海外子会社がある場合，ある子会社の社長になったひとが，他の子会社，たとえば規模が大きい重要性の高い子会社の社長になるという人事を行なうところがでている。国別でなく，地域を単位にして人事を行なうこともはじまっている。EUに例をとると，オランダ子会社の社長が昇格してドイツ子会社の社長にな

るというように，国をこえて人事が行なわれることがある。アジアだと，タイ子会社の社長がマレーシア子会社の社長に昇格するような人事が行なわれる。

海外子会社の現地人が日本親会社の経営幹部になる人事も，いくつかの企業ではじまっている。日本親会社の取締役になる外国人がふえているが，かれら，あるいは彼女たちのほとんどは，海外子会社で仕事をしており（したがって日本に住んでいない），取締役会に出席するときに日本にでかけてくるというのが多い。

うえでみたような現地人のキャリアパスの拡大のうごきに関連して，最近になってはじまっているのは，キャリアの範囲をグローバルにひろげることである。日本親会社と海外子会社をひっくるめて，そして，日本人と現地人の両方を対象にして，人材の共通のプールを考えて，同一の基準で評価や処遇をきめる人事制度である。グローバル人事制度といわれることが多い。

つぎのような事例が新聞（『日本経済新聞』）で報道されている。

コマツでは，すでに日本人と現地人で昇進や待遇に差をつけない人事評価制度を採用している（2010年6月29日）。資生堂では，部課長以上の人事評価制度を世界規模で統一。国内1800人，17カ国・地域の海外子会社の330人が対象（2010年5月19日）。

日本親会社のなかの日本人社員に，自分または配偶者が海外ではたらくことに抵抗感をもつひとがふえており，50代男性の35％，20代男性は39％がそうであるという（2010年5月19日）。これは，海外進出の対象国・地域が欧米先進国から新興国にシフトしていることと関係があるかもしれない。新興国は，治安，衛生，医療，文化，食事，生活のインフラなどで問題のあることが多い。そのために，海外勤務に躊躇するのかもしれない。

日本企業の海外進出は新興国を中心にふえることが予想される。

日本人社員の海外勤務を忌避ないし拒否する態度は，今後の国際経営戦略の推進に支障になるかもしれない。この点で，つぎのような事例は興味をひかれる。「NEC，入社2年目の海外派遣制度，40人アフリカ南部ザンビア」(2010年5月19日)。

英　　語

社内公用語を英語にすると対外発表する企業が注目されている。

楽天の三木谷浩史社長は，「英語ができない役員は2年後にクビにします」という（『週刊東洋経済』2010年6月19日号，42-43ページ）。

同社長によると，「社会のトップ層が英語をしゃべれないのは世界中でたぶん日本だけですよ」「英語化というのは，日本にとって歴史を覆すぐらいの大きな挑戦。でも，それぐらいのことをしないと，日本は終わりだと思っている」「もう英語は必要条件。読み書きそろばんのそろばんと同じ。その意味で，英語がしゃべれない社員は問題外です」「2年間は猶予を与える。2年後に英語ができない執行役員はみんなクビです」。

ユニクロで知られるファーストリテイリングの柳井正会長・社長は，2012年3月から社内の公用語を英語にする方針を明らかにした。日本のオフィスをふくめて，幹部による会議や文書は基本的に英語にする。幹部社員には，TOEIC700点以上をもとめるという。

参考までに，英語で授業をする大学・ビジネススクールがふえている。わたくしが訪問インタビュー調査したのは，つぎの大学・ビジネススクールである。会津大学（福島県），国際教養大学（秋田県），立命館アジア太平洋大学（大分県），一橋大学大学院国際企業戦略研究科（ビジネススクール），関西学院大学専門職大学院経営戦略研究科（ビジネススクール，梅田キャンパス），九州大学ビジネススクール。このほかにも，いくつかあると思われる。

ここで，日本企業の英語への取り組みを歴史的にみておきたい。

日本企業は，ずっと前から英語化に取り組んできたが，そのほとんどは成果をあげることなしに挫折している。

英語化の挫折・失敗の歴史としていちばん有名なのは，三菱商事の事例ではないだろうか。当時社長の槙原稔が1992年，日本親会社の共通言語を英語にすると発表した。しかし，この英語化はうまくいかなかった（『日本経済新聞』2006年11月20日）。

この三菱商事の事例から10年ほど経った頃，ある大手のエレクトロニクス企業の経営者がわたくしにいわれた。「英語を社内公用語にしようと努力してきた。残念だが，その試みは成功しなかった。くやしい」。

さらに数年がすぎたころ，別のエレクトロニクス企業の経営幹部によると，毎朝のミーティングにおいて英語でかんたんなスピーチをすることにしたが，うまくいかず，そのうちに立ち消えになり，いまでは日本語になっているという。

このように日本の親会社において英語を使うことは，これまでいくつかの企業によって試みられたが，不首尾に終わっている。

ここで，基本的なことであるが，日本の多国籍企業にとって英語が必要である理由は，明白であり，時間とともに強くなっていることを指摘しなければならない。英語が必要な理由には，つぎのようなものがある。国際経営が成長戦略の主役になる。国際経営の共通言語は英語である。優秀な外国人の採用のためには，そして外国人が活躍できるためには，公用語を英語にすることが必要である。コンピュータやメールの言語は英語が中心である。英語は世界中で多くのひとによって使われる言語である。

さて，日本人に必要な英語のレベルにはいろいろのレベルがある。ここでは，つぎの4つのレベルをあげておきたい。

第1のレベルは，米国人や英国人など英語を母国語にするひとと

ほぼ不自由なく議論できるレベルである。外国人との一対一の会話だけでなく，会議など多くの外国人がいるところで不自由なくコミュニケーションできるレベルである。また，会議で自分の意見を主張し，反対意見のひとを説得できるレベルである。

第2のレベルは，英語でビジネスのコミュニケーションができるレベルである。

第3は，英語で日常会話ができるレベルである。

第4は，英語でかんたんなあいさつができるレベルである。会社のオフィスで顔を合わせた外国人の従業員に，「おはよう」「奥さんはお元気ですか」などと英語でいえるレベルである。

うえであげた第1レベルの英語力をもつ日本人は，じつは少数でよい[2]。日本親会社の本社や研究開発センターなどで仕事をする経営者，管理者，専門家，技術者などが1000人であるとして，その数は100人も必要ないだろう。10人ではすくなすぎるかもしれないが，30人から50人程度だろう。比率では，多くて5％，おそらく2％から3％程度を考えておけばよいのではないか。この程度の比率であれば，現在でも実現している企業はすくなくないのではないだろうか。

帰国子女，米国その他の国の海外子会社など英語を使う職場に数年以上勤務した経験のあるひと，欧米の一流のビジネススクールを卒業したひとなどのなかには，このレベルの英語力をもつひとがかなりいると思われる。

わたくしのような研究者でいうと，米国の大学，大学院，ビジネススクールに留学してMBA（経営学修士号）やPh.D.（博士号）を取得したひとがこれに相当する。また，米国その他の外国の大学において英語で教えた経験のあるひとのなかに，このレベルの英語力をもつ研究者がいるようであり，若い研究者を中心にふえている。ち

なみに，わたくしは米国の大学に1年半ほどいただけであり，MBA あるいは Ph.D. を取得していない。その後も外国の大学で英語の授業をもったことがない。おそらく，そのためであると思うが，高い英語力を身につけることなく現在に至っている。わたくしの英語力は，さきにのべた4つのレベルの第2レベルと第3レベルの中間程度だと思っている。なお，わたくしがこれまでインタビュー調査などで会った日本人ビジネスマンは，海外勤務経験者をふくめて多くは，第2レベルと第3レベルの中間程度の英語力の持ち主のようである。

　これまで，英語の必要性に関心を集中してきたが，日本人が英語を使うことには問題点があることを指摘したい。さきに，問題点として3つをあげた（127ページ）。①ストレス，②情報量の減少，③情報の質の低下，の3つである。ここでは，いちばん重要な，そして深刻な問題である第3番目の問題点について，既述（128ページ）をすこし補足したい。

　日本における英語教育の専門家は，つぎのように書いている。「話を単純化するために，仮に母語を用いてのコミュニケーション能力を百としよう。平均的な日本人と英語の母語話者が英語でやり取りした場合，二十対百の勝負といったところだろうか。社交の場ではさしたる問題も生じないだろうが，学問，政治，経済その他で対立が発生した場合，議論は完敗である」（斎藤，2007，217ページ）。

　日本人は英語でビジネスを行なうことが必要であり，そのために英語力の習得に努力する。それでも，一部の特殊に英語がよくできるひとをのぞくと，多くの日本人は英語を使うと知的レベルが落ちてしまう。このハンデは，英語ネイティブのひととのあいだで強くでる。英語ネイティブでない外国人，たとえば，ドイツ人，スペイン人，中国人，韓国人などとのあいだでは，それほど強くでない。

お互いに，外国語である英語で苦労し，大なり小なり不自由するからである。

　英語を使うと知的レベルが落ちて議論が幼稚になるというハンデは，日本人ビジネスパーソンの多くがもつ。英語力を強化することによって，このハンデの克服につとめるようにしなければならない。と同時に，このハンデを別の優位性で補うように考えることも必要である。これまで，日本企業は国際経営をすすめるにあたり，英語のハンデで苦労してきたが，そのハンデをすぐれた製品，サービス，技術，ノウハウ，ブランド，信用などの経営資源で補ってきた。今後もこのことをつづける必要がある。

内なる国際化

わたくしが「内なる国際化」の用語をはじめて耳にしたのは，1985年あるいはそのすこし前だった。松下電器産業（現パナソニック）の海外事業の企画部の責任者だった国永昌彦（1985年の日航機事故で死亡）から，この用語をはじめて聞いた。わたくしのインタビューのなかで，国永はいう。「当社がほんとうに国際化するためにはここを国際化しないと駄目です」。「こことはどこですか」とわたくしは聞き返した。「ここです。つまり，人事部，経理部，企画部などを国際化しなければいけないのです。わたくしはこれを内なる国際化といっております」（吉原，1989，127ページ）。

　内なる国際化は，政治，経済，あるいは文化などいろいろな方面で，さまざまな意味で使われている。わたくしはこれを国際経営論の用語として使っている（133ページ）。なお，インバウンド戦略のところでのべたが，国レベルの「内なる国際化」もある（255ページ）。

　この内なる国際化を実現するときのポイントとして２つを指摘できる。ひとつは言語である。基本共通言語を日本語から英語に変え

る。もうひとつは，意思決定の仕組みやプロセスを外国人が参加できるものに変えることである。

　この内なる国際化を推進するひとつの重要な方法は，日本親会社の管理者のポストに外国人を起用することである。さきにかんたんにのべたが（134ページ），住友化学において，農業用化学品部門のアグロ事業部長（一般的にいうと農薬の輸出部長）に，米国人が起用された（『日経ビジネス』1997年8月25日号）。この米国人管理者は他社からスカウトされたひとであり，日本語ができない。この米国人は15カ月間，輸出部長をした。その15カ月間で，農薬の輸出部は大きく変化した。まず，部門のなかの基本共通言語が日本語から英語に変化した。会議にだす書類など資料はすべて英語，あるいは日本語と英語の両言語に変わった。この輸出部のなかだけでなくて，この輸出部と関係のある他の部署，たとえば農薬の製造部門，製造部門の企画部，あるいは本社の企画部，技術やパテントに関係のある法務部などとの基本共通言語が英語になってくる。また，意思決定の仕組みやプロセスが，外国人でも参画できるように変わってくる。わたくしがインタビューしたある輸出部の管理者は，これらの変化をつぎのように表現した。「文化大革命が起こりました」。

　武田薬品で内なる国際化が進展した。同社の長谷川閑史社長は「売上の6割は海外，しかし本社は日本人ばかり」（『日本経済新聞』2009年10月28日）と，内なる国際化のおくれを指摘していた。同社の中枢神経の病気を対象とした薬を開発する研究所の所長に英国人を起用した。神奈川県藤沢市に建設中の研究所にも，外国人の研究者を異動させて，日本人研究者との人事交流を促進する計画であるという。しかし，研究開発部門にくらべて本社の内なる国際化はおくれており，これがこれからの課題であるという（『日経ビジネス』2010年7月5日号，100ページ）。

日本親会社の役員に外国人を起用するうごきがみられる。資生堂は海外事業を統括する取締役に外国人を起用した。その外国人は米国企業，P&Gから2006年に資生堂に転職している（『日本経済新聞』2010年5月19日）。横河電機，ツガミ，堀場製作所，東洋エンジニアリングなどプラント・機械各社は，日本本社の役員に外国人を起用している（『日本経済新聞』2010年5月24日）。

　内なる国際化でいちばん注目できる企業は，野村ホールディングスだろう。同社は，2008年にリーマン・ブラザーズの米国部門をのぞく多くの部門を買収して，多数の外国人社員を獲得した。同社の内なる国際化をはじめ，国際経営マネジメントの大きな実験については，のちほどとりあげたい（269ページ）。

　ここで，内なる国際化は，多くの企業で，スローペースだが進展していることを指摘したい。神戸製鋼所の事例をみることにしよう。

　神戸製鋼所ではじめて外国人社員が採用されたのは，1975年だった。英語教師として採用された。当時の日本人社員の外国人社員についての対応は，つぎのようだった。外国人社員がオフィスの廊下を歩いていると，日本人社員はふりかえって，「あれ何や」といい，また社員食堂で昼食を食べていると，遠巻きに「上手に箸を使うな」とか，「豆腐も食べよるで」など，動物園でめずらしい動物をみるようなまなざしで外国人社員をみていた。外国人社員の応募者から電話がかかってきたとき，受話器をとりあげた日本人社員は，英語だとわかると，何もいわずに受話器をおいて電話をきってしまった（吉原，1989，151-152ページ）。

　神戸製鋼所での外国人社員についてのこのレポート（瀬下，1983）が書かれてから40年近くがすぎた。十年一昔というから，ほぼ四昔の年月が経ったことになる。現在では，親会社のオフィスで外国人をみかけることはもはやめずらしいことではなくなっている。

トヨタ，パナソニック，キヤノン，コマツなど多国籍企業の場合，外国人の社員や訪問者が多くオフィスにいる。まさに，今昔の感をおぼえるほど変わったといえる。

| 革新的な試み | 日本人が日本語で経営する日本的な国際経営マネジメントから，日本人と現地人が英

語で経営する国際経営マネジメントへの変化は，多くの日本企業では時間をかけて，現実のさまざまな状況に合わせて，すこしずつすすめてきている。これまで一般的だったのは，漸進主義アプローチである。ところが，最近，急進的アプローチを試みる企業がでてきている。

まず，日本板硝子の外国人社長に注目したい。

日本板硝子の外国人社長は，つぎの2つの点で，かなり特異なケースといってよいだろう。

日本板硝子は2006年6月，英国のピルキントン社（日本板硝子の2倍の売上高の企業）を買収して子会社にした。2008年6月27日，スチュアート・チェンバースが日本板硝子の社長に就任した。同氏は，ピルキントン社の社長だった。つまり，買収された子会社の経営者（外国人）が親会社の社長になったのである。異例の経営者人事である。

2009年9月30日，チェンバースは1年と3カ月ほどの短期間で社長を退任した。退任の理由は「家庭の事情」であるという。同氏は東京に単身赴任だった。「このまま日本で社長を続けると16歳の息子が見知らぬ他人になってしまう不安を感じた」（『日本経済新聞』2009年8月27日）。日本人の感覚からは，外国人は自分勝手なわがままであるととらえられても仕方がない。そして，藤本勝司会長が社長に復帰し，前会長出原洋三が会長に復帰した。そして，2010年6月29日，クレイグ・ネイラーが日本板硝子の社長に就任する。同氏

は米国デュポン社元副社長である。藤本は社長を退任し，会長に就任する。同社は，すこし時間をおいてであるが，再度，外国人を社長に起用するという決定をくだしたのである。これも，異例といってよいだろう。

「外部の指名委員会が選んだのは再度，外国人の社長」（『日本経済新聞』2010年4月16日）。同社は，29カ国に拠点をもち，社内の公用語は英語であり，事業部門を統括する取締役執行役4人のうち3人は外国人，従業員全体の80％が外国人である。

藤本勝司社長があげた後継社長の条件は「グローバルな組織を束ねる国際経験，製造・開発・販売の専門知識，そして日本に住めるかどうかだった」。最後の新たな条件は，前任者の失敗を繰り返さないためのものだった。

なお，二代目社長のネイラーは，2012年4月18日に退任した。在任期間は1年10カ月だった。

一代目の外国人社長のチェンバースは，日本板硝子の経営に批判的である。「この国の人事制度や商習慣がこれほど国際展開にそぐわないものだとは思っていなかったのです。……中略……それまでの板硝子では何年働いてきたかで待遇が決まり，大きな努力をしなくても昇進できる状況でした。……中略……だから仕事の成果に応じた評価と給与体系に改める必要があったのです」（『日経ヴェリタス』2009年10月4日）。

つぎは，オリンパスの外国人社長である。

2011年4月，オリンパスはマイケル・ウッドフォードを社長に起用した。かれは，1981年にオリンパスの英国子会社に入社し，2008年から欧州事業の統括会社，オリンパス・ヨーロッパ・ホールディングの社長を務めてきた。ところが，ウッドフォードは10月に社長を解任された。社長の在任期間はわずか半年だった。外国人社長の

就任を契機に企業買収にからむ問題が表面化し，それをめぐる経営首脳陣のあいだにコンフリクトが発生し，それが外国人社長の解任につながった。なお，外国人を社長に起用した菊川剛社長は，その後不祥事の責任をとって辞任している（『日本経済新聞』2011年2月11日，10月14日）。

外国人社長の事例で，注目されたのは，武田薬品だろう。2015年4月，クリストフ・ウェバーが社長（当初はCOO，現在はCEO）に就任した。かれはフランス人で，グラクソ・スミスクラインのワクチン部門のトップだったのをスカウトされた。同社の経営の最高執行機関であるタケダ・エグゼクティブ・チーム（TEC）12人のうち，生え抜き（日本人）は3名だけである。ウェバーに先立って，タチ山田が2011年に，研究開発のトップにスカウトされた。8億3800万円（2013年度）の年収は，長谷川社長・会長（当時）より多い。1781年創業の武田薬品において，社長をはじめとして経営幹部の多くが外国人になったのである（『日経ビジネス』2015年3月2日号，32-35ページ；原・原，2015，13，53ページ）。

武田薬品の外国人社長は，日本企業の国際経営マネジメントの大きな実験といってよいだろう。日本の多国籍企業の多くは，同社の外国人社長の成否を注目しているにちがいない。成功するならば，社長に外国人を起用する多国籍企業はふえるだろう。逆に，失敗すれば，外国人社長を試みる企業は少数にとどまるだろう。あるいは，なくなるかもしれない。

ちなみに，外国人が社長であった日本企業に，ソニーがある。同社の会長・社長はハワード・ストリンガーだった。なお，日産自動車の会長・社長はカルロス・ゴーンだった。また，マツダの社長もある時期は外国人だった。ただ，これら両社は外資系企業である。なお，このうちマツダは現在は外資系企業でなくなり，日本企業で

ある。

　もう一社，国際経営マネジメントで大きな実験をはじめた企業がある。野村ホールディングス（以下，野村）である。

　野村は，さきにみたように（17ページ），2008年，経営破綻した米国の大手証券会社，リーマン・ブラザーズ（北米部門をのぞく）を買収し，約8000人の外国人社員を獲得した。これを契機に，野村は，世界共通の基準で社員を評価する人事報酬体系を導入した。個人や部門の業績が報酬に直結する社員として「グローバル型社員」という新たな職種を設けた。グローバル型社員は，定年までの雇用保障や企業年金などはない。この社員の対象部門は，企業むけの M&A 助言や機関投資家むけの株式営業などの法人取引部門，それに財務，リスク管理，人事など管理部門である。グローバル型社員になるかどうかは，社員が自分で決める。国内支店勤務が大半の国内営業部門の従業員は，対象外である（『日経ヴェリタス』2008年10月5日号，15ページ）。

　野村は，2011年採用の新卒の1割をグローバル型社員にすることを発表している（『日本経済新聞』2010年4月2日）。グローバル型社員は2000人で，選択可能の社員の6割がこの新しいタイプの社員になっている（『日本経済新聞』2010年6月10日）。

　野村は，同社の法人むけ業務を統括する「ホールセール部門」を新設し，同部門の社長兼最高執行責任者（COO）に旧リーマン・ブラザーズ出身のジャスジット・バタールを起用する。同氏は，野村の専務を兼任の予定で，渡部賢一社長など10人で構成する経営会議のメンバーに，リーマン・ブラザーズ出身者としてはじめて加わる。

　アジア・太平洋拠点のトップに，元リーマン・ブラザーズのフィリップ・リンチが就任する。

　野村は，国内では圧倒的な地位を保持し，大手証券会社のなかで

単独で経営をつづけている唯一の企業である。しかし，同社の国際経営は成功の歴史とはいえない。むしろ，失敗ないし挫折の歴史だった。

同社は1925年に創業しているが，早くも翌年に米国ニューヨークに事務室を開設している。同社の渡部社長によると，「野村にはDNA としてグローバルがある」という（筆者のインタビュー，2009年12月8日）。

世界の金融界のグローバル・プレイヤーになるという野村の夢は，実現するかもしれないと思われた時期があった。バブルのころである。しかし，バブルがはじけるとともに，同社のこの夢はしぼんでしまった。リーマン・ブラザーズ買収は，この夢の実現にむけての再挑戦といえるかもしれない。日本の金融企業は規模こそ大きいが，競争力の点ではマイナーな存在といわれている。野村が今回の実験を成功させて，グローバル・プレイヤーになるならば，金融企業として最初の事例になるだろう。

ところで，世界的な金融企業になったときの野村は，もしかしたら日本企業の枠をこえる企業になっているかもしれない。リーマン・ブラザーズを買収した現在，社長の渡部賢一の報酬（2009年度で約2億9900万円）より報酬の多いバンカーが十数人いる。リーマン・ブラザーズの従業員をうけいれてグループの社員は約2万6000人になり，外国人は約1万人で，4割を占める。国籍は約70カ国におよぶ。債券や株式などマーケット部門の公用語は日本語と英語になり，連絡は2本立てで行なわれる。国内法人部門ではたらく約3400人の6割がグローバル型社員になる。渡部社長はいう。「本社が日本でいいのかどうか。本社をどこに置けば企業価値を最大化できるのかを考える必要があるかもしれません。日本のほかに中心がもうひとつあってもいいのです」（『日経ヴェリタス』2010年8月1日，

8月29日）。

　なお，2012年8月1日，野村では増資インサイダー問題の責任をとって渡部賢一グループ最高経営責任者（CEO）が辞任した。また，リーマン・ブラザーズの買収で渡部といっしょに主導的な役割をはたした柴田拓美グループ最高執行責任者（COO）も辞任した。永井浩二野村證券社長が新しいグループ最高経営責任者（CEO）に，また，同専務の吉川淳がグループ最高執行責任者（COO）にそれぞれ就任した。この首脳陣の交代のため，野村における国際経営マネジメントの変革の実験は，スケールダウンしている可能性がある。

　国際経営マネジメントで革新的な試みをしたのは，ここでみた日本板硝子，オリンパス，武田薬品，野村にかぎるわけではない。つぎに，先駆的な試みをふりかえってみることにしたい。

　ソニーの盛田昭夫が副社長だった1962年から63年にかけて1年半ニューヨークに家族といっしょに住んだことは，すでにみた（20ページ）。同社は，つぎに，米国子会社であるソニーアメリカの社長に，米国の一流の経営者の評価のあったハーベイ・シャインを起用した。シャインは，1972年から78年にかけて社長，ついで会長としてソニーアメリカを経営した。当時，これは経営国際化の一大実験といわれた（加納，2003）。

　ソニーは，英語で経営している例外的な日本企業であり，また，ある時期の社長は外国人であり，国際経営マネジメントの変革がいちばんすすんでいる企業といってよいだろう。

　旭硝子（現，AGC）は，2002年，2つのカンパニー（事業部と考えてよい）のトップに外国人を起用した（『日経ビジネス』2002年11月4日）。板ガラスカンパニーと自動車ガラスカンパニーであり，当時の旭硝子の連結売上高の53％を占めており，主力事業だった。そのトップに外国人を起用したのである。これを決断した石津信也社長

（当時）は，「うしろをふりむくなよ。ルビコン川を渡ったんだ。」と日本人社員にいったという（筆者のインタビュー，2006年6月15日，石津はこのとき取締役会議長）。

同社は，このときを境にして，国際経営の戦略とマネジメントを変革していく。マネジメントについていうと，役員会など重要会議の活性化（活発に議論する），英語の使用（英語力が不十分な日本人のために同時通訳をつける），スピード決定，数字なしの意見はいわない，などの変化がはじまった。

同社のグループ人事企画室には10人いたが，日本人8名，フランス人1名，アメリカ人1名の構成だった（2007年当時）。ふたりの外国人は日本語ができないので，英語を使って仕事をしている。室長の平田泰稔は，英語で仕事をすることについて，つぎのようにいう。はじめは，つらい。そのうちに慣れてくる。できるようになる。なお，同氏は欧米の一流のビジネススクールを卒業しているから，英語力は高い。会議の資料は，日本語と英語の両方で作成していたが，だんだんと英語だけになってきている。トップへの資料も，英語だけのものが多い。トップはそれを受け入れてくれる（筆者のインタビュー，2007年4月19日）。

HOYA も国際経営マネジメントで大きな変革をしている。事業部門のトップは全員が海外にいる。眼鏡レンズのトップは，オランダにいたが，いまはタイにいる。米国の医療用レンズのトップは米国ボシュロムから招いた外国人である。国内の内視鏡事業は米GEメディカルから人材を登用している（『日本経済新聞』2010年5月15日）。

国際経営マネジメントの将来像

多国籍企業の国際経営マネジメントは，2000年頃までは，日本人による経営，日本語による経営，親会社本社の非国際性の3

つで特徴づけることができた。この3つの特徴は、相互に関連し合っており、批判的に表現すると、悪循環の関係にある（吉原、2005, 236–237ページ）。

長期にわたって、これら3つで特徴づけられる国際経営マネジメントはつづいており、変化はあまりみられなかった。「変わる戦略、変わらぬマネジメント」というのが、当時までの実態だったといってよい。それから10年以上が経ったが、これまでにみてきたように、現地人社長、英語、内なる国際化と、変化の程度やスピードには企業によって差はあるが、国際経営マネジメントに変化がみられるようになっている。

海外子会社の多くで現地人を社長に起用する。日本本社で社内公用語を英語にする。外国人の管理者や経営幹部を日本本社に起用する。外国人の役員が取締役会に出席する。過去において、このような大胆な、急進的な変革がときどき試みられたが、一部の企業をのぞいてほとんどの企業では成功しなかった。本章のこれまでにとりあげた楽天やファーストリテイリングでの英語公用語化、武田薬品の外国人社長、野村ホールディングスの人事制度の全面的な国際化などは、従来の大胆な試みと同様に、不成功に終わるのだろうか。成功するだろうか。

この問いの答えをさぐるためにも、ここで、日本企業の組織伝統（Bartlett and Yoshihara, 1988）をみることにしたい。日本企業の組織伝統の特徴としては、つぎのようなものをあげることができよう。

► 競争より和を重視
► 個人主義より集団主義
► 分散・非相似（富、権力、名誉の分散配分。みんなに花をもたせる）
► 平等（機会の平等だけでなく結果の平等も）
► 和魂洋才（外国の製品、技術は受け入れるが、外国企業、外国人は入

れない)

▶以心伝心のコミュニケーション（察する文化）

▶職人芸，インテグラル，非互換性，暗黙知

▶細部重視

▶漸進主義

▶高い参入障壁（身内主義）

▶理論，分析より現場，行動を重視

　これらの特徴のいくつかは，大昔，すなわち1000年以上まえから引き継いでいるものである。江戸時代にできたものもかなり多い。明治以降にできたものもあるだろうし，戦後のものもあるにちがいない。

　これらの組織伝統は，全体として，日本的経営の継続に適合的であるといってよい。国際経営マネジメントについても，日本企業のこれらの組織伝統を考慮するとき，一気に全面的に変えることは，期待しにくい。できるところから，すこしずつ，時間をかけて，現実の条件や状況と妥協しつつ，変えていくことになると考えるのが自然であろう。日本企業の多数では，国際経営マネジメントの変化は，これまでと同様に，漸進主義の変化になるのではないか。

　これまでは，日本企業の組織伝統という企業の内部に注目してきたが，つぎに目を企業の外部にむけることにしたい。企業の外部とは，今後の成長の舞台である海外市場，そこでの競争，また人材（外国人）の活用などである。

　海外市場では，外国企業と競争する。日本企業にとって，新興国が重要性をましている。その新興国において，欧米企業だけでなく，韓国，台湾，中国，インドなどアジア企業と競争する。それらアジアのリーダー企業の経営は，さきにみたように，日本的経営とは正反対といってよいほど異なっている（209‐210ページ）。

海外の日本企業の明暗として論じたが，日本企業のオフィスは外国人にとっては魅力に乏しい職場である。その理由は，日本的な国際経営マネジメントのためである。日本企業が国際経営で成功するには，優秀な外国人を採用し，かれら，あるいは彼女たちに高いモラールで仕事をしてもらう必要がある。そのためには，職場としての魅力をあげることが必要であり，日本的な国際経営マネジメントを変える必要がある。具体的にいうと，英語を使う，マネジメントのプロセスや仕組みを明示化して外国人が参加しやすいようにする，年齢，学歴，性別，勤続年数，国籍などの属性を中心にした評価・処遇を業績や成果にもとづく評価・処遇に変える，日本中心の人事をグローバル人事に変える，などのマネジメントの変革を行なう。管理階層のフラット化，経営者・管理者の若返りも必要だろう。

　このように，日本企業の内部の組織伝統を重視するときは，日本的な国際経営マネジメントを継続することになりやすく，変更する場合も漸進主義の変化になるだろう。他方，外部に目をむけて外国企業との競争や外国人の活用などを重視するならば，国際経営マネジメントの革新を行なわなければならない。

　国際経営戦略が成長戦略の主役になると予想できるので，これからは，外部要因のほうが組織伝統という内部要因よりも重視されるようになり，したがって，国際経営マネジメントの変化は従来にくらべると，スピードは速くなり，スケールも大きくなると考えることができるのではないか。

外国人（現地人），
女性，MBA

　最後に，人本主義についてのべたい。

　わたくしは，日本企業の経営で世界に誇ることができるものとして，日本的生産，人本主義，陰徳の国際経営の３つをあげた（吉原，2001，291ページ）。このうち，日本的生産については，モジュール生産などの挑戦をう

けており，新たな展開の必要性を指摘している（第4章）。陰徳の国際経営は，今後もつづけて行なう価値があることをのべた（第8章）。では，人本主義はどうか。

日本の多国籍企業で活躍していない人材として，3種類の人材をあげることができる。外国人（現地人），女性，それにMBA，である。このうち，現地人については，すでに，海外子会社の社長，管理者の現地化，あるいは内なる国際化のテーマのなかでくわしく検討している。そのため，ここでは女性とMBAについてみることにしたい。

「女性活用，欧米に及ばず」（『日本経済新聞』2010年5月24日）という記事によると，女性比率は，係長相当で12.7％，課長相当で6.6％である。ドイツや米国では管理職に占める女性比率は約4割であるという。厚生労働省の2009年度の雇用均等基本調査によると，女性比率は係長相当職が11.1％，課長相当職が5.0％，部長相当職が3.1％だった。2006年度調査にくらべて，それぞれ，0.6％，1.4％，1.1％上昇した（『日本経済新聞』2010年7月18日）。微増といってよいだろう。

フランスで役員の40％以上は女性でなければならないとの法律が提案されている（*Bloomberg Businessweek*, June14-June20, 2010, p. 15）。役員の女性比率は，フランス9.5％，英国8.5％，米国12.2％であるという。ノルウェーでは，法律ができた2002年の6.8％が現在では34％に増加している。

米国では，女性社長（CEO）の大企業はそれほどめずらしくない。ヒューレット・パッカード（HP），ゼロックス，ペプシ，デュポン，GAP，IBMなどでは，女性が社長である（現在，あるいはある時期）。

日本企業はどうか。統計データを知らないので，たしかなことはいえないが，おそらく女性の社長は文字どおり少数の例外だと思わ

れる。

つぎは，MBA である。MBA は，Master of Business Adminis-
tration（経営学修士）であり，ここではビジネススクールの卒業生
（MBA ホルダー）の意味で使っている。欧米企業，とくに米国企業
では経営者や管理者に多くの MBA がいる。ところが，日本企業に
は，MBA はすくない。また，MBA の評価はかならずしも高くな
い。日本企業では，ビジネススクール（欧米の一流のビジネススクー
ルをふくめて）を卒業して MBA を取得しても，給与はそのまま，
ポストもそのまま，ということが多い。MBA であることを隠す人
がすくなくない（岡部，2009；金，2007）。

なお，日本にも MBA は相当数いる。その人たちは，コンサルタ
ント，アナリストなどの専門職，外資系企業などで活躍しており，
日本企業はそれら外部の MBA と連携して，企業や事業の買収・売
却，戦略的提携，コーポレートガバナンスの仕組みの構築，内部統
制システムの構築，人事制度の改革，会計制度の変更などの問題の
解決にあたる。[3]

人本主義は，この概念の創始者の伊丹敬之によると，「人本主義
はヒトが経済活動のもっとも本源的かつ稀少な資源であることを強
調し，その資源の提供者たちのネットワークのあり方に企業システ
ムの編成のあり方の基本を求めようとする考え方である」（伊丹，
1987，29‐30ページ）。この概念は，日本企業の経営実態の観察や分
析にもとづいてつくられたものである。ところが，日本企業をみる
と，外国人（現地人），女性，MBA は，あまり活躍していない。こ
れら3種類の人材は，人本主義でいうひとのネットワークに組み込
まれていない。ネットワークは，じつは，日本人男性社員のネット
ワークなのである。

国際経営マネジメントの将来像を考えるとき，ひとのネットワー

クにこれら3種類の人材を組み込むことも，ひとつの課題にしなければならない。日本人の男性だけでなく，女性も活躍できるようにする。外国人（現地人）を登用して，ひとつのネットワークに入れる。さらに，MBAのような，専門的な知識や分析能力に長けたひとも，ネットワークに入れることが大切である。要するに，人本主義の適用範囲を，これまでのように日本人男性社員に限定するのではなく，女性，外国人（現地人），MBAにまでひろげるのである。これは，日本企業にとって，挑戦的な課題といえる。

3 消えていく国際経営の日本的特徴

国際経営戦略は変わった[4]　1970年代までは，輸出中心の国際経営がつづいた。輸出から海外生産に国際経営戦略の主軸が変わりはじめるのは，1985年のプラザ合意のあとの急激な円高からである。その後，海外研究開発が行なわれるようになる。

日本企業の国際経営は，輸出，海外生産，海外研究開発の順序的かつ累積的な展開としてみることができる。こんにちでは，輸出，海外生産，海外研究開発の3つが同時平行的に展開されている。

国際経営で長年にわたって中心的な役割を演じていた輸出は，じつは，商社，とくに総合商社を通じての輸出（間接輸出）である。そのうちに，電機，精密機器，自動車・同部品，機械，化学などの製造企業は自社の輸出部門によって直接輸出を行なうようになる。いわゆる商社離れである。こんにちでは，製造企業の直接輸出が普通になっており，商社経由の間接輸出は輸出のうちの一部分（特殊な市場むけや，一部の製品など）になっている。

1960年代になると，製造企業は海外生産をはじめる。それは，輸

出を現地生産に変える性格のものが多かった。海外生産子会社には，合弁，とくに商社参加型合弁が多かった。これは，輸出が総合商社を通じてのものだったことに由来する。しかし，時代が経つにつれて，合弁が減少して，完全所有の子会社が増えていった。商社参加型合弁はほぼみられなくなった。

1970年代前半までの海外生産は，その特徴から多国籍化の日本的パターンとして注目された。米国企業の多国籍化のパターンに対比された（61ページ）。しかし，その後，日本的パターンはしだいに弱まり，米国企業との共通性を強めていった。

また，海外直接投資に，発展途上国で生産，先進国で販売という地理的二分法がみられた。その後，米国や欧州でも海外生産が行なわれるようになり，現在では米国での生産とアジア（ASEANおよび中国）での生産が両輪になっている。

業種についても特徴があった。海外生産は繊維と電機が両輪だった。繊維企業の海外生産の多いことは，注目された。

その後，業種のこの特徴も消えていった。繊維は減少し，電機についても家電は減少した。電機では電子部品，産業用機器などに変わっていき，自動車・同部品，化学，機械が主役になった。海外生産において，機械（広義）と化学が両輪となり，業種についても欧米の多国籍企業との共通性が強まった。

1970年代までの海外生産にみられた前記のような特徴から，国内ハイテク・海外ローテクの対比がみられた。その後の海外生産の増大の結果，こんにちでは，主力工場が海外工場であるという例が増加している。

また，初期の海外生産には，「仕方なしの海外生産」（36ページ）という特徴があったが，その後の円高とともにグローバル適地生産への変化が生じる。

海外企業進出は，海外に企業を新設する方法（グリーンフィールド投資）と既存企業を買収するものに大別できる。当初は，海外企業進出のほとんどはグリーンフィールド投資だった。その後，状況が変わり，外国企業の買収がふえている。外国企業との戦略的提携もふえている。

　研究開発はもっぱら国内で行なわれていた。海外生産がふえるにつれて，製品，デザイン，生産設備などの現地適応のために，研究開発の海外進出がふえていった。外国の技術者や研究者を獲得することを目的にした海外研究開発も行なわれるようになっている。最近の注目できるうごきに，ソフトウェア開発のオフショア・アウトソーシングがある。対象国は，インドと中国がおもなものである。

　全体として，研究開発は，国内集中開発からグローバル分散開発へと変化してきている。

　輸出中心の国際経営のときには，輸入はそれほど重要でなかった。時間が経つにつれて，輸入の重要性が増していった。その輸入には，製品の輸入と部材の輸入がある。

　製品輸入と部材輸入をふくめて，最近ではグローバル・サプライチェーン・マネジメントが行なわれるようになっている。材料・部品の調達から生産，組立，物流，販売など製品を顧客にとどけるまでのモノの流れ，およびこれに関連する情報の流れであるサプライチェーンを，グローバルにマネジメントしようとするのが，グローバル・サプライチェーン・マネジメントである（52ページ）。

国際経営マネジメントも変わる

　消えていった日本的特徴の多くは，じつは，国際経営の戦略の変化である。現在では，日本の多国籍企業は，欧米の多国籍企業と，さらにアジアなどの多国籍企業と，似たような戦略で，世界の市場で競争している。他方，国際経営マネジメントの日本的特徴には，

消えずにのこっているものが少なくない。

　国際経営マネジメントの日本的特徴は，「日本人が，日本語で，日本的に」マネジメントするところにあるといえよう。

　「日本人が」は，まず，海外子会社におけるひとの現地化のおくれを意味している。海外子会社では，社長をはじめとして上位の重要なポストの多くは日本人が占めている。つぎに，日本親会社をみると，ほとんどの社員は日本人であり，外国人は少数の例外にとどまっている。

　「日本語で」は，日本親会社と海外子会社において，日本語が共通言語になっていることをさしている（123ページ）。国際経営において英語の使用はふえている。しかし，重要な情報のやり取りやコミュニケーションでは，日本語が中心的な言語になっている。

　「日本的に」は，長期雇用ないし安定雇用，年齢・性別・学歴・勤続年数・国籍などの属性を重視する人事，平等主義，全員経営，ボトムアップ，集団主義，協調性の重視など，日本的経営の特徴とされるものである。

　日本人が，日本語で，日本的に，マネジメントするという日本的な国際経営マネジメントも，時間をかけて，すこしずつではあるが，変化している。

　国際経営マネジメントの変化は，具体的にいうと，現地人社長，英語，内なる国際化の3つの進展である。

　第1に，海外子会社のひとの現地化は，ロワーマネジメントからはじまり，ミドルマネジメントへとすすみ，やがてトップマネジメントにまで至る。近年では，米国，欧州，東南アジア，中国などの重要拠点においても，現地人社長がみられるようになっている。

　第2に，英語化もすすんでいる。

　社内公用語英語化を打ち出した企業が出て，注目をあつめている。

社員全員に TOEIC 受験を義務づける企業がある。管理職への昇進の要件に TOEIC の点数をふくめるところがふえている。

国際経営の進展につれて，海外勤務経験者はふえており，本社の男子社員のかなりの割合（30％から50％の企業はめずらしくない）を占めるようになっている。海外勤務経験者の多くは，英語力のレベルに差はあっても，基本的に英語でコミュニケーションできる。英語のできる社員は，着実にふえているのである。

第3に，日本親会社の内部の国際化である内なる国際化も進行している。親会社のなかの外国人管理者，専門家，研究開発者はふえている。本社採用の外国人の新入社員もめずらしくない。さらに，外国人社長も出はじめている。

国際経営マネジメントは，このように，段階を追って，すこしずつ，すなわち，漸進的に，変化している。国際経営戦略の速くて大きい変化にくらべると，国際経営マネジメントの変化は遅くて小さなものといえる。この相違は，「変わる戦略」と「変わりにくいマネジメント」と表現できるように思われる。

では，最後に，変わりにくいマネジメントについても，日本的特徴が消えていくか否か，つまり，マネジメントも変わるのか，を考えてみたい。

長期大局的には，日本的特徴は，マネジメントについても消えていくだろうと考えられる。その理由についてみることにしたい。

ここでいう長期大局であるが，まず，長期とは，これから10年後，20年後，30年後のことであり，相当に長いタイムスパンである。つぎに，大局であるが，これは，産業（製造業，非製造業），業種（自動車，エレクトロニクスなど），企業の歴史の長短，経営者のタイプ（創業者，同族，内部昇進型の社長），製品アーキテクチャ（インテグラルかモジュールか）など，企業の属性や特徴によって差はあるだろう

が，全体としては，日本的特徴は消えていくだろうということである。

この結論に至るいちばん重要な理由は，国際経営マネジメントの日本的特徴が人材をめぐる競争で不利なためである。

さきに，バートレットの日本的経営批判としてのべたが（144ページ），外国の優秀な経営者，管理者，専門家，技術者，研究者などにとって，日本的特徴は魅力的でない。日本企業は，多国籍企業として成長発展していくためには，外国の優秀な人材を雇用し，活用できなければならない。そのため，日本的な国際経営マネジメントを変えていかなければならない。

ここで，日立製作所（以下，日立）の事例をみることにしたい。

「今までの日立のやり方では，優秀な外国人は絶対に来ないから，……」。編集長インタビューでの中西宏明，日立製作所会長兼CEOの発言である（『日経ビジネス』2015年7月6日，1798号，48ページ）。

ある時期までの日立は，病める日本を象徴する企業とされた。従来の日立は，日本的経営の典型的な企業だった。それが，戦略を変えるだけでなく，マネジメントも変革しはじめた。海外子会社の幹部への現地人の登用，現地人幹部への権限委譲，執行役常務2名は外国人，4地域の総代表のうち2地域は外国人，グローバルな統一人事制度，国際会計基準の採用，などである。

日立のマネジメントの変革は，一度にすべてを変えるビッグバン型の急進的な変革ではない。時間をかけて，できるところから，着実にすすめるという漸進型の変革である。

なぜ，同社が国際経営マネジメントの変革をすすめるかといえば，引用の中西宏明の発言に明らかなように，世界の優秀な人材を獲得し，活躍してもらうためである。

さきに，海外の日本的経営には，明るい工場と暗いオフィスとい

う明暗があるとのべた（143ページ）。海外の工場で仕事をする作業者は，日本的経営を気に入っており，高いモチベーションで仕事をしている。他方，オフィスの専門家，上級管理者，経営者などには日本的経営は人気がない。とくに，若くて優秀な人，実力のある女性，上昇志向の強い人，異端児・異能人などからは敬遠される。

平等主義は日本的経営のひとつの特徴であるが，この特徴は経営者の報酬にも現れている。トヨタ自動車をはじめ，日本の代表的な企業の経営者の報酬はつぎのようである（『日本経済新聞』2015年6月24日）。

- ▶トヨタ自動車豊田章男社長　3億5200万円
- ▶武田薬品ウェバー社長　5億700万円
- ▶パナソニック津賀一宏社長　1億1400万円，長栄周作会長1億600万円
- ▶ソニー平井一夫社長　3億1590万円
- ▶三菱商事小林健社長　2億6600万円
- ▶伊藤忠商事岡藤正広社長　2億5900万円

米国のコンサルティング会社，タワーズワトソンによる2014年のCEO報酬調査によると，日本1億2950万円，米国12億2251万円，英国6億7840万円であり，日本の経営者の報酬の低さが際立っている（『日本経済新聞』2015年11月12日，夕刊）。

日本企業のすくない役員報酬は，外国の優秀な人材の獲得において不利にはたらく。これから増額されていき，国際相場（人材の国際的な市場価格）に近づいていくのではないか。でなければ，優秀な経営者人材を獲得できないだろう。ちなみに，ソフトバンクの次期社長といわれていた当時のニケシュ・アローラ副社長の報酬は165億5600万円だった。日産自動車は外資系企業であるが，社長当時のカルロス・ゴーンの報酬は10億3500万円であり，トヨタの社長

の報酬の約3倍だった。

　外国人社長の事例として武田薬品をみたが，同社の研究開発のトップのタチ山田の年収は8億3800万円（2013年度）である（268ページ）。長谷川社長・会長（当時）より多い（『日経ビジネス』2015年3月2日号，32-35ページ）。

　わたくしは，この記事を読んで，長澤秀行副社長（当時）にインタビューで質問したときのことを思い出す。武田薬品は1997年に米国の研究開発のトップに米国の一流の人材を採用した。わたくしは，質問した。「その人の報酬は，親会社の社長よりも多いですか」。長澤は，記憶をたどり，また，資料をあたったが，回答できなかった。そして，長澤はわたくしに聞き返した。「そんなこと，何で重要なのですか」。[5]

　他社では，この種のことが問題視されることが多い。ある総合商社で，シンガポール人の報酬が親会社のアジア本部長の報酬よりも多いのは困るという理由から，そのシンガポール人を重要ポストに就ける人事は実現しなかった。大手の化学企業において，初代の米国人輸出部長の後任人事において，候補の米国人の報酬が経営幹部の報酬よりも多くなるので，その人事案は断念され，日本人が後任になった。

　世界の優秀な人材を確保するには，世界の相場の報酬（日本の相場より高額）をだすことが必要である。

企業独自性の競争　　国際経営の日本的特徴が，戦略だけでなく，マネジメントにおいても消えていくとすれば，日本の多国籍企業の戦略とマネジメントは，欧米など外国の多国籍企業のそれと同じようになるのだろうか。たとえば，自動車産業でいうと，トヨタ，GM，フォルクスワーゲン（VW）は，同じような戦略とマネジメントをもつのであろうか。電機産業では，日立，

GE，シーメンスの戦略とマネジメントは似たものになるのだろうか。

この設問については，国際経営の戦略とマネジメントの国別相違と企業別相違（以下，企業独自性という）を考えることにしたい。今後は，国別相違と企業独自性の両方が重要になるのではないか。もしかしたら，国別相違よりも企業独自性のほうが重要になるかもしれない。

自動車産業でいうと，日本のトヨタとホンダの差のほうが，トヨタとGMとVWの差よりも大きくなるかもしれない。電機産業の場合，日立，東芝，三菱の差のほうが，日立，GE，シーメンスの差よりも大きくなるかもしれない。

企業は，独自的な戦略とマネジメントによって競争するが，その戦略とマネジメントの独自性のベースないし理由には，国の差のほかに，つぎのようなものがあるだろう。

- ►歴史の長短
- ►経営者のタイプ（創業者，同族経営者，内部昇進型経営者など）
- ►企業規模
- ►技術集約度（研究開発型か否か）
- ►製品特性（消費財，産業財，ハード，ソフトなど）
- ►顧客（企業，非企業の法人，個人）
- ►競争企業（日米欧企業，新興企業など）
- ►競争環境（規制産業か否か）

企業の戦略とマネジメントの特徴は，これらのさまざまな要因にもとづいて形成され，また，これらの要因から影響をうけるだろう。しかし，企業の独自性を決めるおそらくいちばん重要な要因は，「経営者の考え方」ではないだろうか。それも，ひとりの経営者とはかぎらない。歴代の経営者の考え方の累計というようなものが，

286

企業独自性を生み出し，決めていくのではないだろうか。上述のような要因が同じ，あるいは似ていても，経営者がちがうと企業独自性が大きく異なるかもしれない。あるいは，逆に，上述のような要因がちがう企業であっても，経営者によっては，企業独自性が似てくることもあるかもしれない。

　経営の正解，ベスト・プラクティス，ビジネスモデルはひとつとはかぎらない。複数の正解が並存するのが，むしろふつうである。国，産業，業界を同じくする企業であっても，それぞれの企業は独自の考え方にもとづく経営によって，相互に競争するのである。

注

1) 訪日外国人はコロナのために2020年にはほぼ消滅している。また，2020年に予定されていた東京オリンピックは1年延期になっている。295ページ参照。

2) 元ソニーに勤務，現在，青山学院大学ビジネススクールの教授をしている前田昇の意見（筆者のインタビュー，2008年12月3日）を参考にしている。

3) イフ外語学院院長，中野正夫の意見（筆者のインタビュー，2007年7月20日）を参考にしている。

4) 「国際経営戦略は変わった」および，つぎの「国際経営マネジメントも変わる」は，わたくしのつぎの学会報告と論文にもとづいている。「消えていった日本的特徴：国際経営40年をふりかえる」国際ビジネス研究学会大会のフェロー講演（北海学園大学）2014年11月3日（吉原，2015，159-170ページ）。

5) 武田薬品の副社長（当時）の長澤秀行にインタビューしたときの，わたくしの質問と長澤の応答である（吉原，2003）。

第 12 章 分断の国際経営

トランプ，ブレグジット，コロナ

1 トランプ大統領

アメリカ第一主義 トランプ大統領の登場とブレグジットは，ともに予想外のことだった。予期せざるこの2つの出来事は，日本企業の国際経営に大きな影響をおよぼすことになった。この2つの出来事に重なるように，コロナが発生した。[1] 2019年に，中国の武漢からはじまったとされ，その後パンデミック（感染症の世界的大流行）になり，現在進行中であり，収束の見通しは立っていない。日本企業の国際経営におよぼす影響という点では，さきの2つの出来事よりもコロナのほうが重大であるといえるだろう。

本書の第4版（2015年12月25日刊行）を出したあと，これら3つの大きな動きが生じている。3つの新しい動きのなかでの日本企業の国際経営の現状および今後の動向を考えることにしたい。

さて，ドナルド・ジョン・トランプ（以下，トランプ）は，2016年11月8日，大統領選挙一般投票でヒラリー・クリントンを破って当選した。米国の大手マスコミはクリントンの勝利を予想しており，開票作業の終盤になってトランプの当選が決まった。

厳格な移民政策をとり，メキシコとの国境に壁をつくることを公約にした。大統領就任演説でアメリカ第一主義を表明した。保護主義や孤立主義の主張を展開した。自国の利益を最優先する「アメリカ第一主義」に立って既存の国際合意や政策の枠組を否定した。アメリカ第一主義は，アメリカが世界で第一でなければならないという考え方でもあり，アメリカに追いつき追いこそうとする中国に敵対的な姿勢になる（米中対立は次にのべる）。

米中対立

中国では，1840年のアヘン戦争から中華人民共和国が誕生する1949年までの約1世紀は，「屈辱の100年」とされている。2012年に中国の指導者になった習近平は，中華民族の偉大な復興という中国の夢の実現を国家目標に掲げた。

米中対立の理由として，米国覇権への挑戦をあげることができよう。米国は，第二次大戦後（以下，戦後）こんにちに至るまで，経済，技術，軍事，文化などの面で他国を引き離す大国である。その米国覇権が，台頭する中国によって，挑戦をうけるようになってきたのである。

このことに関連して，米国の中国についての見込みちがい，ないし思惑外れを指摘できる。中国が経済的に成長してゆたかになると，民主化すると思っていたが，実際にはそのようにならない。経済的発展を支援して中国の民主化を促す関与政策は成功しなかった。思想，言論などの自由が制約されている中国では，創造的なアイデア，イノベーションなどは生まれにくいと思われている。ところが，中

国でイノベーションが次々に生まれている。

　深圳に経済特区ができてから40年になる。GDPは1万倍にふえ，中国のシリコンバレーに成長発展している。

　中国の台頭が米国覇権を脅かすようになり，中国についての米国の思惑外れが明らかになるとともに，トランプは対中政策の強硬的性格を強める。米国は中国共産党を標的にするようになる。米国務長官は新同盟を提唱し，新冷戦の様相が強まる。

　次世代通信網「5G」（ファイブジー）をめぐる米中の技術覇権の戦いが激しさを増している。米国は，中国企業のファーウェイへの通信用半導体の供給を停止する。通信キャリア，アプリストア，スマートフォンのアプリ，クラウドサービス，海底ケーブルの5分野で中国企業の排除をめざす。

　2020年11月の大統領選挙によって，トランプに代わってバイデンが次期大統領になると決まった。新政権が誕生しても，米中対立が沈静化しないとの見方がある。対中政策で共和党と民主党のあいだに大きなちがいはないという。

トランプに対応の国際経営

半導体受託生産の世界最大手の台湾積体電路製造（TSMC）は，米アリゾナ州に最先端の半導体工場を建設する計画を発表して，米国寄りの姿勢を明らかにした。

　日本のトヨタとマツダは，2018年，トランプ大統領の要望に応じて，アラバマ新工場の建設を発表した。

　米国はファーウェイ包囲網を強化し，「クリーンな会社」として日本のNTTなどを例示した。NECは，5Gなど次世代通信網でNTTと組んで挽回を図ると表明した。米中対立で世界ではファーウェイ排除の動きが強まっているのをチャンスとする考えである。

　米政府は，2020年8月から，ファーウェイなど中国5社製品を使

う企業を，米政府との取引から排除する。対象の日本企業は800社をこえる。世界のハイテク市場の分断を加速する。英国，そしてフランスも5Gネットワークからファーウェイを排除する。

ファーウェイに対する米国の半導体輸出規制が2020年9月15日に発効した。日本の半導体メーカーがファーウェイむけの出荷を停止した。半導体がなければスマホをつくれない。スマホの生産が停止あるいは縮小すると，スマホむけの画像センサー，液晶パネル，電池，回路基板などの部品が影響をうける。ソニーは，スマホむけの画像センサーの取引再開を申請中である。

2 ブレグジット

国民投票後の紆余曲折
とコロナの影響

2016年6月23日の英国の国民投票で，EU（欧州連合）からの離脱をもとめる票が過半数になる。デビット・キャメロン首相は辞任した。後継のテリーザ・メイは，当面は関税同盟にとどまる案でEUと合意したが，英議会の反対で辞任した。つづくボリス・ジョンソン首相は2020年1月にEU離脱を決める。2020年末までの移行期間は迫るが，EUとの関係の将来像の詳細は未定のままである。合意なき離脱の可能性もある。

英国とEUの関係についての交渉は，コロナの感染拡大で変化する。英国のジョンソン首相は，EU離脱を議会で決めたあとコロナに感染し，集中治療室で治療をうけた。その後回復し，首相職に復帰している。EUのバルニエ首席交渉官と英国のフロスト首席交渉官がコロナに感染する。100人をこえる規模の交渉団が行き来するような交渉を対面で行なうことは，当分のあいだ不可能になった

（平石，2020，31ページ）。

　なお，ブレグジット（Brexit）は，British（英国）と exit（退去）の混成語である。英国が EU から退去する，の意味の用語である。

　米中対立はさきにみたが，英国，EU も，程度の差はあっても，中国と対立的な関係にある。ドイツは，中国と比較的よい関係にあったが，急速度に関係が悪化している。現在では，米・英・EU がそろって中国との対立を深めている。

　英国の EU 離脱は無謀な試みにみえたが，金融セクターにかんしては，英国にとって意外によい選択だったかもしれない。金融市場取引や人材の集中といった強みをもとに，落ち込みは最小限で抑えられそうな見込みである（中空，2020，45ページ）。ロンドンが頭脳，各金融都市は手足という関係は基本的に変わっていない（田中，2020，10ページ）。

ブレグジットに対応の国際経営

英国の EU 離脱に対応した日本企業のうごきをみると，統括機能の移転先としてドイツ，ルクセンブルク，オランダが目立つ。販売機能ではドイツへの移転，生産機能ではポーランドとオランダが多い（ジェトロ欧州進出日系企業実態調査，2018）。

　注目されているのは，金融センターとしての英国ロンドンのシティの動向である。金融センターの地位を維持できるか。他の都市，たとえば，フランクフルト，パリ，アムステルダムなどが，金融センターになるか。これまでは，単一パスポート制度があり，EU 加盟国のどこかで営業免許をうけた金融機関は域内のどこであれ営業できる。この単一パスポート制度の維持は，交渉のひとつの焦点になっている。

　さて，日本の大手金融企業のうごきは，つぎのようである（中空，2020，42ページ）。

▶野村：100名をパリにシフト。

▶MUFG（三菱フィナンシャル・グループ）：オランダで銀行免許。
　証券業務をアムステルダムに移転。ロンドンではトレーダー
　など採用増。

▶SMFG（三井住友フィナンシャル・グループ）：フランクフルトに
　現地法人を設立。

▶みずほ：フランクフルトで証券免許をとり欧州拠点とする。ロ
　ンドンの採用も増加。

製造業では，ホンダが英国の工場を閉鎖して，北米や日本に生産
を移管する。

3 コ ロ ナ

国際経営環境の急激な悪化

　世界経済は，コロナの感染拡大により，戦後最大級の経済危機の最中にある。2020年の成長率はマイナス4.0％，2021年がプラス5.2％，悲観的なサブシナリオでは2020年マイナス7.0％，2021年マイナス5.0％，である。日本経済の2020年度の成長率はマイナス4.6％である（『JRIレビュー』2020，第8巻第80号）。

　2020年4～6月，主要国経済は1割縮小した。リーマン・ショック時の3.5倍である。GDP前年同期比は，米国9.5％減，日本9.9％減，ドイツ11.7％減，フランス19.0％減，英国21.7％減と大幅な減少である。わずかに中国だけが3.2％増である。

　このような急激な経済悪化にたいして，日米欧など世界の中央銀行は低金利で大量の資金を供給している。そのため，実体経済の悪化のなかで世界の株式市場や金価格は騰勢を強めている。

国境封鎖と都市封鎖が生じている。国内，海外の人の移動が制限され，外国人の入国制限や拒否がみられる。そのために，国際旅行がなくなっている。訪日外国人はほぼ消滅している。

　関西国際空港（関空）の2020年4月の国際線旅客便は前年同月比97％減であり，旅客数は99％減の6689人である。訪日客はわずかに1700人しかなく，昨年76万人が訪れた中国人は30人，60万人だった韓国からは20人にすぎない。

　グローバル・サプライチェーンの分断は，製造企業に痛手となっている。自動車産業は苦境のなかにある。世界の需要は大幅に減り，トヨタなど8社の世界生産は6月前年同月比6割減である。

　ただし，すべての企業が経営を悪化させているわけではない。経済の急激な悪化のなかでも，好調な企業はある。

　米巨大IT企業のGAFAM（Google，Apple，Facebook，Amazon，Microsoft）は好調を持続している。[2] 日本でも，いわゆる巣ごもり需要をとらえて最高益を達成した企業がある。ただし，それは少数の例外といってよい。

　世界の主要4500社の3社に1社は赤字である。他方，3割は増益である。業種別にみると，素材エネルギー，自動車，空運は減益，小売りとサービスは収支トントン，電子機器，情報通信は増益，と明暗がわかれている。

新しいトレンドの加速　コロナの流行とともにオンライン在宅勤務（オンライン勤務，リモートワーク，テレワーク，電話出演などともいわれる）が普及しており，学校の授業もオンライン授業になり，学会，各種イベントもオンラインになっている。

　企業のオンラインの導入状況は，2010年12.1％，2011年9.6％，2012年11.4％，2013年9.1％，2014年11.3％，2015年16.1％，2016年13.2％，2017年13.8％，2018年19.0％，2019年20.1％と年を追っ

て増加している（浅野，2020，20ページ）。

世界のトレンドはオンラインの方向である。欧州では，在宅勤務が標準になりつつあり，米国では，企業主導で在宅勤務の定着が進んでいる。

「コロナの流行はデジタル化を加速し，日本型労働を変える。日本の経営者や学者たちは，長時間労働や過度な残業がまん延している状態を解消し，働き方と組織文化を変える必要性について論じてきた。しかし，これは難しい課題だ。コロナの流行がこの難題を解決してくれる」（注：最後の文章は筆者が追加）（ビル・エモット『日経ビジネス』2020年6月15日，78ページ）。

なお，日本的経営はつぎのような特徴のために，オンライン勤務との適合性に欠ける，つまり，相性がよくない。仕事の結果だけを評価するのではなく，インプット（努力，事前の勉強や準備など）やプロセス（仕事の過程）も評価する。個人よりも集団（チーム）を重視する。会議が多い。残業が多い。空気を読む。社内セールス，社内政治が大切である。以心伝心のコミュニケーションが多くあり，報連相（報告・連絡・相談）が重視される，などである。

コロナが収束すると，もともと日本的経営と相性の悪いオンラインは減っていく。そして，従来の日本的経営が復活してくる。これでは，世界のトレンドに逆行することになる。筆者としては，コロナのおかげでオンラインが定着して，日本的経営が進化した，となってほしい。

日本企業の試練　まず，急激な経済悪化である。さきにみたが，リーマン・ショック並みの経済悪化である。

米国にはコロナにもかかわらず高い成長をつづけている企業が相当数みられる。GAFAM をはじめとする IT 企業である。残念なこ

とに，日本にはGAFAMに匹敵するようなIT企業はみられない。ほとんどの企業は，売上高の大幅減少，利益の急減，巨額の赤字，に見舞われている。優良企業でも，資金確保に注力している。

　つぎに，成長の軸である国際経営が挫折して，先が見通せない。「縮む国内，拡大する海外」（吉原，2011，10ページ）の状況に対応して，海外進出に成長の可能性をさぐろうとした。ところが，コロナのために，世界的な経済悪化になってしまった。国境閉鎖，海外出張の禁止になってしまった。国内においては，訪日外国人がいなくなり，インバウンド需要が消滅した。国際経営は，海外において，また，国内において，ともに好機を見出すのがむずかしくなってしまった。

　分断の状況を克服するために，オンラインが試みられるようになっている。このオンラインのうち，オンライン在宅勤務は，さきにみたように，日本的経営との不適合性があるために，普及は限定的である。

　日本はIT後進国であり，世界デジタル競争力ランキング（2020）で，昨年の23位から後退して27位である。米国1位，シンガポール2位，デンマーク3位，スウェーデン4位であり，韓国8位，台湾11位，中国16位のアジアの国よりも下位にある（スイスのビジネススクール，IMDの調査）。

　日本は，政府，企業，個人などに漸進主義の特徴がみられる。大きな目標に向かって，一気呵成に変革するという急進主義とは反対のやり方である。漸進主義の特徴が，コロナのもとで，問題解決に遅れをとるようにはたらいているのである。

　企業の人材をみても，いまの苦境を乗りこえていくうえで，楽観的になれない。中高年男性が主役である。かれらは，保守的であり，ITを得意にするひとは少ない。若者，女性，外国人，専門家

（MBA，情報技術の専門家など）が活躍していない。

ただ，日本や日本企業にとって有利なこともある。他国に比較して，コロナの感染者と死者がすくない。医療体制が健全である。清潔，法令遵守，政治的安定性，高い教育水準，経済的ゆたかさ，海上国家（他国と陸続きでない）などは，日本の強みといえよう。

コロナによって，日本の社会，政府，企業，個人などの弱点，後進性や限界が表面化した。コロナという危機を利用して，それらの問題点を解決できることがのぞまれる。

4 分断の国際経営

国境・政治の復活 戦後はボーダーレス化の進展だった。EEC から EU へ（1958～93），中国の改革開放（1978），ベルリンの壁の崩壊（1989），地域経済統合の進展，関税の引き下げなどである。これらの背後に，交通通信の技術革新がある。ひとの国際交流（海外旅行）の増大，経済の国際化の進展（貿易・海外投資・多国籍企業の増大）があった。

突如として，反ボーダーレス化のうごきが生じている。トランプはメキシコとのあいだに壁をつくり，関税の引き上げに注力している。習近平は，ネット統制や企業への共産党の介入など企業の自由を制限する政策をすすめている。ブレグジットによって，英国と大陸欧州のあいだに壁（国境）ができようとしている。

日本の多国籍企業の60年ほどの歴史を，経済，政治，文化の3つの変数に関連づけてみると，1980年代前半までは，政治（投資受入国の政策）が重要であり，経済合理性を欠くが，政治的な理由で行なわれる「仕方なしの海外進出（海外生産）」が多くみられた。1980

年代後半以後，経済が重要になり，海外生産が経済合理性をもつようになり，グローバル適地生産がふえた。最近，政治（国境）と文化，とくに政治が重要（再浮上）になってきている。トランプ政策に適応するための米国生産，ブレグジットに適応するために EU 本社をロンドンからフランクフルトに移転，習近平の EV（電気自動車）化政策に適応のために EV・EV 用電池の中国生産など（計画をふくむ）がみられる。

コロナによる分断

トランプとブレグジットによって，国境と政治が復活して，分断の様相を強めていたが，コロナが一気に分断を拡大し，強化した。

コロナによって，各国が自国第一主義をとるようになる。自国内の感染者の増加を防ぐ。他国からの感染者の入国を禁止する。医療体制の崩壊を防ぐ。このような理由から，多くの国が他国とのあいだに壁をつくり，国際交流を禁止する。一般人の海外旅行やビジネスパーソンの海外出張は禁止された。それだけでなく，政府の首相・大統領，大臣，その他の要人も，他国を訪れることができなくなった。世界規模で国境封鎖になり，鎖国体制になってしまったのである。

分断は国内でも生じている。コロナの感染が大規模になっている都市などでは，他の都市や市町村などとのあいだのひとの移動に制限が課せられている。

多くのひとが集まる劇場，球場，テーマパークなどは，休業しなければならなくなった。再開しても，人数制限や無観客にしなければならない。

分断は個人レベルにも生じている。レストラン，居酒屋や喫茶店で親しいひとと会食するとき，座席をひろく空ける，真正面に向き合うことをさけるなど，3 蜜（密閉，密集，密接）回避の対策をとる

ようにいわれている。

コロナのために，グローバル・サプライチェーンの分断が生じた。オンライン在宅勤務や学校の授業のオンライン化のために，パソコンの需要が増加したが，パソコンの供給不足が生じた。部品などの不足のためである。

1971年に出版の『追いつめられる国家主権』（R. Vernon, *Sovereignty at Bay*）[3]は，当時の多国籍企業，とくに米国の多国籍企業をめぐる状況を的確に表現している。新しい企業形態として登場した多国籍企業は，国家をこえる存在になり，国家主権を追いつめるようになった。無制限ではないが，多国籍企業は世界で自由に経営を展開する。各国の法律や経済的な政策の制約をこえて，経営する。

現在は，この当時とは正反対になりつつあり，国境や政治によって世界は分断されており，多国籍企業はその経営を制約されている。多国籍企業は分断のために苦難を強いられている。当時とは反対に，多国籍企業は国家によって追いつめられているのである。

多国籍企業と国家の関係にかんしては，歴史が一時代前にもどったのである。

分断を克服して前進　分断の世界において，企業はさまざまな技術，工夫や考え方によって，前進を試みている。オンライン経営と遠隔操作および経営のアーキテクチャ革新に注目したい。

オンライン在宅勤務は大企業のオフィスを中心に普及しはじめている。交通や工事現場などには，遠隔操作がみられるようになっている。もうひとつ，経営のアーキテクチャ革新[4]も注目しなければならない。グローバル・サプライチェーンの分断への対処として，一極集中から多極分散へ，自立型の拠点，冗長性，などの対応策がとられている。

結果として，国際経営は，これまでとは大きく変わろうとしている。

　ここで，用語についてのべることにしたい。オンライン在宅勤務，テレワーク，リモートワーク，電話出演，電話会議など，多くの用語が使われている。それぞれの用語は，特定の目的や状況に応じて，それにふさわしいものとして生まれ，使われている。ここでは，全般的なことをとりあつかうので，「オンライン」の用語によって，これらのすべてをカバーすることにしたい。文脈によって必要になれば，オンライン在宅勤務，あるいは，電話会議などの用語を適宜使うことにしたい。

　「遠隔操作」についても同様にする。この用語によって，遠隔検査，遠隔修理，遠隔医療，自動運行，無人の自動運行の船舶，ドローン，無人の鉱山採掘・掘削，建機の自動操縦，工事の自動化などをカバーしたい。

　ここでは，オンラインと遠隔操作の2つを区別してあつかっている。このことについて，付言したい。使われている場所や対象などのちがいから，便宜的に2つにわけているが，基本にある考え方や技術の点では，2つは共通している。両者は，技術の発展とともに相互に重なり合い，やがて一体化するかもしれない。

　さて，オンラインによって，分断された要素をつなぐ試みが多くみられる。いろいろな国・都市・地域などに所在の事業所（工場，営業所，オフィスなど）をつなぐ。本国親会社・海外子会社・国内子会社・関連会社などの拠点をつなぐ。外注・アウトソーシングの企業や仕入先などもむすびつけている。これらは，国内にとどまらず，国境をこえて行なわれる。

　遠隔操作は，国内が中心であるが，外国にある工事現場，工場，鉱山，病院の遠隔操作も，すすみはじめている。

さて，オンライン在宅勤務は大企業のオフィスを中心に普及しはじめているが，勤務者の3割程度でしかない（日本生産性本部調査，日本経済新聞，2020年6月21日）。大企業だけでなく，中堅企業，中小企業においても，また，オフィスに限定せず工場や営業所においても普及してはじめて，オンライン在宅勤務が従来の勤務を代替することになる，このような事態はくるだろうか。これを考えるうえで，制度的補完性およびオンライン在宅勤務の弱点をみることにしたい。

　「在宅勤務が長続きするには労働法制を変える必要がでてくる。日本の賃金は労働時間で決められているが，在宅勤務では時間が計りにくい。このため時間ではなく仕事の成果に対して報酬が払われるように労働法制を見直さなければならない」（竹中平蔵，日本経済新聞，2020年7月24日）。

　オフィス勤務にはそれに適した法律，規則，慣行，ひとびとの態度など制度ができている。それらの制度から独立的にオフィス勤務を在宅勤務に変えることはできない。その理由は，制度的補完性のためである。制度的補完性は，従来からのオフィス勤務を継続させる方向にはたらき，他方，新規の在宅勤務の実施には阻止的にはたらく。制度的補完性は，その意味で，新規の試みに対しての抵抗勢力になる。

　オンライン在宅勤務や電話会議などについては，その利便性が評価されているが，他方で，その限界や弱点を指摘する声も聞かれる。

　「直接的な人と人のコミュニケーションが絶対に必要だと私は思う。文章やネットを介したやり取りだけでは伝わらない情報があるし，できない意思疎通もあるからだ。だから，重要な意思決定では，直接の対話を大事にしている」（富士フイルムの会長・社長の古森重隆『日経ビジネス』2051号，2020年8月3日号，102ページ）。同氏はまた，「社風や，社内にいるからこそ共有できる意欲や感

覚などは，物理的に同じ場所で働いていないと分からない」（同上）という。

電話やメールでのコミュニケーションは，会う前と会ってからとでは，同じ内容のものでも，ちがうように思える。

人間の感覚には5つあり，それは，視覚，聴覚，嗅覚，味覚，触覚であり，五感という。対面コミュニケーションでは，この五感のすべてが機能する。他方，オンラインでは，嗅覚，味覚，触覚の3つは機能しないだろう。これは，対面コミュニケーションにくらべてのオンラインの弱点といえよう。

現場，現実，現物を重視する3現主義は，多くの企業で信奉され，実施されている。だが，オンラインでは，3現主義の実行はむずかしい。

以上，制度的補完性とオンラインの弱点をみてきた。おそらく，従来からのオフィス勤務と，いま普及しはじめているオンライン在宅勤務の両方が必要なのだろう。

5 明日の国際経営を考える

3つの新しい動き（トランプ，ブレグジット，コロナ）のなかでの日本企業の国際経営の現状，および，1年後，2年後，3年後，あるいは5年後の国際経営の姿を考える。ドラマは進行中である。ドラマの最終場面がいかなるものになるかは，誰にもわからない。

本書の読者（学生，院生，ビジネスパーソンなど）は，自分の立場から読んで，考えてほしい。自分で考える，他人の知恵を借りる，ほかの人と議論する，などして，国際経営の明日の姿を描いてほしい。

3つの新しい動きは，日本企業の国際経営にとって最大級に重要

な出来事である。その影響や帰結を考えることは，国際経営を学ぶ者にとって，めったにない機会である。

考えるにあたっては，つぎのような工夫，方法などを参考にしてほしい。

　　データ・情報をあつめる，みる，分析する

　　大きく，深く考える

　　現象，個別の事例，身の回りのうごきをみる

　　思いつきや閃きを大切にする

　　直観を大切にする

　　年表（歴史）と地図（地理）を手元におきながら考える

３つの新しい動きが収まったあとの世界は，つぎのような点からいって，現状とは大きくちがう可能性が高い。新世界というにふさわしいかもしれない。

► 産業（業種）および企業のあいだの格差増大，主役交代，栄枯盛衰

► 企業の国際経営戦略の変化

► 業務（生産，営業，調達，人事，経理，企画など）のマネジメントの変化

► オフィスのレイアウト，立地，機能などの変化

► 企業，ビジネス，製品・サービスなどにニューカマー（新顔）が登場

► 新旧技術の生成発展と栄枯盛衰

► 日米欧，中国，アセアン，新興国のあいだの変化（競争力，成長性，イノベーションなど）

国際経営の現状と明日の姿を考えることは，アカデミックに重要であるにとどまらない。実務的にも重要である。

さて，世界的ベストセラーの『フラット化する世界』の著者，

トーマス・フリードマンはいう。「これまでになく平等な力を持った人々が，接続し，遊び，結びつき，協力し合うことができるようになった」（邦訳，10ページ）「グーテンベルクの活版印刷の実用化の場合，何十年もかけて行われ，長いあいだ地球のごく一部にしか影響を及ぼさなかった。産業革命も同じだ。いまのフラット化の過程は，時間がワープしているような速さで進み，直接的もしくは間接的に地球のかなりの範囲の人々に同時に影響をあたえている」（邦訳，78ページ）。

　世界を分断している３つの新しい動き，すなわち，トランプ，ブレグジット，コロナ，なかでもいちばん重要と考えられるコロナは2019年になってからの事象である。トランプ大統領の選出は2016年11月（なお，トランプ大統領のカウンターパートである習近平が国家指導者になったのは2012年11月），ブレグジットの国民投票は2016年６月，である。現在の分断の世界をもたらしている新しい動きは，５年ほどの歴史しかなく，文字どおり新しい。

　フラット化の起点のベルリンの壁の崩壊は1989年，他方，分断化のはじまりのトランプ大統領の選出とブレグジットの国民投票は2016年であり，コロナの発生は2019年である。この30年ほどのあいだに，世界はフラット化し，そして，分断化したのである。

　フリードマンは，世界をフラット化した10の力をあげている。第１は，1989年11月９日のベルリンの壁の崩壊である。のこりの９つは，インターネット，ワークフロー・ソフトウェア，アップローディング，アウトソーシング，オフショアリング，サプライチェーン，インソーシング，インフォーミング，ステロイドである。これらは，現在も重要な技術である。

　フラットな世界と分断の世界は，正反対といってよいほどちがう。他方，世界をフラット化した10の力のうち，ベルリンの壁崩壊をの

ぞく9つは，広い意味で技術である。それは，現在も健在である。その後に生成発展した新しい技術とともに，分断の世界において，オンラインや遠隔操作の方法などで，分断されたさまざまな要素をつないでいる。

　最後に，繰り返しになるが，明日の国際経営がいかなるものであるか，を考えてほしい。これは，国際経営を学ぶ者にとって千載一遇のチャンスである。

▰ **注**

1) 新型コロナ，コロナウイルスなどといわれるが，ここではコロナということにしたい。なお，外国では，COVID19（コビッドナインティーン），COVID-19（読み方は同じ）といわれる。ところで，コロナは太陽の光環，王冠などを意味する。ウイルスの形状が，表面に多くの突起があり，王冠に似ているためコロナウイルスと呼ばれるようになった。

2) 米巨大IT企業は，マイクロソフトをのぞく4社であるとされていたが，最近ではマイクロソフトを加えるようになっている。なお，4社はGAFA（ガーファ）といわれる。

3) 霍見芳浩訳『多国籍企業の新展開：追いつめられる国家主権』1973年，ダイヤモンド社。

4) 製品は多くの部品でできているシステムであるが，そのシステムの基本設計構想をアーキテクチャという。製品アーキテクチャには，インテグラル型とモジュール型がある（73ページ）経営は多くの要素や部分からできており，ひとつのシステムとみることができる。その経営というシステムにアーキテクチャの概念を適用したものが，ここでいう経営アーキテクチャである。

参考文献

⑴ 単行本・論文

安積敏政（2011）『サービス産業のアジア成長戦略』日刊工業新聞社

浅川和宏（2003）『グローバル経営入門』日本経済新聞社

浅野学（2020）「テレワーク：今後を見据えた対応を」『ひょうご経済』2020年7月号，20‐22ページ

安保哲夫編（1994）『日本的経営・生産システムとアメリカ』ミネルヴァ書房

天野倫文（2005）『東アジアの国際分業と日本企業』有斐閣

天野倫文（2010）「新興国市場戦略の分析視角に関する一考察：非連続な市場への適応と創造」『東アジアへの視点』第21巻第1号，14‐26ページ

石井真一（2013）『国際協働のマネジメント：欧米におけるトヨタの製品開発』千倉書房

泉谷渉（2007）「液晶テレビで全米トップに　新興企業・米ビジオは日本メーカーの脅威となるのか」『エコノミスト』10月30日号，32ページ

板垣博（2003）「トヨタ自動車：生産システムの対米移転」吉原英樹・板垣博・諸上茂登編『ケースブック国際経営』有斐閣，ケース6，81‐98ページ

伊丹敬之（1980）『経営戦略の論理』日本経済新聞社

伊丹敬之（1987）『人本主義企業』筑摩書房

伊丹敬之編著（2013）『日本型ビジネスモデルの中国展開』有斐閣

伊藤清道（2010）「インド自動車・自動車部品の現状：インドから始まる新たな脱成熟化」報告用資料，国際ビジネス研究学会中部部会，4月24日

伊藤賢次（2007）『新版：国際経営』創成社

稲垣公夫（2001）『EMS戦略』ダイヤモンド社

井上博（2006）「サービス多国籍企業の諸特徴」関下稔・板木雅彦・中川涼司編『サービス多国籍企業とアジア経済』ナカニシヤ出版，第2章，41‐66ページ

岩崎育夫（2009）『アジア政治とは何か：開発・民主化・民主主義再考』中央公論新社

植田健一（2015）「ギリシャ巡り欧州に亀裂」経済教室，『日本経済新聞』6月17

日

上野泉・近藤正幸・永田晃也（2008）『日本企業における研究開発の国際化の現状と変遷』調査資料151，文部科学省科学技術政策研究所第2研究グループ

牛田晋（2010）「セミナー報告：日本企業の新興国中間層ビジネス戦略を考える」『JBIC 国際調査室報』第4号，87-97ページ

苑志佳（2010）「中国経済発展の最近の特徴と日本経済に与える影響について」横川信治・板垣博編『中国とインドの経済発展の衝撃』御茶の水書房，第3章，65-96ページ

大石芳裕（2012）「日系企業における BOP ビジネスの現状と課題」大石芳裕ほか監修，多国籍企業学会著『多国籍企業と新興国市場』文眞堂，第17章，324-343ページ

大石芳裕・久保田勝美（2014）「フィリピン進出企業の人事戦略：ユニクロ・フィリピンの事例」『月刊グローバル経営』4月号，22-25ページ

太田原準（2009）「オートバイ産業：ローコスト・インテグラル製品による競争優位の長期的持続」新宅純二郎・天野倫文編『ものづくりの国際経営戦略：アジアの産業地理学』有斐閣，第8章，185-205ページ

大沼保昭（2009）「中国建国60周年　課題と展望（中）」経済教室，『日本経済新聞』9月24日

岡部曜子（2009）「日本的経営と MBA：米国 MBA 留学生の意識調査から」『京都マネジメント・レビュー』第16号，31-46ページ

加護野忠男（1997）『日本型経営の復権』PHP 研究所

葛東昇・藤本隆宏（2005）「疑似オープン・アーキテクチャと技術的ロックイン：中国オートバイ産業の事例から」藤本隆宏・新宅純二郎編著『中国製造業のアーキテクチャ分析』東洋経済新報社，第4章，81-115ページ

加納明弘（2003）「ソニー：盛田昭夫 VS. H. シャイン」吉原英樹・板垣博・諸上茂登編『ケースブック国際経営』有斐閣，ケース17，267-290ページ

川上智子（2010）「病院におけるトヨタ生産方式の導入」猶本良夫・水越康介編著『病院組織のマネジメント』碩学舎発行，中央経済社発売，第3章，69-96ページ

北川浩伸（2013）「サービス業の新展開」大石芳裕・山口夕妃子編著『グローバル・マーケティングの新展開』白桃書房，第10章，183-199ページ

金雅美（2007）『MBA のキャリア研究：日本・韓国・中国との比較』中央経済社

黒政典善（2010）「電池，エコカー，LED：BYD の事業多角化戦略」『エコノミ

スト』5月25日号, 65ページ

呉軍華 (2010)「岐路に立つ中国」『Business & Economic Review』5月号, 12-19ページ

黄磷 (2009)「中国企業の海外直接投資と経営資源獲得戦略」『国民経済雑誌』5月号, 1-15ページ

国分良成 (2009)「中華人民共和国」国分良成編著『現代東アジア』慶應義塾大学出版会, 230-301ページ

小田部正明・K. ヘルセン著, 栗木契訳 (2010)『国際マーケティング』碩学舎発行, 中央経済社発売 (Masaaki Kotabe and Kristiaan Helsen, *Global Marketing Management*, 4th Ed., John Wiley & Sons, 2008)

小林裕和 (2013)「JTB のインバウンド事業」高橋一夫編著『旅行業の扉』碩学舎, 233-261ページ

小松恵徳 (2012)「公文教育研究会」伊丹敬之・西野和美編著『ケースブック経営戦略の論理』全面改訂版, 日本経済新聞出版社, 306-324ページ

小峰隆夫・日本経済研究センター編 (2007)『超長期予測：老いるアジア』日本経済新聞出版社

税所哲郎 (2010)「ベトナムのオフショアリング開発の現状分析とその課題に関する考察：ソフトウェア・ビジネスの事例を中心として」『東アジアへの視点』9月号, 33-44ページ

斎藤兆史 (2007)『日本人と英語』研究社

澤木聖子 (2009)「大連日系企業における日本語人材の活用と課題」小田野純丸・北村裕明編著『経済経営リスクの日中比較』滋賀大学経済学部附属リスク研究センター, 第10章, 244-257ページ

朱炎 (2005)『台湾企業に学ぶものが中国を制す：中国市場を狙う日本企業の新たな戦略』東洋経済新報社

新宅純二郎・天野倫文編 (2009)『ものづくりの国際経営戦略：アジアの産業地理学』有斐閣

杉田俊明 (2003)「ユニクロ：SPA と中国調達」吉原英樹・板垣博・諸上茂登編『ケースブック国際経営』有斐閣, ケース8, 115-133ページ

椙山泰生 (2009)『グローバル戦略の進化』有斐閣

關智一 (2010)「グローバル R&D の現況とその研究課題」国際ビジネス研究学会関東部会の報告論文, 4月24日

関満博 (2006)「北京シリコンバレーのソフト産業」一橋大学日本企業研究センター編『日本企業研究のフロンティア第2号』有斐閣, 183-201ページ

関根宏樹（1996）「1995年度我が国の対外直接投資動向」「海外投資研究所報」11月。

瀬下恵介（1983）『外人社員』TBSブリタニカ

竹中千春（2006）「インド：貧しさと民主主義の競合」片山裕・大西裕編『アジアの政治経済・入門』有斐閣，第12章，253－276ページ

竹森俊平（2012）『ユーロ破綻：そしてドイツだけが残った』日本経済新聞出版社

田中素香（2020）「分断と統合へ向かう欧州の課題：将来展望と特集論文の紹介」『世界経済評論』2020年7・8月号，6－17ページ

張燕編著，永井麻生子訳（2014）『ジャック・マー：アリババの経営哲学』ディスカヴァー・トウエンティワン

津上俊哉（2003）『中国台頭』日本経済新聞社

津上俊哉（2013）『中国台頭の終焉』日本経済新聞出版社

月泉博（2012）『ユニクロ：世界一をつかむ経営』日本経済新聞出版社

土田憲司・諏訪浩吏（2012）「コマツ」伊丹敬之・西野和美編著『ケースブック経営戦略の論理』全面改訂版，日本経済新聞出版社，124－146ページ

出水力（2007）「二輪車生産の大転換と二輪研究所の発足」出水力編著『中国におけるホンダの二輪・四輪生産と日系部品企業』日本経済評論社，第8章，277－308ページ

徳丸宜穂（2010）「日本市場におけるインドIT企業の展開：『二重のミスマッチ』と『コスト削減志向のディレンマ』」日本経営学会編『社会と企業：いま企業に何が問われているか』経営学論集第80集，千倉書房，204－205ページ

董明珠著，漆嶋稔訳（2003）『市場烈々』日経BP社

中澤克二（2015）『習近平の権力闘争』日本経済新聞出版社

中空麻奈（2020）「ブレグジットの迷走が金融セクターに与える影響」『世界経済評論』2020年7・8月号，37－46ページ

中橋國蔵・柴田悟一編（2001）『経営戦略・組織辞典』東京経済情報出版

中前忠（2015）「債務問題の帰結」十字路，『日本経済新聞』7月10日

二階堂有子（2010）「グローバル化とインドの経済自由化」横川信治・板垣博編『中国とインドの経済発展の衝撃』御茶の水書房，第5章，127－161ページ

西野和美（2004）「トヨタ自動車」伊丹敬之・西野和美著『ケースブック経営戦略の論理』日本経済新聞出版社，340－351ページ

西村晃（2010）「H&Mに負けないユニクロの武器」『Voice』1月号，66－70

ページ

延岡健太郎（2006）『MOT［技術経営］入門』日本経済新聞社

バーガー，スザンヌ，MIT 産業生産性センター著，楡井浩一訳（2006）『グローバル企業の成功戦略：MIT チームの調査研究による』草思社（Berger, Suzanne, *How We Compete: What Companies around the World Are Doing to Make It in Today's Global Economy*, MIT Industrial Performance Center, 2005）

バートレット，C. A. ＝ S. ゴシャール著，吉原英樹監訳（1990）『地球市場時代の企業戦略』日本経済新聞社（Bartlett, Christopher A. and Sumantra Ghoshal, *Managing Across Borders: The Transnational Solution*, Boston, Harvard Business School Press, 1989）

バーノン，レイモンド著，霍見芳浩訳（1973）『多国籍企業の新展開：追いつめられる国家主権』ダイヤモンド社（Vernon, Raymond, *Sovereignty at Bay: The Multinational Spread of U.S. Enterprises*, Longman, 1971）

原禮之助・原雄次郎（2015）『大丈夫か武田薬品』ソリックブックス

平石隆司（2020）「岐路に立つ英国：COVID-19ショック下での Brexit，そして成長戦略」『世界経済評論』2020年 7 ・ 8 月号，27 - 36ページ

藤井良広（2010）『EU の知識』第15版，日経文庫，日本経済新聞出版社

藤原雅俊（2013）「ヤマト運輸」伊丹敬之編著『日本型ビジネスモデルの中国展開』有斐閣，288 - 300ページ

藤本隆宏・武石彰・青島矢一編（2001）『ビジネス・アーキテクチャ』有斐閣

星野裕志（2012）「連携による開発途上国への参入：BOP ビジネスとソーシャル・ビジネス」大石芳裕ほか監修，多国籍企業学会著『多国籍企業と新興国市場』文眞堂，第15章，285 - 301ページ

フリードマン，トーマス著，伏見威蕃訳（2008）『フラット化する世界：経済の大転換と人間の未来』増補改訂版，上下，日本経済新聞出版社（Friedman, Thomas L., *The World Is Flat: a brief history of the twenty-first century*, Further updated and expanded ed., 2005, 2006, 2007）

ホワイト，マイケル ＝ マルコム・トレバー著，猪原英雄訳（1986）『ジャパニーズ・カンパニー』光文社（White, Michael and Malcolm Trevor, *Under Japanese Management*, Heinemann Educational Books, 1985）

マクロン，キャスリーン著，柳本正人訳（1991）『日本人のボス：在英日本企業に働くイギリス人の目』草思社（Macklon, Catherine, *Japanese Boss: English Worker*〔筆者注：原著は発行されていない〕）

丸川知雄（2010）「中国自動車市場のボリュームゾーンを狙え」『エコノミスト』5月25日号，48-51ページ

三浦有史（2015）「発刊にあたって：成長鈍化は「新常態」の始まりにすぎない」『JRIレビュー』，第4巻第23号，2-6ページ

水野達男（2015）「アフリカにおける事業展開の取り組み：住友化学のオリセットネット事業の経験を通じて」『KPCNEWS』1-2月号，13-15ページ

三橋規宏・内田茂男・池田吉紀（2003）『ゼミナール日本経済入門』2003年度版，日本経済新聞社

三橋規宏・内田茂男・池田吉紀（2010）『ゼミナール日本経済入門』第24版，日本経済新聞社

宮崎智彦（2008）『ガラパゴス化する日本の製造業』東洋経済新報社

向山英彦（2010a）「グローバル展開で先行，新興国に常に韓国企業あり」『エコノミスト』4月13日号，20-23ページ

向山英彦（2010b）「新興国への依存度を高める韓国」『Business & Economic Review』5月号，65-70ページ

村上敦（1971）『開発経済学』ダイヤモンド社

盛田昭夫・下村満子・E.ラインゴールド著，下村満子訳（1987）『Made in Japan』朝日新聞社

諸上茂登（2003）「グローバル・ビジネスとグローバルSCM」山下洋史・諸上茂登・村田潔編著『グローバルSCM：サプライチェーン・マネジメントの新しい潮流』有斐閣，第3章，39-60ページ

門田安弘（1985）『トヨタシステム：トヨタ式生産管理システム』講談社

山田充男（2003）「NTTドコモ：戦略提携の企図とリスク」吉原英樹・板垣博・諸上茂登編『ケースブック国際経営』有斐閣，ケース3，31-47ページ

遊佐弘美（2010）「日本企業の新興国中間層向け事業戦略の施策及び事例：中国とインドを中心に」『JBIC国際調査室報』第4号，63-86ページ

ユングブルート，リュディガー著，瀬野文教訳（2007）『IKEA：超巨大小売業成功の秘訣』日本経済新聞出版社

吉原英樹（1987）「海外の日本的経営の明暗」『世界経済評論』9月号，31-38ページ

吉原英樹（1989）『現地人社長と内なる国際化』東洋経済新報社

吉原英樹（1992a）『富士ゼロックスの奇跡』東洋経済新報社

吉原英樹（1992b）「現地人参加と英語化」井尻雄士・中野勲編『企業行動と情報』同文舘出版，第7章，187-207ページ

吉原英樹（1996）『未熟な国際経営』白桃書房

吉原英樹（1997）『国際経営』有斐閣

吉原英樹（1998）「一歩一歩のグローバル化：味の素の国際経営活動」伊丹敬之・加護野忠男・宮本又郎・米倉誠一郎編『企業家精神と戦略』ケースブック日本企業の経営行動，第2巻，有斐閣，193-216ページ

吉原英樹（2001）『国際経営』新版，有斐閣

吉原英樹・岡部曜子・澤木聖子（2001）『英語で経営する時代』有斐閣

吉原英樹（2003）「武田薬品：経営集中化とグローバル化」吉原英樹・板垣博・諸上茂登編『ケースブック国際経営』有斐閣，ケース1，1-16ページ

吉原英樹・板垣博・諸上茂登編（2003）『ケースブック国際経営』有斐閣

吉原英樹（2005）『国際経営論』放送大学教育振興会

吉原英樹・欧陽桃花（2006）『中国企業の市場主義管理：ハイアール』白桃書房

吉原英樹（2011）『国際経営』第3版，有斐閣

吉原英樹・白木三秀・新宅純二郎・浅川和宏編（2013）『ケースに学ぶ国際経営』有斐閣

吉原英樹（2014）「経営の神話と真実」『一橋ビジネスレビュー』冬号，第62巻3号，192-195ページ

吉原英樹（2015）「消えていった日本的特徴：国際経営45年をふりかえる」『青山経営論集』第50巻第2号，159-170ページ

米山茂美・岩田智・浅川和宏・篠崎香織（2013）『日本企業の海外現地人法人における研究開発活動』文部科学省科学技術・学術政策研究所第2研究グループ

李澤建（2010）「中国：世界最大の電動車市場が電気自動車大国に化ける日」『エコノミスト』3月23日号，31-33ページ

ルース，エドワード著，田口未和訳（2008）『インド：厄介な経済大国』日経BP社（Luce, Edward, *In Spite of the Gods: the Strange Rise of Modern India*, Little, Brown, 2006）

ローソン，ボブ著，横川信治訳（2010）「中国とインドの再台頭」横川信治・板垣博編『中国とインドの経済発展の衝撃』御茶の水書房，第2章，37-64ページ

Bartlett, C. A. and Hideki Yoshihara (1988), "New Challenges for Japanese Multinationals: Is Organization Adaptation Their Achilles Heel?," *Human Resource Management*, Spring, pp. 19-43

Kopp, R. (1994) "International Human Resource Policies and Practices in

Japanese, European, and U.S. Multinationals," *Human Resource Management*, Vol. 33, No. 4, pp. 581 - 599

(2) データブック・調査資料・新聞・雑誌など

『エコノミスト』毎日新聞社

『海外進出企業総覧』会社別編，東洋経済新報社

『月刊グローバル経営』日本在外企業協会

『ジェトロ貿易投資白書』日本貿易振興会

『ジェトロ世界貿易投資報告』ジェトロ（日本貿易振興機構）

『週刊東洋経済』東洋経済新報社

『生産性新聞』日本生産性本部

『世界国勢図会』矢野恒太記念会

『世界大百科事典』平凡社

『日経ビジネス』日本経済新聞社

『日経ヴェリタス』日本経済新聞社

『日本経済新聞』

『東アジアへの視点』国際東アジア研究センター

『我が国企業の海外事業活動』経済産業省

『Business & Economic Review』日本総合研究所

『JBIC 国際調査室報』日本政策金融公庫国際協力銀行

『JRI レビュー』日本総合研究所

Bloomberg Businessweek

索　引

■ 著者紹介

吉原 英樹（よしはら ひでき）

元・神戸大学名誉教授（2022年2月7日逝去）
略　歴　1941年　大阪府に生まれる
　　　　1966年　神戸大学大学院経営学研究科修士課程修了
　　　　同　年　神戸大学経済経営研究所助手
　　　　1984年　同教授
　　　　1988年　経営学博士（神戸大学）
　　　　2005年　南山大学経営学部教授
　　　　2006～12年　同大学院ビジネス研究科教授

主　著　『日本企業の多角化戦略』（共著）日本経済新聞社，1981年
　　　　『中堅企業の海外進出』東洋経済新報社，1984年
　　　　『戦略的企業革新』東洋経済新報社，1986年
　　　　『ケースに学ぶ国際経営』（共編著）有斐閣，2013年

ARMA

有斐閣アルマ

国際経営〔第5版〕
International Business of Japanese Companies 〔5th edition〕

1997 年 5 月 30 日	初　版第 1 刷発行	
2001 年 3 月 30 日	新　版第 1 刷発行	
2011 年 3 月 20 日	第 3 版第 1 刷発行	
2015 年 12 月 25 日	第 4 版第 1 刷発行	
2021 年 3 月 15 日	第 5 版第 1 刷発行	
2022 年 11 月 30 日	第 5 版第 3 刷発行	

著　者　　吉　原　英　樹

発行者　　江　草　貞　治

発行所　　株式会社　有　斐　閣

郵便番号　101-0051
東京都千代田区神田神保町 2-17
http://www.yuhikaku.co.jp/

印刷・萩原印刷株式会社／製本・大口製本印刷株式会社
© 2021，吉原文樹・猪上華子．Printed in Japan
落丁・乱丁本はお取替えいたします。
★定価はカバーに表示してあります。

ISBN 978-4-641-22172-7